정약용과
그의 형제들

이덕일 역사서

정약용과 그의 형제들

1

다산초당

개정판 머리말

1

2012년은 다산 정약용이 태어난 지 250년이 되는 해이다. 이를 기념하기 위해서 여러 기념행사가 열리고 여러 언론 매체가 다산을 조명하는 각종 기사를 연재했다. 다산을 기념하는 행사들은 열기 속에 진행되지만 이런 열기가 일반 국민들에게까지 전파되지는 않고 있다.

고종은 재위 22년(1885), 갑신정변 이듬해인 이해 다산 정약용의 저서를 필사해 올리라고 명령했다. 정약용이 고향인 경기도 마재에서 태어난 지 123년 만이자 같은 곳에서 쓸쓸하게 세상을 떠난 지 49년 만이었다. 고종의 명령에 따라서 1885년에서 1886년, 현 규장각본인 『어람본御覽本 여유당전서與猶堂全書』가 필사되어 고종에게 바쳐졌다. 어람御覽이란, 글자 그대로 '임금이 본다', '임금에게 바친다'는 뜻인데 국왕이 직접 정약용 저서의 필사를 명했어도 지금처럼 이른바 '다산 붐'은 일지 않았다. 그 이유가 어디에 있을까? 물론 한 학자에 대한 붐이 일어나기는 힘든 척박한 현실을 모른 체할 수는 없다. 그러나 필자는 그보다 구조적인 문제가 담겨 있지 않을까 생각한다.

『어람본 여유당전서』에는 다산이 쓴 묘지명墓誌銘들이 의도적으로 누락되어 있다. 정약용 자신이 쓴 두 본의 「자찬 묘지명」은 물론, 친형인 정약전의 묘지명인 「선중씨先仲氏 묘지명」도 빠져 있다. 또한 「정헌 이가환 묘지명」 「녹암 권철신 묘지명」 「복암 이기양 묘지명」 「혜장 오석충 묘지명」 등도 빠져 있다. 후손들이 이런 묘지명들을 일부러 누락시켰던 것이다. 후손들은 왜 이런 묘지명들을 누락시켰을까? 이런 묘지명에 악당惡黨, 악인惡人이란 표현이 자주 등장하기 때문일 것으로 필자는 추측한다. 「자찬 묘지명」에는 "악당들의 유언비어가 더욱 심해졌다[惡黨蜚語日甚]."라는 말이 나온다. 또한 "공제公除(국왕과 왕비 사후 26일 동안 공무를 중지하는 기간, 여기에서는 정조 사후 26일 후) 후에 악당들이 너무 기뻐 날뛰면서 날마다 유언비어와 위태로운 말을 만들어냈다[公除之後, 漸聞惡黨雀躍, 日造蜚語危言]."라고 말하고 있다. 정조가 죽고 노론 벽파가 정권을 잡자 악당들이 너무 기뻐 날뛰면서 자신들을 죽이기 위한 유언비어를 만들어냈다는 말이다. 또한 "이때 악당들이 내가 죽지 않은 것을 알고는[時惡黨知鏞不死] …… 마침내 정약종에게 극형을 추가함으로써 내가 재기할 수 있는 길까지 막아버렸다."라는 말까지 있다. 「정헌 이가환 묘지명」에서도 정약용은 "악당들은 또 세상에 말을 퍼트리기를[惡黨又宣言于世曰]"이라고 이가환을 죽이기 위해서 나쁜 말을 퍼뜨렸다고 비난하고 있으며, 정약전의 묘지명인 「선중씨 묘지명」에서도 "악한 자들이 착하지 못한 행적을 쌓은 것이 이와 같았다[惡人之積不善如是]."라고 악인들을 비난했다. 여기에서 말하는 악당, 악인이란 바로 정조독살설의 배후 정당이자 정조가 죽자마자 재집권해 자신들을 죽음과 유배로 몰고 간 노론 벽파를 뜻하는 것이었다.

머릿속에 서로 상반된 가치관이 공존할 수 있었던 편리한 두뇌구조를 가졌던, 그래서 실패한 국왕이 될 수밖에 없었던 고종은 친정親政 후 스스로 노론을 자처하면서 "대과에 급제한 사람이 노론이면 '친구親舊'라고 부르고, 소론이면 '저쪽[彼邊]', 남인과 북인일 때는 '그놈[厥漢]'이라고 불렀다."라고 대한제국이 망하자 자결한 매천 황현黃玹은 『매천야록』에서 전하고 있다. 스스로 노론으로 자처하고 노론을 친구라고 불렀던 고종이 다산의 글 중에 노론을 악당, 악인이라고 표현한 것을 알게 되면 하루아침에 태도를 바꿔 해를 가하지나 않을까 두려워 일부 묘지명을 누락시켰던 것이다. 정약용은 천주교도를 자처하고 사형당한 친형 정약종의 묘지명은 저술하지 않았다. 정약용이 「묘지명」을 저술한 인물들의 공통점은 이미 천주교를 버렸음에도 불구하고 노론에서 억지로 얽어 죽이거나 유배 보내 죽였던 인물들이었다. 그래서 필자는 다산 탄생 250주년인 2012년과 다산 탄생 123년인 1885년의 공통점을 정약용의 박제화라고 생각한다. 고종 때나 지금이나 다산은 현재화되지 못했다. 다산이 지금 살아 있다면 우리 사회의 누구를 향해 악당, 악인이라고 분노에 찬 붓을 휘갈겼을 것인가? 다산이 살아 있다면, 그래서 현재화된 노론 벽파를 향해 악당, 악인이라고 비판한다면 그가 지금 우리 사회에서 차지하고 있을 정위치는 어디인가? 정약용과 동시대에 살았다면 정약용을 반드시 죽여야 한다고 소리 높였을 일부 인물들까지 '다산'을 높이는 척하니 다산은 박제가 되지 않을 수 없는 것이다.

2

필자는 강연에서 가끔, '다산은 인생에서는 실패하고 역사에서는 성공한 불행한 인물'이라고 말한다. 전남 강진의 다산초당에서 백련사로 가는 산속 오솔길이 있다. 다산이 바다 건너 흑산도에 유배된 정약전을 그리워하면서 눈물 흘렸다는 곳이다. 다산의 눈물에는 비단 형에 대한 그리움뿐만 아니라 시대에 대한 분노가 담겨 있었다. 그래서 『정약용과 그의 형제들』의 자취를 더듬어가다 보면 절로 그들 인생에 대한 불쌍함이 밀려온다.

공자는 제자 백우伯牛가 죽을병에 걸리자 "이 사람이 이런 병에 걸리다니. 이 사람이 이런 병에 걸리다니[斯人也而有斯疾也. 斯人也而有斯疾也: 『논어』 「옹야」]."라고 두 번이나 탄식했다. 다산 형제들의 인생을 추적하면 "이 형제들이 이런 최후를 맞이하다니. 이 형제들이 이런 운명을 맞이하다니."라고 거듭 탄식하게 된다. 정약용과 그의 형제들은 모두 불쌍한 최후를 맞이했다. 정약종은 정조가 죽자마자 정권을 장악한 노론 벽파에 의해 사형당했고, 정약전은 유배 16년 만에 유배지 우이도에서 쓸쓸히 세상을 떠나야 했다. 정약용은 18년의 유배 생활을 견뎌냈지만 해배解配 후 18년 동안에도 쓰이지 못하다가 쓸쓸하게 생을 마쳐야 했다. 정약용이 「자찬 묘지명」과 여러 묘지명을 쓴 이유는 후세 사람들이 가해자의 시각으로 자신과 동료들을 바라볼까 우려했기 때문이다. 현재도 노론사관, 식민사관이 한국 사학계의 주류 자리를 차지하고 있는 현실을 보면 다산의 우려가 기우라고 말할 수 없다는 점에서 그의 혜안에 새삼 고개가 주억거려진다. 그가 유배지에서 먹고 자는 것까지 잊으면서 천착했던 『주역사전周易四箋』에 이런 미래가 엿보였던 것인가? 그래서 「자찬 묘지명」을 써서 스스로를 방어했던 것인가?

3

정약종은 정조 사후 그가 믿었던 피안의 세계와 자신의 목숨을 맞바꿨다. 정약전도 더 이상 세상에 미련을 두지 않고 섬사람들과 어울려 술 마시며 지냈다. 정약용은 달랐다. 그는 「자찬 묘지명」에 "나는 강진에 도착하자 문을 닫고 아무도 만나지 않았다."라고 쓴 대로 세상과 절연한 채 공부에만 매달렸다. 그러나 그가 세상을 포기한 것은 아니었다. 오히려 그에게 학문은 세상과 소통할 수 있는 유일한 통로였다. 그래서 그는 자제들이 과거 응시가 금지된 폐족廢族의 현실에 절망할 때 "폐족으로서 잘 처신하는 방법은 오직 독서하는 한 가지 방법밖에는 없다."라면서 거듭 독서를 강조했다. 정약용은 자식들에게 '공부하지 않는 것은 스스로를 깔보는 것이고 스스로를 비참하게 만드는 것'이라고 거듭 학문에 매진하라고 주문했다. 정약용이 자식들에게 "폐족은 과거에 나가는 것이 기피될 뿐이지 성인聖人이 되는 길이야 기피되지 않는다."라고 말한 것은 실상 자식에게 한 말이 아니라 그 자신에게 한 말일 것이다. 그 자신이 절망적 상황에서 무너지지 않기 위한 마지막 몸부림이 학문이었던 것으로 필자는 받아들이고 있다.

정약용이 자식들에게 "이렇게 1년, 2년의 세월이 흐르다 보면 중

흥되지 않으리라고 어떻게 단정 지을 수 있겠느냐?"라고 말했던 것 또한 그 자신이 다시 세상에 뜻을 펼칠 기회가 올지도 모른다는 믿음을 피력한 것이었다. 그러나 불행하게도 세상은 바뀌지 않았고 그가 생전에 쓰이는 일도 있지 않았다. 하지만 정약용은 그런 현실에 굴복하지 않고 학문의 세계로 침잠했다. 정약용의 학문세계는 시종일관 세상과 동떨어지지 않았다. 고통 받는 민중의 삶을 슬퍼하고 그런 세상을 바꿀 수 있는 지식인의 대안이 담겨 있었다. 그래서 그의 저술이 전봉준과 김개남의 수중에 들어가 농민군의 비결秘訣이 되었다는 이야기가 『강진읍지』에 실려 있었던 것이다.

다산 탄생 250주년에 필자는 그가 지금 사회를 본다면 무슨 말을 할까를 생각해본다. 그리고 그런 시각으로 우리 사회를 바라보는 것이 다산을 기리는 가장 좋은 방법이 아닐까 생각해본다. 지금 이 순간 다산이 원하는 것이 무엇일까 생각한다. 다시 손본 『정약용과 그의 형제들』이 조금이라도 다산의 시각으로 현재를 비춰볼 수 있다면, 그래서 이 부정한 현실이 개선되는 데에 조금이라도 도움이 되는 도구가 될 수 있다면 아주 작은 역할은 한 것이 아닐까 필자는 그렇게 생각하고 있다.

다산 탄생 250주년에 마포 한가람역사문화연구소 서재에서
천고遷固 **이덕일 기**記

머리말

1

어떤 학자들은 정약용이 봉건성을 탈피하지 못했다고 주장한다. 이른바 근대성이 부족하다는 비판이다. 다른 학자는 실학이란 아예 존재하지 않는 개념에 불과하다고 일갈한다. 이 경우 실학의 집대성자 정약용은 존재조차 할 수 없다.

이런 시각들에 대해서는 옛 『강진읍지』에 실려 있는 일화를 들어 답변하는 것이 좋겠다. 『강진읍지』 명승 초의전傳에 따르면 정약용은 고향으로 돌아가기 직전 밀실에서 『경세유표』를 지어 문생 이청李晴과 초의草衣선사에게 비밀리에 전하며 전파해달라고 부탁했다. 그 일부는 천주교도 남종삼南鍾三 등에게, 다른 일부는 강진의 윤세환尹世煥 등에게 전해졌는데, 이것이 전봉준과 김개남의 수중에 들어가 농민군의 비결秘訣이 되었다는 것이다. 『강진읍지』는 동학농민혁명이 실패로 끝난 후 정약용의 저서가 농민들을 선동했다는 이유로 "정 다산의 유배지 부근의 양가良家들과 고성사·백련사·대둔사 등 사찰을 수색한 일까지 있었다."라고 적고 있다.

강진 유배 만년(1817)에 쓴 『경세유표』가 실제로 농민혁명군의 '비결'이 되었는지는 더 연구해야 할 흥미로운 주제이지만 최소한 그 책의 내용이 농민군의 비결이 되기에 부족함이 없었다는 것은 분명하다. 정약용은 이 책에서 지주 전호佃戶(소작인)제의 전면해체와 경작농민에게 토지를 재분배할 것을 주장했는데, 이것이야말로 동학농민혁명군의 이념 그 자체였기 때문이다.

아직도 강진에는 정약용이 해배解配되어 고향으로 돌아가면서 민감한 내용의 저술들은 믿을 만한 사람들에게 보관케 했다는 이야기가 전해지고 있을 정도로 그의 저서는 불의한 시대의 금기였다.

갑신정변 이듬해(1885) 고종이 정약용 저서의 필사를 명해 1885년부터 1886년까지 어람본御覽本 『여유당전서與猶堂全書』(현 규장각본)가 작성된 것이 그에 대한 첫 긍정적 반응이었다. 그의 사후 49년 만이다. 그런데 이 전서에는 어떤 저작들이 '의도적'으로 누락되어 있다. 정약용 자신이 직접 쓴 「자찬 묘지명」 두 편과 중형 정약전의 「선중씨先仲氏 묘지명」, 그리고 「정헌 이가환 묘지명」 「녹암권 철신 묘지명」 「복암 이기양 묘지명」 「혜장 오석충 묘지명」 등이 빠져 있는 것이다. 그의 사망 50년 후에도 그의 후손들은 묘지명의 내용들이 알려질 것을 두려워했다. 이 일곱 편의 묘지명은 안춘근安春根 수집의 필사본 『열수전서속집洌水全書續集』(현 정신문화연구원 소장)에는 실려 있지만 「묘지명 비본秘本」이란 제목이 붙어 있을 정도로 그의 저작들은 오랫동안 시대의 금기였다.

2

닫힌 시대, 증오의 시대가 한 인간과 집안, 그리고 사회에 얼마나 큰 불행인지는 정약용과 그 형제들이 잘 보여준다. 우리 역사에서 정약용과 그 형제처럼 한 집안의 어깨에, 닫힌 시대의 무게가 온전히 지워진 경우는 없다. 그들은 아무도 미워하지 않았으나 단지 열린 사회를 지향했다는 이유로 저주를 받고 비참하게 죽어갔다. 정약용의 막내 형 약종은 신유박해(1801) 때 천주교 배교를 거부하다가 장남 철상과 함께 사형당했다. 약종의 셋째 부인 유씨와 둘째 아들 하상과 딸 정혜는 기해박해(1839) 때 사형당해 결국 온 식구가 절멸絶滅되었다.

정약종의 시신은 경기도 광주 천진암의 천주교 성지에 이승훈·이벽·권일신·권철신과 함께 묻혀 있다. 닫힌 사회의 주류들과 다른 생각을 가졌다는 이유로 죽어야 했던 이들의 시신을 한데 모은 변기영 신부는 이승훈의 시신은 목이 잘려 있을 뿐만 아니라 턱뼈도 없는 상태였다고 증언했다. 목을 자른 것으로도 만족하지 못한 저주의 결과이리라. 그 이승훈은 바로 정약용 형제의 매형이었다.

정약용의 이복만형 약현은 천주교도로 몰리지는 않았으나 그의 사위가 황사영인 탓에 시대의 격랑에서 벗어나지 못했다. 황사영은 대역부도大逆不道의 죄명으로 사지가 갈가리 찢겨죽었으며, 그의 부인 정명련과 아들은 관노가 되어 섬으로 유배 갔다. 국문鞫問에서 겨우 목숨을 건진 정약전과 약용은 유배지를 전전했다.

3

1801년 겨울 나주 율정점에서 유배지를 향해 헤어진 것이 살아

남은 정약용·약전 형제의 마지막이었다. 여러 밤낮을 파도에 시달리다 흑산도에 도착한 정약전은 "나는 黑山(흑산)에 유배되어 있어서 흑산이란 이름이 무서웠다."라고 쓸 정도로 그 시대를 두려워했다. 그가 "집안사람의 편지에는 흑산을 번번이 玆山(자산)이라 쓰고 있었다. 자玆는 흑黑 자와 같다."라고 말한 것은 黑(흑) 자가 두려워 玆(자)로 고친 인물이 정약용임을 말해준다. 닫힌 시대는 살아남은 정씨 형제를 저주했다. 그러나 그들은 시대를 저주하지 않았다. 형제를 죽이고, 매형을 죽이고, 조카를 죽인 그 시대를 정약용 형제는 저주하지 않았다. "시대를 아파하고 세속에 분개하지 않는 시는 시가 아니다."라는 정약용의 유명한 시론처럼 시대를 저주하는 대신 아파했다. 그러나 애통하는 자(Those who mourn)는 불의한 시대에 위로받지 못했다.

4

그 시대를 산 사람들은 내게 한결같이 "너희들의 시대는 어떠한가?"라고 물었다.

그 시대의 천재 이가환은 물었다.

"너희들의 시대는 단지 반대당파에 속한다는 이유로 천재를 죽이지는 않는가?"

이승훈은 물었다.

"너희들의 시대는 주류와 다른 생각을 가졌다는 이유만으로 사람을 죽이고, 열린 사회를 지향하는 것을 국가에 대한 반역으로 몰지는 않는가?"

정조는 이렇게 물었다.

"너희들의 시대에도 나처럼 부친을 죽인 적당賊黨과 타협하며 미래를 지향했던 정치가가 있는가?"

정약전은 물었다.

"너희들의 시대에도 불의한 세상에 대한 절망을 민중과 자연에 대한 사랑으로 승화시킨 사람이 있는가?"

그리고 정약용은 물었다.

"너희들의 시대는 아무도 미워하지 않는 자를 죽이지는 않는가?"

이런 질문들은 나를 괴롭게 했다. 그래서 일부러 며칠씩 그런 질문을 외면하기도 했다. 그러나 그런 며칠은 더욱 괴로웠다. 그들의 질문을 외면하는 것은 도피에 지나지 않기 때문이다. 그래서 다시 그들과 대면해야 했다. 나뿐만 아니라 우리 시대는 이들과 대면해야 한다. 그것이 아무리 고통스럽다 해도 그 질문을 외면해서는 안 된다. 출구가 없어 보이는 이 시대는 정약용과 그 형제들이 살아갔던 시대와 만남으로써 새로운 문을 향해 나갈 수 있으리라고 믿기 때문이다.

2004년 갑신년 윤2월 수유리에서

천고遷固 이덕일 기記

茶山艸堂

鄉果道人

주요 등장인물

● 정재원丁載遠(1730~1792)

정약용 형제의 부친. 영조 38년(1762) 생원시에 급제했고, 대과大科는 보지 않았으나 음보蔭補로 지방관에 나가 진주목사로 있던 중 사망했다. 첫 부인 남씨가 장남 약현을, 후취 윤씨가 약전·약종·약용과 이승훈의 부인이 된 딸을 낳았다.

● 정약현丁若鉉(1751~1821)

정약용의 이복만형으로 정조 19년(1795) 진사시에 합격했으나 벼슬에는 나가지 않았다. 자신은 천주교도가 아니었으나 첫 부인이 이벽의 누이였으며, 딸 명련命連은 황사영과 혼인한 관계로 고초를 겪었다.

● 정약전丁若銓(1758~1816)

정약용의 둘째 형으로 정조 14년(1790) 문과에 급제하고 병조좌랑 등을 역임했다. 정조 사후 흑산도에 유배되어 『자산어보玆山魚譜』『논어난論語難』『자산역간玆山易柬』『송정사의松政私議』 등의 저술을 남겼다.

● 정약종丁若鍾(1760~1801)

정약용의 막내 형으로 다른 형제들보다 늦게 천주교를 받아들였으나 다른 양반들이 천주교를 버릴 때도 신앙을 굳게 지켰다. 정조 사후 국문을 받고 참수당했다.

● 이가환李家煥(1742~1801)

성호 이익의 종손으로 벼슬이 형조판서에 이르렀다. 당대 제일의 천재학자로 정조와 서양의 과학문명에 대해 대화를 나누기도 했다. 채제공 사후 남인 영수가 되었으나 천주교도라는 공격을 받아 자리에서 물러났다. 천주교를 버렸음을 언행으로 입증했으나 신유박해 때 사형당했다. 저서로 『금대관집錦帶館集』이 있다.

● 이승훈李承薰(1756~1801)

정조 7년(1783) 말 부친을 따라 베이징에 가서 서양인 신부에게 영세를 받고 이듬해 돌아옴으로써 천주교를 자발적으로 수용한다. 이때 그가 가져온 천주교 서적들은 여러 차례 정국에 파란을 일으켰다. 정약용 형제의 매형이기도 한 그는 1801년 신유박해 때 사형당했다.

● 이벽李檗(1754~1785)

정약현의 처남으로 정약용에게 처음으로 천주교를 가르쳐 주었다. 박식했으나 천주교를 접한 후 벼슬을 포기했다. 문중으로부터 강한 배교 압력을 받아오다가 병사했는데, 일각에는 독살설도 있다.

● 채제공蔡濟恭(1720~1799)

정조 때의 남인 영수로 좌의정을 지냈다. 정조 때 사도세자 문제를 거론했다가 큰 파문을 일으켰다. 그가 죽고 나서 남인들의 세력이 약화되었다.

● 홍화보洪和輔(1726~1791)

정약용의 장인. 영조 47년(1771) 훈련초관으로 국자시國子試에 1등 했으며 무관으로서는 이례적으로 동부승지에 발탁되기도 했다. 정조 15년(1791) 황해도 병마절도사로 있을 때 사망했다.

● 정학연丁學淵(1783~1859)

정약용의 맏아들로 시문과 의술에 밝았다. 『종축회통種畜會通』이란 저서가 있다.

● 정학유丁學遊(1786~1855)

정약용의 둘째 아들로 「농가월령가農家月令歌」의 작자이기도 하다.

● 정학초丁學樵(1791~1807)

정약전의 아들로 학문에 뛰어나 정약용이 학문의 후계자로 삼으려 했으나 17세에 요절했다.

● 목만중睦萬中(1727~?)

남인으로 정약용 집안과 가까웠으나 천주교에 반대해 벽파로 돌아서면서 정적이 된다. 정약용을 죽이기 위해 여러 차례 공격했다.

● 서용보徐龍輔(1757~1824)

노론 벽파로 정약용을 비롯한 남인들을 공격한다. 영조 때 대사헌 등을 지냈으며 순조 때 우의정으로서 신해박해를 주도하면서 정약용의 석방을 방해했다. 1819년에는 영의정에 오른다.

● 심환지沈煥之(1730~1802)

영조 47년(1771) 문과에 급제해 벼슬길에 나온 이후 정조 때 벽파의 영수가 된다. 정조 사후 영의정을 맡아 신유박해를 주도했다.

● 황사영黃嗣永(1775~1801)

서울 출신으로 정약현의 딸 명련과 결혼하면서 천주교에 입교한다. 정조 14년(1790) 사마시에 급제한 후 정조의 부름을 받았으나 벼슬을 포기하고 전교에만 전념한다. 은둔지 배론에서 신유박해의 전말을 담은 「백서帛書」를 작성해 베이징 주교에게 전달하려다 발각되어 능지처사되었다. 가족들은 모두 노비가 되어 귀양 갔으며 그의 집에는 우물이 만들어졌다.

● 혜장惠藏(1772~1811)

젊어서 대둔사(현 대흥사)의 주지가 되었다. 『주역』을 공부하다가 정약용을 만난 후 다산을 사실상 스승으로 삼았다. 그가 일찍 죽자 정약용이 탑 비문에 「아암장공탑명兒菴藏公塔銘」을 써주었다.

● 주문모周文謨(1752~1801)

중국 장쑤성 쑤저우[蘇州] 출신으로 베이징 신학교 졸업 후 정조 18년(1794) 지황 등의 안내로 입국했다. 이후 7년 동안 숨어 다니면서 천주교를 전파했는데, 신유박해 때 국경 부근까지 도망갔다가 되돌아와 의금부에 자수했다. 1801년 새남터에서 군문효수형軍門梟首刑으로 순교했다.

● 최필공崔必恭(1745~1801)

궁중 전의典醫 집안에서 태어난 중인으로 배교를 거부해 사형당할 뻔했으나 정조의 배려로 목숨을 건졌다. 정조가 평안도 심약관審藥官으로 임명했으나 다시 신앙생활을 하다가 1801년 서소문 밖에서 처형되었다.

● 최인길崔仁吉(1765~1795)

중국어 역관 출신으로서 주문모의 거처를 마련했으며 정조 19년(1795) 주문모를 체포하러 오자 주문모 행세를 하다가 포도청에 잡혀가 장살杖殺당했다.

● 권철신權哲身(1736~1801)

이익의 학통을 이었는데 많은 제자들이 따라서 녹암계鹿庵系를 형성했다. 양명학과 천주교를 수용하는 등 열린 가슴을 갖고 있었고, 정조 때 천주교를 버렸다고 주장했으나 1801년 천주교 신자라는 이유로 체포되어 옥사했으며, 시신은 이가환李家煥과 함께 기시棄市되었다.

● 권일신權日身(1751~1791)

권철신의 아우이자 안정복의 사위다. 양명학을 연구하다가 이벽의 권유로 천주교를 입교하고 이승훈에게 세례를 받았다. 신산사건 때에 체포되자 80세 노모로 인해 마음이 흔들려 회오문悔惡文을 지어 올렸는데, 유배 도중 고문에 의한 상처로 객사하였다.

● 최창현崔昌賢(1754~1801)

서울 출신으로 중인 역관이다. 이벽의 권유로 천주교에 입교했으며 1791년 신해옥사로 양반들이 배교하자 조선 천주교회의 주도적 인물로 활동하다가 신유옥사 때 사형당했다.

다산 정약용의 가계

1세 윤종允宗 — 시조

16세 호선好善

18세 시윤時潤 — 문과, 필선弼善 (광주 입향조)

22세 재원載遠 — 진주목사晉州牧使
의령남씨, 해남윤씨 (윤두서의 손녀)

23세
- 약현若鉉 [의려남씨 소생] (부인 경주이씨, 이벽李檗의 누이)
  - **24세** 딸 (황사영黃嗣永의 처)
- 약전若銓 [이하, 해남윤씨 소생] 문과, 좌랑佐郎
- 약종若鍾
- 약용若鏞 (호조좌랑 홍화보洪和輔의 딸과 혼인) 문과, 교리校理
  - **24세** 학연學淵
  - **24세** 학유學游
  - **24세** 딸 (윤창모尹昌模의 처)
- 딸 (이승훈李承薰의 처)

차례 

1권 시대가 만든 운명

2권 아들이 꿈꾼 세상

열린 미래를 지향하다 억압당한
우리 역사의 모든 사람들에게

엇갈리는 운명

순조 1년(1801) 2월 27일 정약용은 형 약전과 함께 옥에서 석방되었다. 집을 급습한 의금부 금리들에게 함께 체포된 지 18일 만이었다. 18년보다도 길었던 18일이었다. 작년 6월에 승하한 정조의 시신이 사도세자의 곁에 묻힌 것은 11월 6일이고 국장도감이 서울로 돌아온 것은 11월 7일이었다. 바로 그다음 날 사헌부 장령 이안묵李安默이 수원유수 서유린徐有隣 형제를 공격하는 상소를 올린 것을 시작으로 노론 벽파의 대공세가 시작되었다. 노론 벽파는 정조의 24년 치세를 그의 시신이 땅속에서 채 식기도 전에 모두 뒤엎으려 하고 있었다.

정조가 승하했을 때 어느 정도는 예상했던 일이었다. 그래서 정약전·약용 형제는 졸곡卒哭이 지나자 고향인 경기도 마재에 내려갔다. 초하루나 보름날 벼슬 순서에 따라 열을 지어 곡하는 곡반哭班 때만 올라왔을 뿐 고향에 은거한 채 정세를 주시했다. 정약용이 여유당與猶堂이란 호를 지은 것도 이 무렵이었다. 여유당은 《노자老子》의 "망설이면서[與] 겨울에 냇물을 건너는 것같이, 저하면서[猶] 사방의 이웃을 두려워한다."라는 구절에서 따온 것으로서 정조 없는 세상을 얼마나 노심초사했는지를 잘 보여준다.

그러나 그런 노심초사는 자신들을 보호하는 울타리가 되지 못했다. 순조 1년 2월 9일 사헌부에서 드디어 탄핵에 나섰다. 정조 때 조정에 진출한 세 남인南人, 이가환·이승훈·정약용이 과녁이었는데 탄핵의 명분은 이들이 천주교인이라는 것이었다.

> 이가환은 흉악한 무리의 여얼餘孽로서, 많은 사람들을 이끌어 유혹하고는 스스로 교주敎主가 되었습니다. 이승훈은 구입해온 요서妖書를 그 아비에게 전하고, 그 법을 수호하기를 달갑게 여겨 가계家計로 삼았습니다. 그리고 정약용은 본래 두 추악한 무리와 마음을 서로 연결하여 한 패거리가 되었습니다. …… 이들 세 흉인[三凶]은 모두 사학邪學의 뿌리가 되었습니다. 청컨대 전 판서 이가환, 전 현감 이승훈, 전 승지 정약용을 빨리 왕부王府로 하여금 엄중하게 추국해서 실정을 알아내게 한 다음 흔쾌하게 나라의 형벌을 바로잡으소서.
>
> 『순조실록』(1년 2월 9일)

이가환은 천주교도의 교주이며, 이승훈은 베이징에서 천주교 서적을 구입해왔으며, 정약용은 이 둘과 한패라는 것이 탄핵의 내용이었다. 그러나 이들의 혐의는 모두 과거의 것이었다. 이가환은 충주목사로 있을 때 천주교도를 체포했으며, 정약용의 매형이었던 이승훈 역시 천주교를 배척하는 척사문斥邪文을 발표했고, 정약용은 정조 15년(1791) 전라도 진산에서 자신의 이종 육촌이기도 한 윤지충과 권상연이 부모의 신주를 불태우고 제사를 폐지한 이른바 '진산사건'에 충격받고 천주교를 버렸다. 이런 사실들은 노론 벽파도 알고 있었지만 이들에게 중요한 것은 사실이 아니었다. 중요한 것은 정조

때 성장한 남인들을 정계에서 몰아내고 재기하지 못하도록 그 싹을 끊어버리는 것이었다. 싹을 끊는 가장 확실한 방법은 관직에서 쫓아내는 것뿐만 아니라 목숨을 끊어버리는 것이었다. 그래서 세 흉인[三凶]이란 표현을 쓴 것이었다. 왕조국가에서 신하가 흉인凶人으로 몰리면 살아날 재간이 없었다. 정조가 죽던 당일로 정권을 장악한 노론 벽파는 이들을 국청鞫廳에 세우기 위해 탄핵한 것이었다. 순조는 열두 살 어린 나이지만 이들이 국청에 서면 살아남기 어렵다는 사실을 알고 있었다. 정조의 시신이 채 식기도 전에 부왕이 총애했던 신하들을 국청에 세우는 것은 부왕의 뜻에 어긋난다는 사실도 알고 있었다. 그래서 순조는 국문鞫問에 반대했다. 그러자 이들은 수렴청정하는 대왕대비 정순왕후에게 보고했고, 정순왕후는 즉각 받아들였다.

> 사학에 대한 일을 지난번에 연석에서 하교한 적이 있었는데, 지금 대간臺諫의 계사는 진실로 나의 뜻에 부합된다. 이들을 다스리는 것을 조금도 늦출 수가 없으니, 대간의 계사에 나오는 사람들을 금오金吾(의금부)에게 잡아들이게 하라.
>
> 『순조실록』(1년 2월 9일)

그렇게 당일로 이가환·이승훈·정약용은 체포되었다. 뿐만 아니라 계사에 이름이 나오지 않은 정약전까지 체포되어 옥에 갇혔고, 곧 국청이 설치되었다. 영부사 이병모李秉模, 판의금부사 서정수徐鼎修 등 국청 위관委官들은 모두 남인의 정적인 노론 벽파였다. 노론 벽파의 칼끝 아래 남인들은 자신의 운명을 맡겨야 했다. 죽음이 목전에 닿아 있는 상황이었다.

그 국청에서 정약용은 목숨을 포기했다. 정조가 살아 있을 때도 그토록 죽이려고 애쓰던 노론 벽파였다. 그들이 수사관이고 재판관인 국청에 운명이 맡겨진 것이니 살려고 마음먹는 자체가 우활한 것이었다. 그가 죽음을 각오할 수밖에 없었던 또 다른 이유에는 작은형 정약종 문제도 있었다. 정약전·약용 형제가 천주교를 버린 후에도 약종은 신앙을 고수했다. 약종은 집안에서 가장 늦게 천주교를 믿었지만 다른 형제들이 천주교를 버린 후에도 신앙을 지켰다. 심지어 이 문제로 부친, 형제들과 다투던 정약종은 고향 마재를 박차고 양근으로 이주했을 정도였다.

정약용이 1차 국문을 받던 2월 10일, 약종은 아직 체포되지 않았다. 그러나 체포는 시간문제였다. 정약용이 살아날 길은 단 하나뿐이었다. 형 약종을 고발해야 했다. 자신과 약전은 천주교를 확실히 버렸지만 약종은 그렇지 않다고 증언하고 반증反證해야 했다. 그러면 자신과 형 약전이 살 수 있을지도 몰랐다. 그러나 어찌 친동기親同氣를 사지로 몰면서까지 목숨을 구걸할 수 있겠는가? 정약용과 약전은 이 국청에 그저 목숨을 맡기는 수밖에 없었다. 그래서 정약용은 1차 국문에서 위관들의 심문에 죽음을 각오했다는 말밖에 할 수가 없었다.

> 위로는 감히 임금을 속일 수 없고 아래로는 형을 증거로 삼을 수 없습니다. 저는 오늘 오직 한 번의 죽음만이 있을 뿐입니다.
>
> 「신유사옥 죄인 이가환 등 추안」

혼자 살기 위해 형을 증거로 삼을 수는 없었다. 정약전도 마찬가지로 눈물로 진술하면서 약종을 끌어들이지 않았다. 그래서 위관은 정약용에게 이렇게 물었다.

"네가 공술한 의도는 이해할 수 있다. 너의 형제가 참으로 울면서 진술한 것은 지극하고 절실하지만 서찰은 이처럼 가볍지 아니하며 다만 근심하고 두려워한다는 말은 네가 반드시 함께 이 학문을 하였기 때문에 그러한 것이다."

"형제 사이는 천륜이 중하거늘 어찌 감히 혼자 착하려고 하겠습니까? 오직 같이 죽기만을 원합니다."

정약전·약용 형제는 완전한 함정에 빠졌다. 자신들이 살려면 약종을 증거로 삼아야 했다. 그러나 동기는 천륜이기에 죽을지언정 그럴 수는 없었다. 그래서 형제는 이 국청이 둘의 무덤이 될 것이라고 짐작했다. 약종도 체포되면 같은 운명이 될 것이었다. 이복만형 약현은 아직 무사하지만 그는 현재 피신 중인 황사영黃嗣永의 장인이었다. 그가 체포되면 약현 또한 무사하리란 보장이 없었다. 이 국청이 멸문지화를 당하는 국청이었다.

약종은 이틀 후인 2월 11일 체포되었다. 약종이 체포된 과정도 남다르다. 금부도사를 길에서 지나쳤는데, 되레 자신을 잡으러 가는 길이냐고 먼저 물은 것이다. 그렇다고 대답하자 자신이 정약종이라고 밝히고 스스로 체포된 것이다. 그리고 아무런 희망이 없던 두 형제에게 생에 대한 한낱 전기를 마련해준 인물이 바로 정약종이었다. 그가 국청에서 당당하게 자신의 신앙을 고백했던 것이다.

정약용의 초상 목숨을 구하기 위해 형제를 저버릴 수 없었던 정약용은 모진 국문 속에서도 그저 죽음을 각오했다는 말밖에는 할 수 없었다.

저는 그것(천주교)을 대공大公이고 지극히 바른 것[至正]이며 진실한 도道라고 생각했기 때문에 몇 년 전에 나라에서 금한 이후에도 바꾸려는 생각이 처음부터 없었습니다. 비록 만 번 형벌을 받아 죽더라도 조금도 후회하는 마음이 없습니다.

「신유사옥 죄인 이가환 등 추안」

정약종은 신앙을 고백했을 뿐만 아니라 나라에서 천주교를 금지시키는 것이 잘못이라고 항변했다. 국청에 끌려온 사람이 나라의 조치를 비난하는 것은 목이 열 개라도 부족한 행위였다. 그는 이미 지상이 아니라 천상에 속한 사람이었다.

반면 정약종의 이 공초는 지상에 속한 정약용과 약전에게 살길을 열어주었다. 나라가 천주교를 금하는 것이 잘못이라고 항변한 정약종은 약전·약용 형제가 천주교를 버렸다고 증언했다. 사람들에게 "둘째 형과 막내가 함께 천주교를 배우려 하지 않아 한스럽다."라고 말했던 편지도 입수되었다. 정약전·약용 형제가 이미 천주교를 버린 공적 증거가 있는 데다 이런 확실한 사적 물증까지 나타나자 당파심에 사로잡힌 위관들도 차마 둘의 사형을 주청하지는 못했다. 그래서 둘은 한 등급 감해 유배형으로 결정되었다. 정약용은 경상도 장기현長鬐縣, 약전은 전라도 신지도薪智島가 유배지로 정해졌다.

석방 다음 날, 정약용과 약전은 유배길에 올라야 했다. 겨우 목숨은 건졌지만 거의 산목숨이 아니었다. 이틀 전인 26일 정약종은 서소문 형장에서 이미 목이 잘렸다. 세계 천주교 선교사상 자청해서 영세를 받은 최초의 인물이었던 매형 이승훈과 같은 날 사형당했다.

불과 이틀 전에 친형제와 매형이 참형을 당했으니 유배 가는 두 형제도 발은 땅을 딛고 있어도 심정은 저승의 구름을 밟고 있는 것이었다. 동기와 자형의 목 잘린 시신을 수습도 못하고 기약 없는 길을 떠나는 두 형제는 제정신이 아니었다. 게다가 약종이 죽임을 당하던 날 약종의 아들인 조카 철상이 또 잡혔다는 소식이 들렸다. 한 대에 살점이 떨어져 나가고 머릿속이 새까맣게 타버리는 추국신장 서른 대에 골병든 몸이지만 아픈 줄도 몰랐다.

정약용과 약전이 가족과 눈물로 이별한 곳은 숭례문에서 남으로 3리 떨어진 석우촌石隅村이었다. 그래서 「큰 바람 소리 쓸쓸한 석우촌에서[蕭颯石隅村]」라는 시 한 수가 절로 나왔다.

한 말은 남쪽으로 가고, 또 한 말은 동쪽으로 가야 하네
숙부님들 머리엔 백발이 성성하고, 큰형님 두 뺨엔 눈물이 줄을 잇네
조금만 더 조금만 더 하다가, 해는 이미 서산에 기울었네
뒤돌아보지 말고 가야지, 다시 만날 기약이나 새기면서[1]

특히 세상모르고 손을 흔드는 세 살짜리 막내아들 농장農牂을 두고 발길이 떨어지지 않았다. 생인지 꿈인지 모른 상태로 정약용은 죽산과 가흥을 거쳐 다음 달 2일 충주 하담荷潭에 도착했다. 하담은 선영先塋(조상의 무덤)이 있는 곳이었다. 선영에 가까이 오자 비로소 마음이 좀 가라앉기 시작했다. 부친 정재원丁載遠의 무덤에서 한바탕 통곡을

1 一馬且南征 一馬將東馳 / 諸父皓須髮 …… / 斯須復斯須 白日已西攲 / 行矣勿復顧 黽勉留前期

쏟아내니 한결 마음이 진정되었다. 그나마 멸문지화는 면했다는 생각에 두 아들에게 편지를 쓸 수 있었다.

이별할 때의 회포야 말해서 무엇하겠느냐. 어느 날 네 어머니를 모시고 마재로 돌아가려느냐? 모름지기 곧 돌아가서 숨을 죽이고 엎드려 조용히 지내야 한다.

나는 귀양길에 오른 뒤로 몸과 기운이 나날이 좋아지고 있다. 그믐날은 죽산竹山(경기도 안성시 죽산면)에서 잤고, 초하룻날은 가흥可興(충북 충주 가금면 가흥리)에서 묵었다. 이제 막 어버이 묘소에서 한바탕 울고 간다. 귀양길이나마 어버이 묘소가 있는 곳을 지나게 해주시니 어디로 간들 임금의 은혜가 미치지 않겠느냐. 감사하고 감사할 따름이다.

너희 어머니 낯빛이 몹시 편안치 못했다. 음식 대접과 약시중에 마음 쓰거라. 이만 줄인다.

「두 아들에게 부친다」(3월 2일)

정약용이 장기현에 도착한 날은 3월 9일이었다. 새재를 넘고 문경을 지나 도착한 유배지였다. 약전 역시 거친 파도에 시달리며 신지도에 여장을 풀었다. 장기는 숙종 1년(1675) 노론 영수 송시열宋時烈(1607~1689)이 유배되었던 곳이다. 노론 영수가 유배되었던 이곳이 130여 년 후에는 남인 정객의 유배지가 되었던 것이다.

정약용은 장기에서 "당화黨禍가 오래도록 그치지 않으니, 이 일은 참으로 통곡할 일일세 …… 1천 동이 술을 빚고, 1만 마리 소를 잡아

/ 옛 악습 혁신하자고 함께 맹서해, 화평과 복을 기원할 건가."(「고시 27수」)라고 노래했다. 당파 싸움이 그치고 평화시대가 도래하기를 기원한 것이다.

그러나 현실은 '1천 동이 술과 1만 마리 소를 잡아' 모든 사람들을 불러 모으기는커녕 형 약전 한 명 보고 싶은 마음도 채울 수가 없었다. 그래서 "건너가고 싶어도 배가 없으니, 어느 때나 그물이 풀리려는지 / 부럽구나 저 기러기 물오리들은, 푸른 물결 위에서 유희하고 있네."(「가을날 형님을 기리며」)라고 신지도의 약전을 그리워했다. 같은 시에서 정약용은 "달이 져도 소식 한 자 들리지 않고, 뜬구름만 저 혼자 왔다가 가네 / 언젠가 지하에서 다시 만나면, 우리 형제 얼굴마다 웃음꽃 피리."라고 노래했다. 아마도 죽어서야 재회할 수 있으리란 예감이 든 것이리라. 그러나 그들의 재회는 그리 오래 걸리지 않았다. 조카사위 황사영이 체포되면서 형제는 또다시 죽음의 국문장에 서야 했던 것이다. 죽음의 국청에서만 만날 수 있었던 운명.

그렇게 현실은 그들의 뜻과는 달리 흘러갔다. 그런 현실이 정약용을 18년 동안이나 귀양지에 가두어놓고, 그의 형 약전을 16년 만에 유배지에서 죽게 만들었다. 그러나 그들은 그냥 죽지 않았다. 그 나날들을 정약용은 절망만으로 보내지는 않았다. 자포자기하지도 않았다. 작은형 약종은 지상을 버리고 천상에 자신의 성을 쌓았지만 정약용은 끝내 이 지상을 포기할 수 없었다.

정약전도 마찬가지였다. 정약용이 이 잘못된 세상에 대한 분노를 이상사회에 대한 희구로 승화시켰다면, 약전은 거친 어부들과 물고기, 그리고 해초와 소나무에서 피안彼岸의 세계를 보았다. 그리고 이복형 약현은 정약용이 「선백씨先伯氏 진사공 묘지명」에 쓴 대로 '물의物議 가운데 들어가지 않고 가문을 보호하고 집안의 제사祭祀를 이어갔다'. 그렇게 정약용과 그 형제들은 시대에 맞서기도 하고 초월하기도 하고 침잠하기도 하면서 파란의 세월을 견뎌갔던 것이다. 그리고 그것은 그대로 후세인들의 길[道]이 되었다. 오늘까지도 계속되는.

시대가 마든 우명

1권

장락궁 높은 곳에 새 잔치 베푸니
수성이 이르러 신령스런 봄을 축하하네
하늘과 함께 천년만년 다함없으리니
아침 해 돋는 듯 비로소 육순六旬이네

書且收到平安信息 測進展、味

腳(?)金深矣 世事氣光 莽廣ミ也 且

漢寫欲(?)樹(?)蘊(?) 郵之果 婦(?)壽日冲言

自(?)然澤滿為有餘 且絕 一世物 藏着勝此言

且(?)盛 美維慨矣 但留首末遂(?)破(?)一懺(?)之氣

為山有微治 勝所特權(?)革 理(?)進之頃(?)哀(?)也

君之界(?)勿是傳是類也 對起啓(?)奉泰(?)左焉(?)綱

令(?)之相知貴相知心 有如理 書歸 雖(?)識

諸(?)雅(?)基 郵(?) 市(?)一月

有理(?)業(?)强(?)此 完(?)不寒石 出來(?)更蘊(?)類(?)指(?)垂

未(?)海衣(?)以後何東矣 此存唯一緣之離(?)乃懷(?)

而真之步 華山於此游 世(?)小餘(?)為(?)日 堆(?)葉(?)上(?)箱(?)

제1장

인연의 사람들

정약용의 가족은 대부분 사형당하거나 귀양 가고,
또는 노비로 전락했다. 역모가 아님에도 한집안 식구
모두 이런 운명에 처해진 것은 유례없는 일이었다.

운명의 해, 임오년

"돌아가리라."

임오년(1762, 영조 38년) 3월 말, 정약용의 아버지 정재원丁載遠은 결단을 내렸다.

평생 꿈꾸었던 출사出仕의 포기이자 집안의 오랜 숙원을 포기하는 결단이기도 했다. 정재원은 고향 마재로 발길을 돌렸다. 경술(1730) 생인 그의 나이 서른셋이었다.

그해 3월 10일, 생원시에 13등으로 합격한 정재원은 다른 합격자들과 함께 경현당景賢堂에서 영조를 알현했다. 그 무렵 영조는 얼마 남지 않은 부왕父王 숙종의 제사 생각으로 가득 차 있었다. 정재원이 생원시에서 의義에 관한 답안을 작성했다는 사실을 들은 영조가 정재원에게 묻는 말의 속셈도 숙종의 제사에 있었다.

"그 의의 제목은 무엇인가?"

"숙연肅然과 용성容聲이옵니다."

"무슨 뜻인가?"

"숙연은 곧 조심하여 삼가는 것이고, 용성은 신이 머무름을 허락하는 소리입니다."

"그러면 제사지낼 때 신神(조상)이 머무름을 허락하는 소리를 들을 수 있는가?"

"효자의 마음은 반드시 신의 소리를 듣게 되는 것이니 어찌 들을 수 없다 하겠습니까?"

"그렇다면 또한 신을 볼 수도 있겠는가?"

"신은 형체가 없어도 말할 수 있는데 진실로 볼 수 있지 않겠습니까? 효자에게는 신의 소리가 들리는 것인데 어찌 그 모습을 보지 못할 이치가 있겠습니까? 방에 들어가서 어렴풋이나마 그 신위가 보이는 경우가 곧 효자의 마음이요, 형체가 없어도 보이는 까닭입니다."

"그렇다면 사람마다 소리를 들을 수 있겠는가?"

"효자인 뒤에야 귀신의 소리를 들을 수 있지 어찌 사람마다 들을 수 있겠습니까? 사람이 귀신의 소리를 들을 수 있는 마음을 갖춘 후에야 그 부모의 제사를 지낼 수 있는 것입니다."

"옳도다. 훌륭한 대답이다."

영조는 며칠 후의 제사 때 부왕의 소리와 모습을 체험할 것을 기대하는 듯 오랫동안 말이 없었다. 그러다 정재원이 아직도 엎드려 있는 것을 발견했다.

"기다리는 다른 선비들의 마음이 급하겠다. 너는 이제 그만 물러가거라."

이 만남은 영조에게 깊은 인상을 심어주었다. 그달 17일 영조가 건명문建明門에서 이조판서에게 초입사初入仕(첫 벼슬자리)가 몇 자리 남았는지 물은 것은 정재원을 염두에 둔 것이었다.

"세 자리가 비었습니다."

"새로 뽑힌 생원 가운데 정씨도 추천했는가? 그 이름은 내가 잊었구나."

"고 승지 정도복丁道復의 종손으로 8대가 연달아 홍문록弘文錄(홍문관의 관리 명부)에 올랐던 가문입니다."

"그를 만녕전萬寧殿에 수망首望(수석으로 올리는 것)으로 추천하라."

숙종의 영정을 모셨던 장녕전長寧殿을 영조 21년(1745) 이름을 바꾼 것이 만녕전이었다. 이때 영조는 자신의 어용御容(임금의 초상)도 이곳에 봉안하겠다고 말했다. 그래서 만녕전 참봉은 비록 종9품에 지나지 않지만 그 의미는 작지 않았다. 그달 25일 영조는 경현당에서 신하들을 만날 때 종9품에 불과한 정재원을 찾았다.

"정재원은 아직 있지 않느냐? 입시入侍토록 하라."

영조는 정재원과의 첫 대화가 아주 인상 깊었다. 예조에서는 급히 정재원의 서울 집으로 아전을 보냈으나 그는 없었다. 이미 광주에 내려갔던 것이다.[2]

그것도 잠시 다니러 간 것이 아니라 아주 낙향한 것이다. 비록 종9품 참봉이지만 생원에게 곧바로 제수되는 것은 이례적인 일이었다. 일단 벼슬길에 이름을 걸어놓으면 다른 자리로도 갈 수 있고, 또 승진할 기회가 있기 때문에 첫발이 대단히 중요했다. 정재원도 기쁜 마음으로 주위에 이 소식을 전했다. 그러나 주위의 반응은 달랐다. 곧 큰 변란이 닥칠지 모르니 벼슬길에 쉽사리 나가지 말라는 것이었다.

그 변란의 과녁이 세자라는 점에서 사태는 심각했다. 영조 38년에 이미 14년째 대리청정하는 세자를 제거하려는 거대한 음모가 전개되고 있다는 것이었다.

2 정약용, 『압해정씨가승押海丁氏家乘』「제22세 목사공 정재원」

영조의 초상 영조는 노론의 전제를 막고자 탕평책을 취했으나 결국 당쟁의 소용돌이 속에서 아들을 죽인 비정한 아버지가 되었다.

마재 생가 전경 정재원은 생원시에 급제했으나 사도세자 문제로 조정이 시끄럽자 벼슬을 포기하고 마재로 내려와 정약용을 낳았다.

정재원은 분개했다.

'대리청정하는 저군儲君(세자)을 어찌 끌어내릴 수 있는가?'

저군을 모해하는 것도 역모였다. 그러나 종9품 제수를 앞두고 있던 자신에게 어떻게 할 방도가 있을 수 없었다. 자칫 자신까지 연루되는 수가 있었다. 그래서 정재원은 출사를 포기하고 고향인 한강변의 경기도 광주부 초부면 마재[馬峴]로 돌아갔다.

아니나 다를까. 세자에 대해 여러 흉흉한 소문이 들리더니 두 달 후인 5월 22일, 나경언이란 인물이 세자를 고변했다는 소식이 들렸다. 『영조실록』은 나경언에 대해 "액정별감掖庭別監 나상언羅尙彦의 형이니, 사람됨이 불량하고 남을 잘 꾀어냈다."라고 전하고 있다. 즉 양반 사대부도 아니라는 뜻이었다. 양반 사대부도 아닌 인물이 대리청정하는 세자를 고변했으면 거대한 배후가 있다는 뜻이었다. 잘잘못을 떠나서 세자는 금천교禁川橋 가에서 석고대죄하면서 부왕의 용서를 빌었으나 조정 대신들은 아무도 이 사실을 영조에게 고하지 않았다. 나경언이 고변한 지 29일째 되는 날 세자는 뒤주에 들어가야 했다. 뒤주에 들어간다는 것은 곧 죽는다는 뜻이었다. 그래서 열한 살의 세손(훗날의 정조)은 관과 도포를 벗고 엎드려 할아버지 영조에게 빌었다.

"아비를 살려주옵소서."

그러나 세손은 별군직別軍職에게 들려 나가고, 뒤주 속으로 들어가기 직전 세자는 양 모서리를 두 손으로 잡고 부왕을 우러러보며 애소했다.

"아버님, 살려주옵소서."

그 말을 마지막으로 세자는 뒤주 속에 들어갔고, 여드레 후 불귀의 객이 되고 말았다. 세자가 한여름의 뙤약볕에서 작은 뒤주 안에서 신음하던 여드레 동안, 부왕 영조는 물론 장인 홍봉한洪鳳漢과 부인 혜경궁 홍씨도 평상시와 다름없었다. 오히려 영조에게 뒤주에 가두어 죽이면 된다는 방안을 낸 인물이 세자의 장인 홍봉한이라는 소문과 세자의 부인 혜경궁 홍씨가 당론을 좇아 남편을 죽이는 데에 가담했다는 소문이 횡행했다. 그렇게 세자가 불귀의 객이 된 5월 21일, 영조는 곧바로 후속조치를 취했다.

"이미 보고를 들었는데 어찌 30년에 가까운 부자간의 은의恩義를 생각하지 않겠는가? 세손의 마음을 생각하고 대신의 뜻을 헤아려 단지 세자의 호號를 회복하고, 겸하여 시호諡號를 사도세자思悼世子라 한다."

폐했던 세자의 직위를 회복시켜주는 것이 부자간의 은의라는 뜻이었다. 사도세자란 시호는 비정한 아버지가 흘린 악어의 눈물이었다. 세자가 뒤주 속에 갇혀 죽은 것은 개국 이래 초유의 참사였으니 민심이 흉흉할 수밖에 없었다.

그렇게 세자가 비운의 운명을 마친 24일 만인 임오년 6월 16일. 정재원은 마재에서 넷째 아들을 낳았으니 그가 정약용이었다. 정약용이 태어난 직후에도 사도세자 살해 사건의 파문은 가라앉지 않고 있었다. 사도세자는 뒤주에 갇히던 날 위기를 직감하고 세자궁의 조유진을 통해 춘천으로 낙향했던 소론 영수 조재호趙載浩를 불렀다. 혜경궁으로부터 이 정보를 들은 홍봉한은 즉각 조재호에 대한 수사를 시작했고, 드디어 정약용이 태어난 지 일주일째 되던 그달 22일 조재호를 사형시킬 수 있었다. "한쪽 사람들은 모두 소조小朝(세자)에게 불충했으나 나는 동궁을 보호하고 있다."라고 말하고 또 "남인이 70~80년 굶주렸으니, 하늘의 이치로 보아 반드시 남인이 득지得志할 것이요, 노론은 반드시 그들 손에 죽을 것이다."라고 말했다는 사실 때문이었다. 소조에게 불충했던 '한쪽 사람들'이란 두말할 것도 없이 노론을 뜻하는 것이었다. 또한 남인은 정약용 가문의 당파라는 점에서 정약용은 탄생부터 좋든 싫든 당쟁의 비극에 연루된 셈이었다.

그래서 정재원은 정약용에게 귀농歸農이란 아명兒名을 지어준 것인지도 모른다. 당쟁에서 벗어나 농촌에 귀의하라는 의미였다. 그러나 정약용이 양반 신분을 포기하고, 학문도 포기한 채 농사만 짓고 있으면 모를까 그렇지 않는 한 정약용의 운명은 귀농으로 끝날 수 없었다. 탄생부터 운명적으로 사도세자의 죽음과 조우했던 그는 귀농으로 인생을 마칠 수 없었다. 그도 시대도 그것을 용납하지 않았다. 신하가 저군을 죽이는 불충의 시대, 장인이 사위를 죽이는 불륜의 시대, 부인이 남편을 죽이는 부정不淨의 시대가 그를 끌어낸 것이었다.

세자가 뒤주에 갇히기 직전, 그리고 뒤주에 갇혀 신음하던 그 여드레 동안 세자를 살려달라고 빈 세자의 가족은 세손뿐이었다. 사도세자의 홍서 직후 태어난 정약용과 세자를 살려달라고 애절하게 빌었던 세손 정조의 만남은 그래서 '시대가 만든 운명'이었다.

눈썹이 세 개인 아이

정약용이 태어났을 때 이미 세 명의 형이 있었다. 만형 약현若鉉은 이복형이었으나, 둘째 형 약전若銓과 막내 형 약종若鍾은 어머니 해남 윤씨가 낳은 친형이었다. 그 외에 이복동생도 있었다. 부친 정재원은 부인 해남 윤씨가 세상을 뜨자 정약용이 열두 살 때(1773) 스무 살의 잠성岑城 김씨를 후취로 삼았다. 정약용은 그녀를 서모 김씨라고 부르며 훗날 묘지명까지 써주었다. 약황若鐄은 김씨가 낳은 이복동생이었다.

이 다섯 형제 중에서 시대의 아픔을 온몸으로 겪은 형제는 묘하게도 해남 윤씨 소생의 정약전·약종·약용 3형제였다. 딸도 마찬가지였다. 정재원의 다섯 딸 중 이승훈李承薰에게 시집 간 동복同腹 누이는 격랑의 역사 속으로 끌려 들어갈 수밖에 없었다. 이승훈이 베이징의 천주교당을 제 발로 찾아가 영세를 받고 천주교 서적을 가져오는 바람에 정국에 큰 풍파가 일었기 때문이다. 윤씨 소생의 3남 1녀 모두에게 거센 시대의 풍랑이 몰아친 것은 고산孤山 윤선도尹善道의 피가 흐르기 때문일지도 모른다.

이복형제들이라고 편안한 인생은 아니었다. 맏형 정약현의 처남은 한국 천주교의 개국 성조聖祖로 불리는 광암曠庵 이벽李檗이었고, 약현의 딸 명련命連의 남편은 로마 교황청에 한국 천주교도들을 살려줄 것을 요청하는 백서帛書를 보냈던 황사영이었다. 약황의 누이는 남인 영수 채제공蔡濟恭의 서자 채홍근蔡弘謹에게 시집가 역시 파란을 겪는다. 사형당하거나 귀양 가고, 또는 노비로 전락하는 것이 이들 형제 일가의 운명이었다. 역모가 아님에도 불구하고 형제자매 모두가 이런 운명에 처해진 것은 특이한 일이었다. 그만큼 남다른 형제들이고 남다른 시대였다.

정약용의 본관은 압해押海였다. 지금은 전라남도 신안군에 속한 섬이지만 조선시대에는 나주에 속해서 압해 정씨는 나주 정씨로도 불린다. 가문의 당색黨色은 정권하고는 거리가 먼 남인이었지만 정약용이 평소 '팔대옥당八代玉堂'이라며 자랑한 것처럼 학문 명가였다. 선조 여덟 명이 내리 옥당, 즉 홍문관弘文館 관리였다. 사헌부·사간원과 함께 삼사三司로 불린 홍문관에는 학문이 높은 관료만 들어갈 수 있었다. 조선의 역대 문과급제자들의 명부인 『국조문과방목國朝文科榜目』에 옥당에서 근무한 사람들을 따로 표시할 정도로 옥당 출신은 높은 평가를 받았고 그만큼 자부심도 강했다.

이런 팔대옥당의 영예는 당쟁에 휩쓸리면서 시련을 겪게 된다. 그 당사자가 정약용의 5대조 정시윤丁時潤(1646~1713)으로서 팔대옥당의 마지막 인물이었다. 숙종 20년(1694) 남인 영수였던 우의정 민암閔黯이 사형당하는 갑술환국에 연루된 것이다. 겨우 목숨을 건진 정시윤은 2년 후에 남인으로는 드물게 세자시강원 필선弼善으로 재등용되었으나 그뿐이었다. 정시윤은 당쟁이 횡행하는 서울을 떠나 시골로 가기로 결심했다. 그래서 선택한 곳이 북한강과 남한강이 합수되면서 다시 경안천慶安川이 흘러 들어오는 아름다운 풍광의 마재였다.

화순 동림사지 정재원이 화순현감으로 있을 때 정약용은 이곳에서 형 약전과 함께 공부했다.

이후 서인(노론)집권이 계속되면서 정시윤의 후손들은 백두로 지내야 했는데, 영조가 탕평책을 표방하면서 정재원이 최초로 벼슬에 나설 수 있었다. 만녕전 참봉을 거부하고 돌아간 정재원에게 영조가 재위 38년(1762) 11월 경기전慶基殿 참봉을 다시 제수한 것은 첫 만남이 얼마나 인상 깊었는지를 잘 보여준다. 비록 과거 출신이 아니어서 높은 벼슬은 하지 못했지만 음직蔭職으로는 드물게 형조좌랑(정6품)이란 요직까지 오를 수 있었던 것도 제사에 관한 문답이 인상 깊었던 영조의 배려였다.

정약용의 외가도 당쟁의 시대와 떨어질 수 없는 운명이었다. 어머니 윤씨의 할아버지는 문인화의 대가였던 공재恭齋 윤두서尹斗緖였다.[3] 정약용 형제의 뛰어난 그림 솜씨는 윤두서의 기질을 타고난 것이었다. 정약용의 외가에는 윤두서보다 더 유명한 인물도 있었다. 노론 영수 송시열과 맞섰던 남인 영수 고산 윤선도는 윤씨 부인의 증조부 윤이석의 조부였다. 예송논쟁 대 송시열과 목숨 건 논쟁을 주고받으며 싸웠던 윤선도의 뜨거운 피가 정약용 형제에게 흘렀던 것이다.

정약용 형제는 어린 시절부터 외가 형제들과 가깝게 지냈다. 동갑이었던 윤지눌尹持訥과 육촌형 윤지범尹持範 등이 그들이었는데, 정약용은 평소 "나의 정분情分은 외가에서 물려받은 것이 많다."라고 자주 회상했을 정도였다.

그의 외가도 천주교에서 자유롭지 못했다. 정조 15년(1791) 부모의 신주神主를 불태웠다가 사형당한 진산사건의 주인공 윤지충尹持忠은 정약용의 외종 육촌이었다. 후술하겠지만 이 사건은 정약용이 천주교에 대한 기존의 생각을 버리는 데 결정적 계기가 된다.

이런 핏줄을 이은 정약용 형제는 함께 마재에서 자랐으나 그 성격은 모두 달랐다. 큰형 약현은 약관의 나이에 소과에 붙었으나 대과

3 공재 윤두서는 산수화의 겸재謙齋 정선鄭敾, 화조도의 현재玄齋 심사정沈師正과 함께 조선 회화의 3재三齋라고 불리는 조선의 대표적인 화가였다.

정약용의 산수화 정약용 형제의 뛰어난 그림 솜씨는 외증조부 윤두서의 재능을 물려받은 것이었다.

大科에 실패하자 정계 진출을 포기하고 집안을 지켰다. 약전과 약종은 벼슬에도 큰 흥미가 없었으나 그렇다고 가사에도 관심을 두지 않는 자유로운 성격이었다. 반면 정약용은 어릴 적부터 학문에 흥미를 느꼈다. 그는 훗날 「자찬 묘지명」에 "어려서부터 영특하여 제법 문자를 알았다."라고 썼는데, 이런 자부심은 과장이 아니라 네 살 때 천자문을 배웠고 일곱 살 때 「산山」이라는 제목으로 시를 짓는 것으로 나타났다.

작은 산이 큰 산을 가리니	小山蔽大山
가깝고 먼 곳이 같지 않네	遠近地不同

정재원은 이 시를 보고 "분수에 밝으니 자라면 역법曆法과 산수算數에 능통할 것이다."라고 예견하였다.

일곱 살 때 천연두天然痘를 앓았다. 천연두는 훗날 정약용이 여러 자식들을 잃을 정도로 위험한 병이었으나 그는 눈썹 한가운데가 나누어지는 작은 흔적만 남았을 뿐 순조롭게 치러냈다. 정약용은 이 흔적을 부끄럽게 여기기보다 '눈썹이 세 개인 사람'이란 뜻의 삼미자三眉子란 호를 짓는 해학을 보였다. 정약용은 열 살 이전에 지은 시를 모아 『삼미자집三眉子集』을 지었는데, 현재 전해지지 않는다.

풍광 좋은 마재에서 어린 시절을 보내던 정약용 형제들에게 닥친 최초의 아픔은 어머니 윤씨의 죽음이었다. 아홉 살 정약용은 물론 열한 살 약종이나 열세 살 약전 모두 감당하기 힘든 아픔이었다.

정약용이 슬픔을 극복하는 방법으로 찾은 것은 독서와 작문이었다. 정약용이 열 살의 어린 나이에 경서經書와 사서史書를 모방해 작문한 글을 자신의 키만큼 쌓을 수 있었던 것은 어머니에 대한 참을 수 없는 그리움 때문이었다. 아픈 현실을 학문으로 극복하는 정약용 인생의 특징은 이때 시작된 것이다.

어린 정약용에게 어머니의 빈 공간을 채워주려 노력한 사람은 큰형 약현의 부인 경주 이씨였다. 이씨는 빗과 세숫대야를 들고 다니며 씻겨주면서 어머니의 역할을 대신했다. 이씨의 어머니 노릇은 다산이 열두 살 때 끝났다. 정재원이 김씨를 후처로 맞아들였기 때문이다. 서계모 김씨는 약용의 큰 형수 이씨의 역할을 대신했다.

어린 시절 정약용은 머리에 서캐와 이가 많고 또 부스럼까지 많았다. 정약용이 훗날 「서모 김씨 묘지명」에서 "서모는 이런 자신에게 손수 빗질해주고 또 그 고름과 피를 씻어주었다."라고 쓴 것처럼 약용을 친자식처럼 돌봤다. 그 답례로 정약용은 「서모 김씨 묘지명」을 써서 이 여인의 자취를 후세에 전했던 것이다.

정약용 형제가 마재에서 이렇게 어린 시절을 보내는 동안 조정은 영조의 후사 문제로 소용돌이치고 있었다. 사도세자를 죽인 노론 벽파가 세손(정조)도 제거하려 했기 때문이다.

사도세자를 죽인 노론은 무슨 수를 써서라도 세손의 즉위를 막아야 했다. 그래서 노론은 팔자흉언八字凶言(여덟 자로 된 흉언)을 만들어 유포시켰다.

"죄인지자罪人之子 불위군왕不爲君王."

죄인의 아들은 임금이 될 수 없다는 유언비어였다. 사도세자가 살

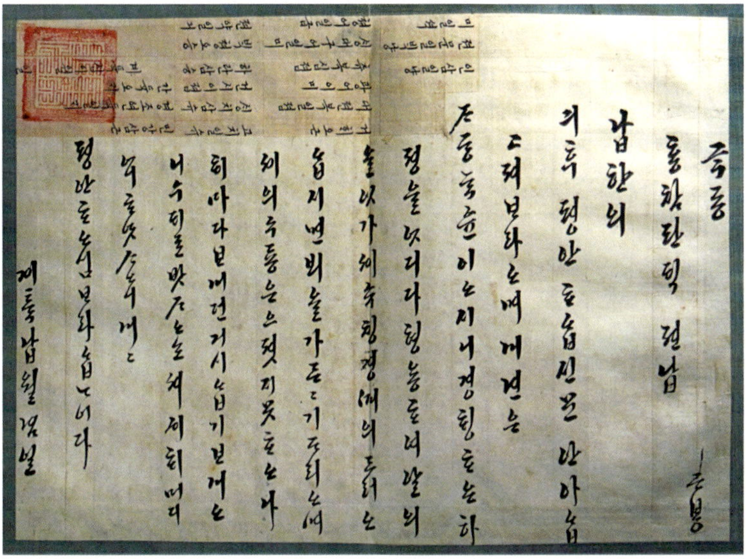

홍참판댁에 보내는 정조의 언간 모친 혜경궁 홍씨의 친척인 홍참판에게 보낸 정조의 한글 편지다. 정조의 외가인 홍씨 집안은 사도세자의 죽음에 연관되었다는 혐의를 받았다.

해된 뒤 조정은 두 파로 갈렸다. 세자의 아들 세손을 둘러싼 분당이었다. 노론은 사도세자 제거에는 모두 동의했다. 그러나 세자를 제거한 후 세손 문제를 둘러싸고 견해가 갈라졌다. 세손도 제거해야 한다는 세력은 벽파僻派가 되고, 세손에게 동정적인 세력은 시파時派가 된 것이다. 남인이나 기타 당파는 대부분 시파가 되고 노론은 대부분 벽파가 되었지만 일부는 시파가 되었다. 그러나 사도세자 제거에 앞장섰던 장인 홍봉한洪鳳漢이 시파의 영수이고 그 동생 홍인한洪麟漢이 벽파의 영수인 것처럼 노론 내에서는 그 차이가 그리 크지 않았다. 홍봉한이 시파가 된 것은 몇 가지 사연이 있다. 세손의 모친 혜경궁이 자신의 명에 따라 사도세자 제거에는 가담했지만 세손 제거는 반대하고 나선 것이 그 하나다. 또한 영조가 아들 제거에는 앞장섰지만 손자 제거에는 반대한 것도 그 이유의 하나다. 홍봉한은 『정사휘감正史彙鑑』이란 책을 교재로 세손을 가르쳤다. 중국 역대 사서史書에서 뽑은 사례를 가지고 세손을 가르치면서 세손이 즉위한 후에도 통제할 자신이 있었던 것이다. 그러나 친동생 홍인한洪麟漢이 영조에게 "세손은 정사를 알 필요가 없다."라고까지 말하는 이른바 삼불가지론三不可之論을 주창하는 것을 보면 과연 홍봉한이 세손을 보호하려고 했던 것이 진심일지 의구심도 든다. 홍인한은 심지어 세손의 대리청정을 명하는 전교를 쓰라는 영조의 명을 거부하고 승지에게도 못 쓰게 막았다. 세손에게 절체절명의 위기였던 이때가 영조 재위 51년(1775) 11월로서 영조의 나이 82세, 세손의 나이 24세였다. 세손이 대리청정하지 않는 상태에서 영조가 세상을 떠난다면 노론 벽파는 영조의 계비 정순왕후 김씨와 짜고 다른 종친을 추대할 계획이었다. 그러나 영조는 순감군을 동원하겠다고 협박하면서 다음 달 세손의 대리청정 의식을 거행했고, 그로부터 3개월 후 세상을 떠났다.

노론 벽파의 일당 전제가 아무리 막강하다 해도 대리청정하던 세손 대신 다른 종친을 국왕으로 추대할 수는 없었다. 그래서 관과 도포를 벗고 엎드려 "아비를 살려주옵소서."라고 빌었던 열한 살의 아이가 스물다섯의 장년으로 보위에 올랐으니 그가 바로 정조였던 것이다.

정조는 즉위 당일 빈전殯殿 문밖에서 대신들을 소견하면서 12년 넘게 가슴속에만 담아두었던 한 마디를 꺼냈다.

"아! 과인은 사도세자의 아들이다."

영조는 사도세자 사후 그를 일찍 죽은 효장세자의 아들로 입적시켰는데 정조는 즉위 일성으로 자신이 사도세자의 아들이라고 선포

영조의 능 영조는 세손의 즉위를 막으려 하는 노론 벽파의 반대를 물리치고 세손의 대리청정 의식을 거행한 지 3개월 만에 세상을 떠났다.

한 후 사도세자 추숭追崇(왕위에 오르지 못하고 죽은 이에게 칭호를 추던 일) 작업에 나섰다. 사도세자의 존호를 '장헌세자莊獻世子', 묘호를 '영우원永祐園', 사당을 '경모궁景慕宮'이라 높였다.

그러면서 사도세자 살해에 가담한 인물들과 자신의 즉위를 방해한 인물들을 숙청에 나섰다. 사도세자를 죽음으로 모는 데 앞장섰던 김상로金尙魯와 영조의 후궁 숙의淑儀 문씨文氏, 정조의 고모이기도 한 화완옹주를 처벌했다. 그리고 영조의 계비 정순왕후 김씨의 오라비 김귀주를 귀양 보내는 등 사도세자를 죽게 하고 자신의 즉위를 방해한 혐의로 정순왕후 친정을 귀양 보냈다. 그런데 정순왕후의 친정을 처벌한 이 조치는 훗날 정약용 형제에게 큰 비극으로 되돌아온다.

정조는 이들을 처벌하면서 사도세자를 모해한 죄라고 명시하지 않았다. 영조는 세손에게 "네가 즉위하면 반드시 사도세자 문제를 거론하는 자들이 나타날 것"이라면서 사도세자 문제는 말하지도 듣지도 말라는 이른바 '삼불三不유훈'을 남겼다. 사도세자를 죽음으로 몬 자들을 처벌하면 영조의 유훈을 어기는 불효가 되기 때문에 다른 명목으로 이들을 처벌했던 것이다.

노론 일각에서는 최후 수단으로 맞섰다. 정조 살해에 나선 것이다. 그것도 세 번이나 나섰는데, 정조 즉위 초의 '삼대모역사건'이 그것이었다. 세 가지 방법으로 정조를 죽이거나 쫓아내려 한 사건인데 심지어 칼과 철편鐵鞭을 든 암살자가 정조가 머무르는 경희궁 존현각尊賢閣 지방까지 올라가기도 했으나 정조를 쫓아내는 데는 모두 실패했다. 정조는 국청을 열어 관련자를 처벌했지만 노론 벽파를 뿌리 뽑을 수는 없었다. 뿌리 뽑기는커녕 이들은 정조 때에도 계속 집

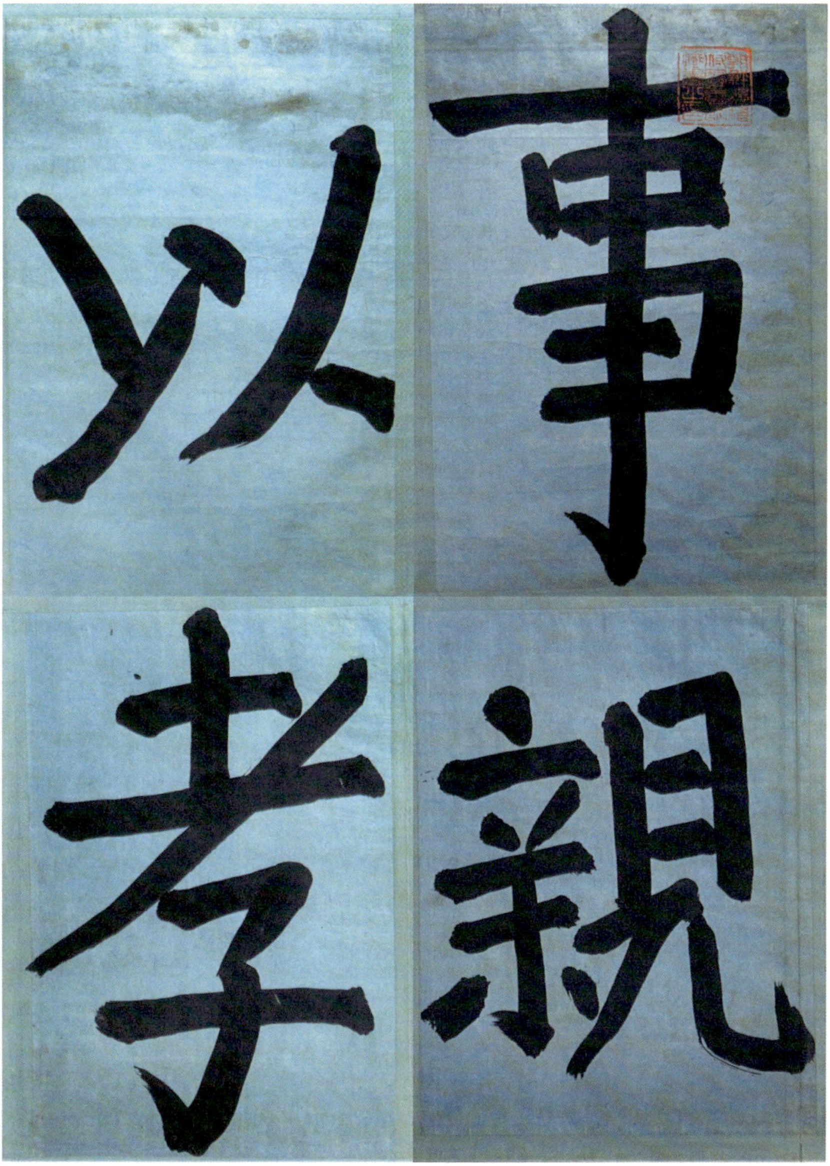

사친이효 어린 시절 정조의 서체. '어버이를 효로써 섬긴다'는 뜻이다. 할아버지에게 아버지 사도세자를 살려줄 것을 간청하던 열한 살의 소년 정조는 왕위에 오르자마자 자신은 사도세자의 아들임을 선언했다.

권당이었다. 그만큼 노론 벽파의 뿌리는 깊었던 것이다.

열한 살 때 부친 사도세자가 노론 벽파에 의해 비참하게 죽는 모습을 본 정조는 서두르지 않았다. 부친을 죽인 세력에 둘러싸인 외로운 국왕이지만 미래는 그들의 것이 아니라 자신과 당색에 물들지 않은 청년들의 것이라고 믿었다. 그 믿음이 그를 인내하게 했지만 이는 부친의 원수와 아침저녁으로 얼굴을 맞대고 웃어야 하는, 인간의 한계를 넘는 일이었다. 그런 인내 속에서 정조는 신新세력이 성장하기를 기다리고 기다렸다. 그리고 그런 정조의 기다림 속에서 정약용 형제가 자라고 있었다.

아버지와 장인

정약용 형제들의 최초의 스승은 아버지 정재원이었다. 정재원은 학문뿐만 아니라 실천으로 자식들에게 본을 보였다. 정재원은 '매일 새벽과 저녁 부모님 받들기에 게으르지 않고, 부모님 병환 시중에 옷과 띠를 풀지 않았다'는 효자였다. 그는 자식들에게 모든 면에서 진실해야 한다고 가르쳤다. 정약용은 부친이 들려준 일화를 전하고 있다.

> 내(정재원)가 금강산에 놀러 갔을 때 어떤 고을에 이르러 그곳의 군수와 이야기를 하고 있었다. 아전이 손님이 왔다고 아뢰었는데 그는 가난한 친구였다. 군수는 콧날을 찌푸리고 고개를 저으며 괴롭다고

하면서 문을 열었다. 손님이 들어오자 군수는 기뻐하며 관대하게 대접하면서 우스개와 농담을 거리낌없이 하니, 마치 가을 서리와 봄날의 볕이 잠깐 사이에 오가는 듯했다. 나는 이런 것을 좋아하지 않는다. 가난한 친구를 대하는 방법은 제일 좋은 것이 겉과 속이 함께 기뻐하는 것이고, 그다음이 겉과 속이 모두 담담한 것이며, 제일 나쁜 것이 마음속으로는 싫어하면서도 겉으로는 기쁜 체하는 것이다.

『압해정씨가승』「제22세 목사공 정재원」

정재원은 자식들에게 인격을 보여주었다. 그는 친구들과 대화를 즐겼는데 고금古今의 사례들을 이야기할 때는 눈이 빛났으나, 이야기가 남의 음사陰私나 부인들의 흠에 이르면 어느새 잠들어 있었다.

한때 벼슬을 거부했던 정재원은 생활고 때문에 다시 벼슬에 나섰는데 영조와 정조 시절 울산부사·진주목사(정3품) 등 꽤 높은 지방 관직과 호조좌랑·한성서윤(종4품) 등의 중앙관직까지 역임했다.

정조는 정재원을 크게 쓰고 싶어 했다. 그가 남인이었기 때문이다. 그러나 문과 출신이 아니기 때문에 승진에 한계가 있었다. 그래서 정조는 재위 12년(1788) 채제공에게 정재원을 과거에 응시시키라고 권유했다. 정재원의 딸이 채제공의 서자와 결혼했기 때문에 둘은 사돈이었다. 그때 59세였던 정재원은 한성서윤漢城庶尹이었는데 이미 여러 관직을 역임했으니 문과에만 급제하면 품계를 뛰어 발탁될 수 있었다. 오래지 않아 대신도 될 수 있었다. 그러나 정재원은 과거를 보라는 채제공의 권유를 거절했다.

"과거를 그만둔 지 이미 10여 년인데, 이제 와서 흰머리에 유건儒巾

의기사기 정약용이 진주를 방문했을 때 장인 홍화보의 권유로 쓴 글로서 '의로운 기생' 논개의 충절을 기리기 위한 것이다.

(유생들이 쓰는 망건)을 다시 쓰고 젊은이들과 합격을 다투겠습니까? 또 임금의 사사로운 사람으로 발탁되어 바르지 못한 길로 나아간다면 그 장래가 어찌 좋겠습니까? 저를 위해서라도 사양하겠습니다."

"그대의 말도 좋지만 다시 한 번 생각해보시오."

정재원은 끝내 과거를 거부했다. 원칙을 지키는 인물이었다. 정약용의 장인 홍화보洪和輔도 마찬가지였다. 정약용은 열다섯 때인 영조 52년(1776) 장가를 가면서 홍화보와 인연을 맺었다. 그해 음력 2월 말 정약용은 계부 정재진丁載進과 배를 타고 서울로 향했다. 장가가는 길이었는데, 봄날의 햇살이 강물에 반사되는 것을 보고 「봄날 계부 따라 배를 타고 한양에 가면서[春日陪季父乘舟赴漢陽]」라는 제목의 시구를 떠올렸다.

해 떠오르는 산 맑고도 먼데 旭日山晴遠

봄바람에 잔물결 흔들리네　春風水動搖
연초록 풀 그림자 물 위에 뜨는데　淺碧浮莎葉
연노란 버들가지 하늘거리네　微黃著柳條

장인 홍화보는 무과 출신이었다. 그는 영조 47년(1771) 황해도 장연부사長淵府使 시절 근처 장산곶長山串 북쪽에 병영兵營을 설치하자고 주장했다. 청나라 황당선荒唐船을 막자는 것이었다. 청의 어선인 황당성은 실제로는 20~30척씩 떼를 지어 다니는 해적이었다. 홍화보의 주장에 공감한 영조는 죽산부사로 막 임명했던 그를 다시 장연부사로 재임명해 병영을 설치하게 했다. 홍화보는 영조 51년(1775) 승지로 제수되었는데, 『영조실록』에서 '특별히'라고 기록했을 만큼 무인으로서 승지가 되는 것은 이례적인 일이었다.

그런데 홍화보는 정조가 즉위하자마자 유배형에 처해진다. 전라좌수사로 있던 그가 세도가 홍국영洪國榮에게 뇌물을 주지 않았기 때문이라고 전해진다. 그러나 홍국영과 채제공 사이에서 채제공의 편을 들었기 때문이라는 설도 있다. 홍화보의 친형 홍수보洪秀輔와 그 아들 홍의호洪義浩 부자는 홍국영을 추종하는 홍당洪黨이 되어 채제공을 비난했으나 홍화보는 채제공을 지지해 유배 가게 되었다는 것이다. 홍화보가 운산雲山으로 유배 갈 때 친구들이 홍국영에게 뇌물을 주라고 충고하자 홍화보는 일축했다.

"그대들은 덕로德老(홍국영)를 태산太山으로 아는가? 내가 보기에는 빙산氷山에 불과하다."

빙산처럼 해가 뜨면 곧 녹을 것이라는 예언처럼 홍화보는 오래지 않아 석방되어 정조 4년에는 영남우도 병마절도사가 된 반면, 홍국영은 전리에 방축되었다. 홍화보는 지네 모양의 진법인 오공진蜈蚣陣과 북두칠성 모양의 진법인 칠성진七星陣을 창안할 정도로 병법에 밝았는데, 정약용이 『아방비어고我邦備禦考』 등 병서兵書를 지을 수 있었던 데는 장인의 영향이 컸다.[4]

영조 52년(1776) 2월 22일의 혼례날, 정약용은 재치를 발휘한다. 훗날 승지를 역임하는 처종형 홍인호洪仁浩가 어린 신랑에게 농을 걸었기 때문이다.

"사촌매부 삼척동자."

정약용의 키가 작다는 농이었다. 그는 즉각 응수했다.

"중후장손重厚長孫 경박소년輕薄少年."

홍씨 가문의 장손 홍의호는 키는 크지만 경박한 소년이라는 응수였다. 주위에서는 벌린 입을 다물지 못했다. 결혼한 정약용은 서울에서 살았다. 부친 정재원이 호조좌랑戶曹佐郎이 되어 서울에 셋집을 얻었기 때문이다.

이익과 희대의 천재 이가환

필자가 조선의 학자들을 연구하면서 큰 학자들 사이의 공통점을

4 『아방비어고』는 현전하지 않는데 그 내용의 민감성 때문에 인멸湮滅된 것으로 추측된다.

발견하고 무릎을 친 적이 있다. 대부분의 큰 학자들에게는 스승이 없다는 점이었다. 이황·조식·이이·유형원·이익·윤휴·정제두 등 많은 학자들에게 스승이 없었다. 이 부분은 큰 학자가 나오지 못하는 현재의 교육 시스템과도 관련해서 깊이 생각해보아야 할 대목이다.

정약용도 마찬가지였다. 정약용도 뚜렷한 스승이 없었다. 중형 정약전은 성호星湖 이익李瀷의 제자인 녹암鹿庵 권철신權哲身에게 사사했으나 정약용은 그러지 않았다. 부친 외에 그가 스승으로 삼은 사람은 없었다. 정약용은 다만 성호 이익을 사숙私淑했다. 직접 만나 가르침을 받지는 않았지만 서적 등을 통해 스스로 스승으로 여기는 것을 '사숙'이라고 한다. 정약전은 이익의 제자 권철신의 문하에 나아가 배웠으나 정약용은 홀로 이익을 사숙했다. 정약용은 환갑 때 지은 「자찬 묘지명」에서 이익을 사숙하게 된 계기를 적고 있다.

> 이때 서울에는 이가환李家煥 공이 문학으로써 일세에 이름을 떨치고 있었고 자형인 이승훈李承薰도 또한 몸을 가다듬고 학문에 힘쓰고 있었는데, 모두가 성호 이익 선생의 학문을 이어받아 펼쳐나가고 있었다. 그래서 나도 성호 선생이 남기신 글들을 얻어 보게 되었는데, 그를 보자 흔연히 학문을 해야 되겠다고 마음을 먹었다.

이가환과 이승훈을 통해서 접한 이익의 사상은 정약용에게 충격으로 다가왔다. 새로운 학문체계인 실학이었기 때문이다. 주자학 이래 이기론·사단칠정론 등 극도의 관념론에 빠진 유학을 일거에 뒤엎은 이가 이익이었다.

그러나 이익에게도 당쟁의 음습한 유산이 깊게 각인되어 있었다. 이익의 부친 이하진李夏鎭은 대사헌 등을 역임한 남인이었다. 남인 중에서도 강경파인 청남淸南이었다. 숙종 때 남인은 영상 허적許積이 중심인 탁남濁南과 백호白湖 윤휴尹鑴가 주축인 청남으로 나뉘었다. 청남은 효종의 승하로 촉발된 현종 때의 1차 예송논쟁 때 조선 왕실을 높이는 왕가의 예법인 3년복설을 주장했다. 그러나 조선 왕가를 왕가로 여기지 않고 사대부 중의 제1사대부로 여기는 서인들의 1년복설에 패배했다. 그러자 왕실을 깎아내린 정권에는 참여하지 않겠다고 현종 15년간 정권 참여를 거부한 정파였다. 청남은 북벌을 주창하고 신분제 완화를 주창했던 진보적인 정파였다. 이익의 부친 이하진도 윤휴와 함께 북벌을 주창하고 신분제의 완화를 지지했지만 숙종 6년(1680) 경신환국으로 남인들이 실각하고 서인들이 집권하자 유배형에 처해졌다. 그는 2년 후인 숙종 8년(1682) 유배지 벽동군碧潼郡에서 55세를 일기로 사망했는데, 『숙종실록』이 "이때에 이르러 분한 마음에 가슴이 답답해하다가 죽었다."라고 기록할 정도로 억울한 죽음이었다. 성호 이익은 이하진이 죽기 1년 전 평안도 벽동군에서 태어났으니 출생부터 당쟁의 비극에 휘말린 형국이었다.

이익의 학문이 개혁적이었던 것은 둘째 형 이잠李潛에게 배웠기 때문이기도 하다. 이잠은 숙종 32년(1706) 노론 김춘택과 이이명이 세자(경종)를 해치려 한다는 상소를 올려 큰 파란을 일으켰다. 심지어 이잠은 숙종의 친국 때도 잘못을 시인하지 않아 숙종을 분노하게 했다.

죄인이 지극히 방자하다. 내 앞에서도 도리어 이러하니 무슨 짓을 못하겠는가? 이러한 놈은 내가 참으로 처음 보았다. 각별히 엄하게 형신刑訊하라.

『숙종실록』(32년 9월 17일)

심지어 숙종은 나장羅將이 신장訊杖을 가볍게 친다는 이유로 가두도록 명할 정도로 이잠에게 분노했다. 이잠이 보호해야 한다고 주장했던 세자는 장희빈이 낳은 이윤李昀이었다. 17년 전인 재위 15년(1689) 서인들이 이윤의 탄생을 기뻐하지 않는다면서 정권을 남인으로 갈아치우고 원자 책봉을 반대하는 서인 영수 송시열에게 사약을 내릴 정도로 분노했던 장본인이 숙종이었으니 그야말로 내가 하면 로맨스고 남이 하면 불륜인 군주가 숙종이었다. 대신 최석정崔錫鼎 등에게 형문을 받던 이잠은 묶은 것을 풀어주면 실토하겠다고 청했지만 받아들여지지 않고 형장刑杖 열여덟 차례를 맞은 끝에 장살杖殺당하고 말았다. 한 번 형신이 약 30여 대를 맞는 것이니 이잠이 맞은 대수는 세기도 어려운 것이었다. 경종 때 소론에서 편찬한 『숙종실록 보궐정오』는 이잠이 "이 상소를 올려 스스로 춘궁春宮(세자)을 위하여 죽는다는 뜻을 붙였는데, 그 어머니가 힘껏 말렸으나 그만두지 않고, 드디어 극형을 받았다."라고 기록하고 있다.

중형의 비참한 죽음을 목도한 이익은 평생 벼슬을 포기했다. 그리고 선영이 있는 안산 첨성촌瞻星村의 호수 성호星湖 근처로 은거했다. 비록 몸은 은거했지만 정신까지 은거한 것은 아니었다. 그는 "성호농장星湖之莊에서 몸소 경작耕作했다."라는 기록처럼 스스로 농사를 지으면서 농사와 독서를 병행하는 사농士農일치의 삶을 살았다. 이익

이익의 묘소 형 이잠이 장희빈을 두둔하는 상소를 올렸다가 당쟁의 제물로 장살되자 벼슬할 뜻을 버리고 첨성리로 낙향하여 학문에만 몰두하였다. 당대 학해의 흐름은 정약용에게까지 영향을 미쳤다.

은 "사士가 때를 얻지 못하면 농農으로 돌아가 위로 부모를 섬기고 아래로 처자를 기르는 데 힘쓰고, 또 그 지식은 후생을 가르치면 족하다."(「향거요람서鄕居要覽序」)라고 농사와 독서를 병행하는 것을 당연하게 여겼다. 이익은 "농포農圃 일무一畝를 가꾸어 내 손으로 남과南瓜(호박)를 심어 누렇게 익는 것을 기다려 수장收藏했다가 겨울철에 지져서 돼지국을 만들어 반찬으로 먹으면 그 맛이 달다."라는 글도 남긴 데서 알 수 있는 것처럼 노동을 천시하던 사대부들과는 달리 노동을 중시하는 철학을 갖게 된 것이다. 그는 지배층의 눈이 아니라 민중의 눈으로 세상을 보았고, 그 결과 사회 개혁을 주장하고 불평등한 토지 문제, 신분 문제 등의 해결을 주창했다. 이익은 "법이 오래되면 폐단이 생기고, 폐단이 생기면 반드시 변혁變革이 따르게 마련인데, 이는 통상적인 이치다."라며 개혁을 시대의 요구라고 주장하고, '몸소 농사의 어려움을 아는 자 가운데 덕망 있는 인재'를 등용하자고 주장했다. 이런 인재들만이 극심하게 편중된 토지 문제를 해결할 수 있다고 봤기 때문이다. 그는 "왕도정치는 전지田地의 분배를 근간으로 하지 않으면 모든 것이 구차할 뿐이다. 분배가 균등치 못하고 권리의 강약이 같지 않은데 어찌 국가를 다스릴 수 있겠는가?"라면서 균전법均田法을 주창했다. 그의 균전법은 한전법限田法에 토대를 둔 것이었다. 일정 규모의 토지는 매매를 금지시켜서 모든 백성들이 기초 생활 정도는 누릴 수 있게 하자는 법이었다. 요즘 말로 하면 일종의 최저소득 보장제였다. 이익은 또한 신분·지역 차별과 당쟁에 대해 극도로 분노했다.

지금 세상은 인민들이 원통하고 울분할 수밖에 없다. 나라에서 인재를 천대하므로 유능한 사람들이 퇴장되며 문벌제도를 숭상하여 서얼·중인의 차별이 있어서 그들의 자손은 100대를 지나도 좋은 관직을 얻을 수 없으며, 또 서북 3도(평안·함경·황해)는 폐색閉塞된 지 이미 400년이나 되었으며, 노비의 법이 엄격하여 그 자손들이 평민과 같이 서지 못하니 전국 인민의 10분의 9가 모두 원한과 분노에 싸여 있다. 그리고 지금 당파 싸움이 공공연하게 벌어져 셋씩, 다섯씩 서로 각기 패를 만들어 한 패가 득세하면 다른 패들은 모두 구축을 당하니 이런 살풍경에는 천지도 변하며 초목도 마를 지경이다.

『사설유선僿說類選』「치도문治道門」

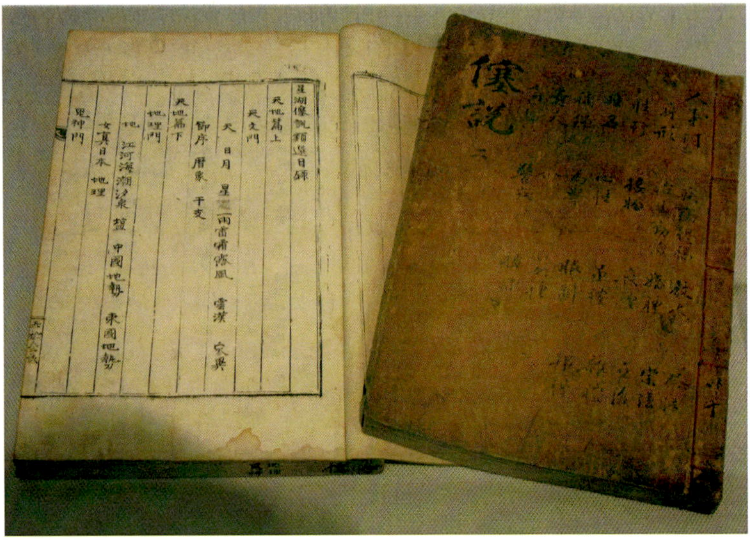

『**성호사설**』 정약용은 생전에 성호 이익을 만나지는 못했지만 그를 스승으로 사숙했다. 이익은 남인들의 정신적 지주였다.

이익은 이기理氣니 사칠四七이니 하는 사변론을 박차고 실천학문으로 나아갔다. 그 방법으로 이익은 조선 중·후기 성리학자들이 주자朱子라 떠받들던 주희朱熹 이전의 고대 유학의 정신으로 돌아가야 한다고 느꼈다. 정약용이 20세 때 성호가 살던 섬촌剡村 구택舊宅을 방문하고 지은 시에는 이런 이익의 사상이 잘 드러난다.

맑은 정기는 동관潼關(이익의 출생지)에 모이고	淑氣聚潼關
밝은 별은 섬천에 빛났다	昭文耀剡川
추구하는 바는 공자·맹자에 접근했으며	指趣近鄒阜
주석은 마융馬瀜·정현鄭玄을 헤아렸다	箋釋掊瀜玄
지극한 뜻은 어리석은 자가 헤아릴 수 없는데	至意愚莫測

'추구하는 바는 공자·맹자에 접근했으며'라는 시구는 이익이 주희를 거치지 않고 공자·맹자에게 직접 다가갔음을 뜻하는 것이며, '주석은 마융·정현에 헤아렸다'라는 시구는 주희가 아니라 그 이전의 인물인 고대 한漢나라 학자들의 주석으로 유학을 해석했다는 뜻이다.

이런 점에서 이익의 학문은 사상계의 혁명이었다. 그 혁명적인 사상을 접한 정약용의 가슴은 뛰었다. 비록 살아생전 만나지는 못했지만 다산은 중형 약전에게 "우리가 능히 천지가 크고 일월이 밝은 것을 알게 된 것은 모두 이 선생의 힘입니다."(「둘째 형님께 답합니다[答仲氏]」)라고 토로했을 정도로 성호는 다산의 진정한 스승이었다.

정약용에게 이익이란 대도大道가 있음을 일러준 인물이 바로 희대의 천재 정헌貞軒 이가환이었다. 훗날 정약용과 정치적 운명을 함께하는 이가환은 이익의 종손이었다. 정약용은 이가환의 천재성에 여러 차례 놀랐고 그에 관한 기록을 남겼다.

이익의 초상 그의 학문은 후손으로 종자인 이병휴와 『택리지』의 저자 이중환·이가환 등으로 이어졌고, 정약용은 이가환과 이승훈을 통해 성호 이익의 저술들을 접한 후 실학에 경도되었다.

그의 기억력은 고금에 뛰어나 한차례 눈으로 보기만 하면 죽을 때까지 잊지 않다가 우연히 자극만 받으면 한 번에 수천 백 마디를 외워 마치 술통에서 술 쏟아지듯 유탄이 퍼부어 판대기를 뒤엎듯 하였다. 구경九經 · 사서四書 · 23사二十三史에서 제자백가 · 시 · 부 · 잡문총서 · 패관 · 상역象譯 · 산율학算律學, 우의마무牛醫馬巫(소의 병을 고치는 의사와 말의 병을 고치는 무당)의 설, 악성 종양이나 치질 치료 등에 이르기까지 무릇 글자로 된 것은 한번 건드리기만 하면 물 쏟아지듯 막힌 데가 없었으며, 또 모두 정밀히 연구하고 알맹이를 파내서 한결같이 전문적으로 공부한 사람 같았다. 질문한 사람마다 깜짝 놀라서 귀신이 아닌가 의심할 정도였다.

「정헌 이가환 묘지명」

"어려서부터 영특하여 제법 문자를 알았다."라고 자찬하는 다산이 '귀신이 아닌가 의심할 정도'라면 이가환의 천재성은 측량하기 어렵다. 이가환의 박학은 유명한 것이어서 정조도 그 소문을 들었다. 그래서 정조는 재위 2년(1778) 2월 14일 승문원정자承文院正字 이가환을 불러 시험해보았다.

정조가 말했다.

"오늘 너에게 전석前席을 빌려주었으니, 모름지기 평소에 쌓은 공부를 털어놓도록 하라."

정조는 티베트[吐蕃] 관계부터 중국 역대 관제官制, 서양의 역법 문제에 이르기까지 온갖 것을 물어보았으나 이가환은 막힘이 없었다. 그중 역법曆法에 관한 대화를 보자.

"명나라 때의 이마두利瑪竇(마테오 리치)가 수정한 역법이 지극히 정묘精妙했었다. 이마두는 외국 사람인데 어떻게 혼자서 정묘한 곳을 풀게 되었고, 또한 충분하게 풀어서 다시는 잘못될 염려가 없게 되었는가?"

"이마두 이후에 또 탕약망湯若望(아담 샬) 등이 수정한 것이 있었으니, 역시 이마두 자신이 창작하게 된 것이 아닙니다. 서양西洋 사람들은 옛적부터 전문가[專門]가 많아 서로들 전수해가며 책력을 만듦에 있어 의기儀器로 측정하였는데, 그 의기의 도度·분分·초秒가 천체에 비교하면 차이가 나기 때문에 서양 사람 자신이 이미 오래가면 반드시 차이가 나게 된다고 말을 한 것입니다."

정조가 다시 물었다.

"시각의 추천推遷이 있게도 되고 계절季節의 조만早晩이 있게도 되어 역법이 일정하지 않으니, 혹시 천체의 별의 운행이 예와 지금의 차

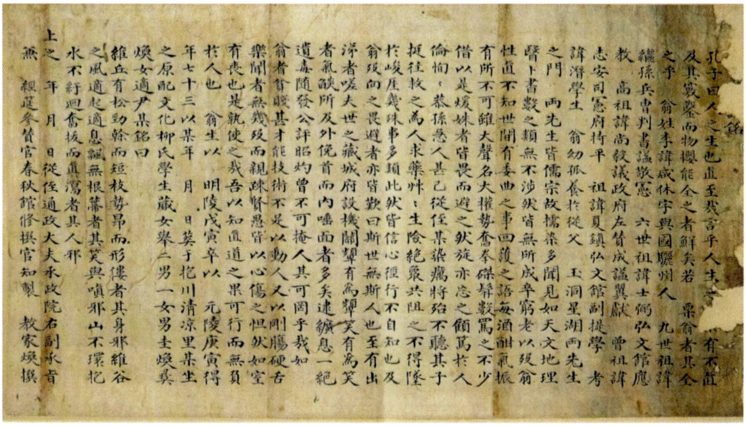

이가환의 필적 이익의 종손으로 문장에 능하고 필법이 뛰어났다. 만년에 천주교 신자가 되어 신유박해 때 생질인 승훈과 함께 체포되어 순교하였다.

이가 있어서 그러는 것인가?"

"맞지 않는 수가 있음은 역법이 정밀하지 못해서이고, 천체의 운행은 만고에 한결같은 것입니다."

"혼천의渾天儀(해시계)로 말한다면 톱니바퀴[輪牙]가 돌게 되어, 춘분과 추분의 서로 맞게 됨이 마치 부계符契(서로 맞춰보는 부절)와 다름이 없으니, 천체의 회전도 또한 그렇게 되는 것인가?"

"혼천의가 기계 바퀴로 운전하게 된 것은 사람의 솜씨로 그렇게 해놓은 것이고, 천체의 본연本然은 아닌 것입니다. 춘분과 추분이 자연히 천체의 운행과 맞게 되어 있음은 곧 톱니바퀴가 성기기도 하고 배기도 하여 그렇게 되는 것입니다."

……

"이 사람은 해박하여 바로 질문하고 논란하기 좋으니, 승지가 질문하기 시작하라."

『정조실록』(2년 2월 14일)

평소 학자군주를 자처하던 정조가 평소 궁금했던 것을 다 묻고 나서 승지에게 질문권을 넘길 정도로 이가환의 지식은 '귀신'의 그것이었다.

정약용도 이가환을 시험했던 기록을 남겼다.

하루는 내(정약용)가 소보邵寶(명나라 학자)의 『용춘당집容春堂集』을 읽는데 그 안에 '나모전傢母傳'이 있었다. '나傢'라는 글자를 알 수가 없어서 자서字書를 모두 찾아보았으나 어떤 책에도 없었다. 나는 손뼉을 치며 스스로 기뻐하기를, "이것이면 정옹貞翁(이가환)을 곤경에 빠지게 할 수 있겠다."라면서 급히 말을 타고 공을 찾아갔다. 이야기가 무르익자 '나像' 자의 음은 어떻게 읽느냐고 물었더니 공이 "그 글자는 알기가 어렵네. 자휘字彙·자전字典에 모두 그 글자가 없었네. 자네 혹시 소보의 '나모전'을 읽은 게 아닌가. 나모전은 모영전毛穎傳과 같은 기문奇文일세. 내가 우연히 그걸 기억하고 있네."라고 말하고는 처음부터 끝까지 줄줄 외워버리는데 글자 하나 틀리지 않았다. 그리고 말하기를 "서릉씨西陵氏의 딸이 들에 나갔다가 처음으로 누에[蠶]를 보고는 그 모양이 누루연嫘嫘然하니까 누조嫘祖[5]라고 했는데 나像 음은 당연히 누嫘로 읽을 걸세."라고 하였다.[6]

「정헌 이가환 묘지명」

정약용 역시 옥편의 글자는 대부분 알았는데, 옥편에도 안 나오는 글자가 있었으니 과연 이가환이 그 글자를 아는지 시험해보고 싶었다. "급히 말을 타고 찾아갔다."라는 글귀에서 해학을 즐기는 정약용의 모습이 떠오른다.

정조는 이 희대의 천재를 크게 쓰고 싶었으나 여의치 않았다. 이가환의 증조부가 숙종 때 사형당한 이잠이었기 때문이다. 이잠의 종손이라는 것이 노론 세상을 살아가야 하는 이가환의 업보였다. 부친도 아니고, 조부도 아닌 증조부 문제였다. 게다가 이잠이 주장한 것

5 서릉씨의 딸로 황제黃帝의 정비正妃가 되었다.
6 『순자荀子』「부론賦論」편에 "여기에 물物이 있는데 나나혜像像兮라. 그 모양이 자주 바뀌어 귀신같구나."라고 했는데 그 주註에 나잠像蠶(누에)이라 하였다.[정약용의 원주]

은 "세자를 보호해야 한다."라는 지극히 당연한 말이었다. 그리고 그 세자는 숙종의 뒤를 이어 임금(경종)이 되었다. 그러나 이 시대는 임금보다 당파를 더 높이던 가치관의 전도顚倒시대였고 그런 가치관을 가진 노론이 집권하고 있던 때였다. 그래서 그 업보는 이가환만의 것이 아니라 그 시절 대부분의 남인들이 겪어야 했던 어두운 시절의 유산이기도 했다. 그리고 그 유산은 남인들이 천주교를 자진해서 받아들이게 하는 토대가 되었다. 그리고 그 숱한 비극의 씨앗이 되었다.

세계 최초의
자청 영세자 이승훈

남인 중에서도 베이징까지 가서 영세를 자청하고 천주교 서적을 가져온 인물은 정약용의 매형 이승훈이었다. 이로써 정약용 형제에게 천주교는 하나의 운명이 되었다. 이승훈이 그럴 수 있었던 것은 천주교가 남인들의 당학黨學 내지는 가학家學이었기 때문이었다. 그러나 남인들이 처음부터 천주교를 종교로 받아들인 것은 아니었다. 남인들은 천주교 서적을 서양학을 뜻하는 서학西學이라고 부르며 학문서로 받아들였다. 정조와 이가환이 선교사 마테오 리치Matteo Ricci(이마두)와 아담 샬J. Adam Shall(탕약망)에 대해 스스럼없이 대화를 나눌 정도로 서학서는 비밀서적도 아니었다. 정쟁에 이용되기 전까지 서양서는 보다 과학이 발달한 국가의 학문서적에 불과했다.

이익도 생전에 천주교 서적을 보았는데, 그는 판토자Didacus de Pantoja(방적아)가 지은 『칠극七克』을 보고 이렇게 평했다.

> 조목은 차서次序가 있고 비유는 절실하여 우리 유학자들이 발명하지 못한 것이 더러 있으니 이는 극기克己 공부에 크게 유리하다. …… 다만 천주 귀신의 설명으로 섞어놓은 것이 해괴하다. 만일 그 불순한 부분을 도태하고 정당한 논지만을 채택하면 유학과 동일할 것이다.
>
> 『사설유선僿說類選』「이단문異端門」

이익의 서학관은 그 장점만을 취하자는 주체적 수용관이었다. 그는 마테오 리치의 『천주실의』를 보고 이렇게 평가했다.

> 『천주실의天主實義』는 이마두利瑪竇가 저술한 책이다. 이마두는 구라파 사람으로서 중국과 8만여 리 떨어져 있다. …… 그 학은 오로지 천주를 존숭하는데 천주란 것은 유가儒家의 상제上帝에 해당하는 것이며 그 경건하게 섬기고 두려워하고 신앙하기를 불교도가 석가모니에게 하듯 한다. 천당과 지옥으로 사람들을 권징하고 널리 구제하는 것[周流導化]을 예수耶蘇라고 하는데 예수는 서쪽나라의 말로 구세救世란 뜻이다. 예수의 세상에서부터 1천6백3년 후(서기 1603년) 후에 이마두가 중국에 와서 …… 중국의 말을 배우고 중국의 글을 읽고 저서가 수십 종이나 되었다. 그의 천문, 지리와 수학, 역법曆法의 정묘한 것은 중국에 일찍이 없었던 것이었다. 먼 나라 외국인으로 바다

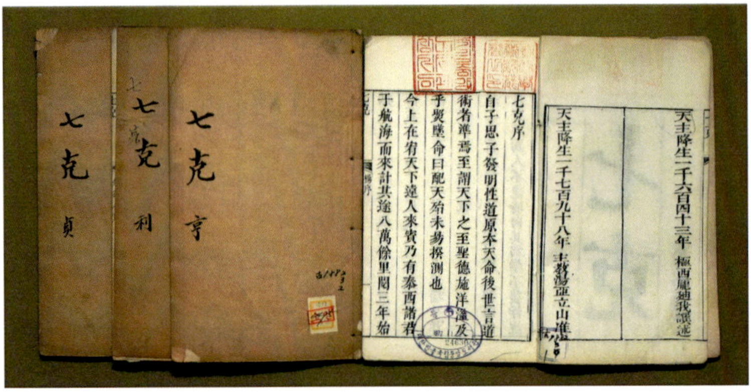

『칠극』 이익은 『성호사설』에서 이 책에 대하여 언급하면서, 이는 곧 유학의 극기설克己說과도 같다고 전제했다. 죄악의 뿌리가 되는 것들을 극복할 수 있는 덕행으로 은혜·겸손·절제·정절·근면·관용·인내 등의 일곱 가지를 소개하고 있다.

를 건너와서 중국의 학사 대부와 교유하매 그들은 모두 깍듯이 예우하여 선생이라고 받들었으니 그 또한 호걸스러운 인사였다. 그가 불교를 배척한 것은 철저하나 천주교도 결국 불교와 같이 환망幻妄한 데로 귀착된 것을 깨닫지 못하였다.

「천주실의에 발제하다跋天主實義」(『성호집星湖集』 권55)

이처럼 이익은 서학에 대해서 천문·지리·수학·역법 등의 과학이론은 받아들이면서도 종교이론은 불교와 같다고 배격하는 이중적 자세를 취했다. 서학에 대한 이익의 이런 자세는 남인들의 기본자세가 되었다. 이익이 『칠극七克』을 보고 "극기공부에 유리하다."라고 말한 데서 알 수 있는 것처럼 서학을 유학의 도에 보탬되는 학문으로 인식했다. 이런 인식을 보유론補儒論이라고 하는데 서학을 보유론의 관점에서 바라보느냐 신앙으로 바라보느냐가 이후 천주교 문제가 불거질 때마다 중요한 기준이 된다. 일부 남인들은 서학을 종교, 곧 신앙으로 받아들이면서 서학은 서교西敎 문제로 전환되었다. 신앙이 나쁜 것은 아니었지만 노론 벽파는 일종의 학문체계에 지나지 않는 유학을 유교儒敎로 끌어올리고, 정호와 주희의 이론체계에 지나지 않는 정주학程朱學, 곧 성리학을 유일사상, 신앙으로 만들었으니 충돌이 되는 것이었다. 일부 남인들이 서학을 종교로 받아들이면서 노론 벽파에게 공격의 빌미를 준 것이다. 그리고 그 단초를 제공한 인물이 이승훈이었다.

정조 7년(1783) 겨울의 일이었다. 이기경李基慶은 이승훈의 집으로 향했다. 곧 베이징으로 떠나는 이승훈을 전송하기 위해서였다. 훗날 이기경은 정약용을 비롯한 남인 신서파信西派의 평생의 원수가 되지만 이때만 해도 함께 교유하던 남인 학자였다. 이승훈은 아버지 이동욱李東郁이 동지사 겸 사은사 황인점黃仁點의 서장관書狀官이 되자 북경에 따라가겠다고 자청했다. 사행 일행은 가족이나 친구 몇 명을 일행으로 포함시킬 수 있었다. 이승훈은 찾아온 이기경에게 엉뚱한 이야기를 꺼냈다.

"내가 서양 책을 사오고 싶은데 재력財力이 부족하니, 혹 서로 도울 수 있겠는가?"

"내가 무슨 재력이 있겠소."

귀로에 이기경은 '연경燕京(베이징)에 가서 책을 산다면 좋은 책도 많은데 하필이면 서양 책일까?'라는 생각이 들었다. 이기경은 서양서는 모기령毛奇齡(주자학에 비판적인 청나라 학자) 등처럼 주자학에 비판적인 책이라고 단정 짓고 배척하기로 마음먹었다. 그러나 이때만 해도 이승훈의 베이징행이 그렇게 큰 파문을 부를 줄은 몰랐다.

이승훈이 베이징행을 자청한 진짜 목적을 아는 인물은 정약현의 처남 이벽李檗뿐이었다. 이벽은 이승훈에게 베이징에 가면 천주당天主堂을 찾아가 신부를 만나라고 권유했다. 실제 이승훈의 베이징행은 천주교 세례를 받기 위한 길이었다.

그해 음력 10월 서울을 떠난 이승훈이 선양을 거쳐 베이징에 도착한 것은 12월 21일. 사신 일행은 40여 일간 머무를 예정이었다. 이승훈은 다른 수행원들이 유리창가琉璃廠街(골동품 거리)나 서점을 찾을 때 함께하지 않고 곧바로 북당北堂(북천주당)을 찾았다.

그때 베이징에는 1601년 마테오 리치가 명나라 신종神宗의 허락을 얻고 세운 남당南堂을 비롯해 동서남북에 네 개의 성당이 있었는데, 주교좌 성당은 남당이었다.

북당의 그라몽J.J. de Gramont(중국명 梁棟林) 신부가 이승훈의 방문을 받고 크게 놀란 것은 당연했다. 그전에도 조선 사신 일행이 호기심이나 학문교류를 위해 천주당을 방문한 적은 있었지만 이승훈은 세례를 받기 위해 방문한 것이었으니 놀라는 것이 당연했다. 약 130여 년 전 베이징에서 아담 샬을 만났던 소현세자가 중국인 환관·궁녀들을 대동하고 귀국했다가 부왕 인조에 의해 독살당한 이래 천주교 선교사가 조선 땅을 밟은 적이 없었다. 이런 나라에서 온 이승훈이 영세를 요청하자 놀랄 수밖에 없었다.

베이징에서 이승훈은 다른 일을 제쳐놓고 필담으로 그라몽 신부에게 천주교 교리를 배웠고, 이듬해(1784) 양력 2월 그라몽 신부에게 영세를 받았다. 이승훈의 영세명 베드로Peter는 베드로처럼 조선 천주교의 주춧돌이 되라는 의미였다. 이때 베이징에 있던 선교사 방타

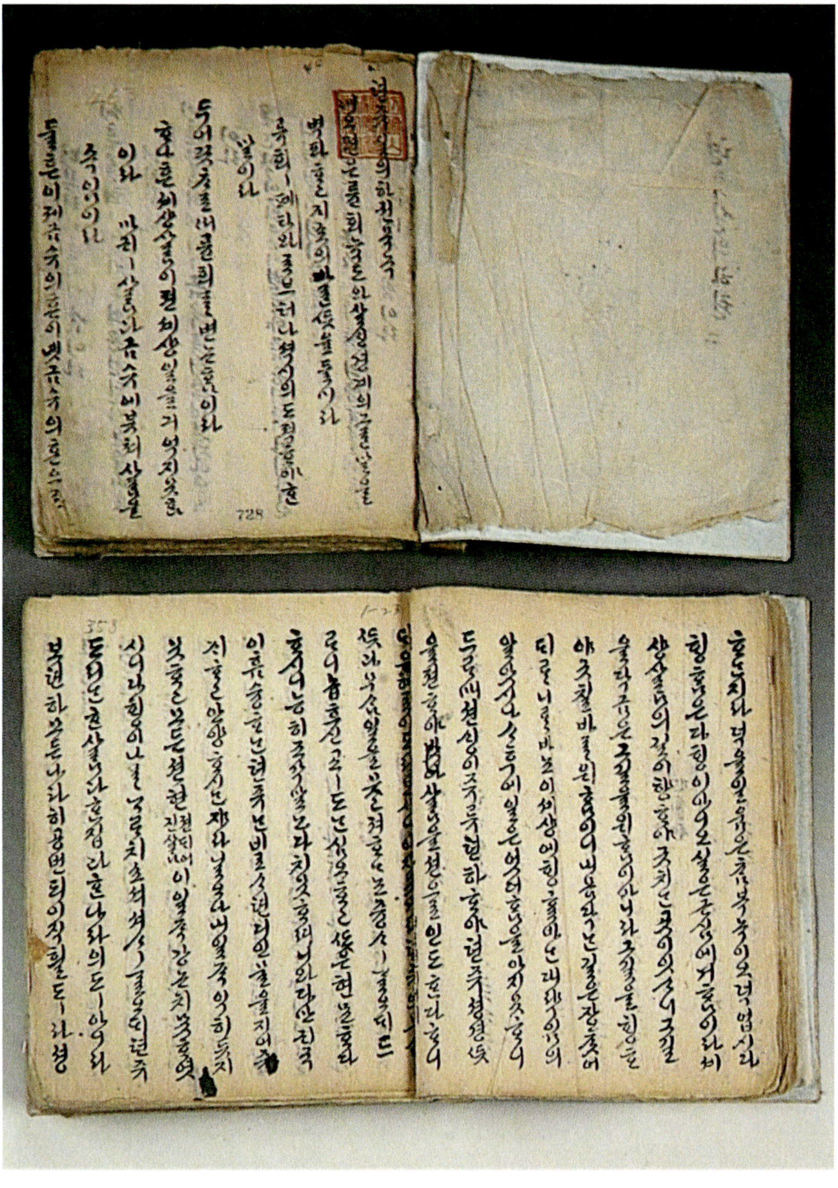

『천주실의』 1595년 마테오 리치가 중국에서 한자로 펴낸 서학교리서로, 조선 후기 남인 학자들에게 많은 영향을 준 책이다.

베이징의 북당 1601년 마테오 리치가 세운 네 개의 성당 중 북쪽에 위치한 곳으로 이승훈은 이곳에서 조선인 최초로 영세를 받았다.

봉de Ventavon 신부는 이승훈이 세례를 받을 때 나누었던 몇 가지 문답에 대해 전하고 있다.

> 성세聖洗를 주기 전에 많은 문제를 물어보았는데, 그는 모두 잘 대답하였습니다. 우리는 그중에서도 만일 국왕이 그의 행동을 못마땅하게 생각해 신앙을 버리라고 강요하는 경우에는 어떻게 할 결심이냐고 물어보았습니다. 그는 서슴지 않고 "진리를 명백히 아는 이 종교를 버리기보다는 차라리 모든 형벌과 죽음까지도 감수하겠다."라고 대답했습니다.
>
> 우리는 또 '복음이 가르치는 순결은 여러 여자를 데리고 사는 것을 용인치 않는다'는 것도 잊지 않고 알려주었더니, 그는 "법적인 아내

밖에 없고 또 다른 여자를 결코 얻지 않겠다."라고 대답했습니다.[7]

영세를 받은 이승훈은 많은 천주교 서적과 십자가와 성화聖畵, 그리고 과학서적 등을 가지고 귀국했다. 세계 천주교 선교사상 선교사가 파견되기 전에 스스로 영세를 자청한 최초의 인물이 된 것이다. 그러나 종교적 관점에서는 특출 나고 위대했던 그의 행위는 이후 정치적으로 악용되면서 숱한 비극을 낳게 된다.

그 단초는 그와 가까웠던 이기경에서부터 시작되었다. 이기경은 이승훈이 돌아왔다는 소식을 듣고 뒷일이 못내 궁금해졌다. 그러나 먼저 찾아가서 만나는 대신 성균관 근처 마을 반촌泮村에서 정약용을 만나 그 내용을 물었다.

"매형(이승훈)의 베이징 여행은 소득이 좀 있었다고 하던가?"

"서양 책을 사왔다네."

"그 책을 좀 볼 수 없겠는가?"

"일간에 보내주겠네."

정약용은 약속대로 이기경에게 『천주실의天主實義』와 『성세추요聖世芻蕘』 등의 책을 보냈다. 그 후 이기경은 정약용을 만날 때마다 이 책들에 대해 언급하지 않을 때가 없

이승훈의 초상 정약용의 매형인 이승훈은 베이징에서 수많은 교리서적과 성화·묵주 등을 갖고 귀국한 후 중인 김범우 집에 조선 최초의 천주교회를 창설했다.

7 Nouvelles Lettres éifiantes, Paris, 1818년, t.2, 20쪽.

을 정도로 큰 영향을 받았다. 그 반응은 '신기한 책'이란 것과 '허황된 책'이라는 서로 상반된 것이었다.(『정조실록』, 15년 11월 13일)

정약용은 이기경이 서학을 받아들이기를 바라서 책을 보내준 것이지만 그가 서학에 공격적인 자세로 돌아서면서 둘은 호연好然에서 악연惡緣으로 변질되고, 이기경은 정약용의 인생에 큰 원수怨讐로 돌변한다.

자생적 천주교 조직의 지도자 이벽

베이징에서 천주교 서적을 구입해온 인물은 매형 이승훈이지만 정약용에게 천주교를 가르쳐준 인물은 맏형 정약현의 처남 이벽李檗이었다. 이벽은 선교사가 없는 상태에서 스스로 천주교 조직을 만든 수수께끼의 인물이었다.

이승훈이 영세를 받은 이듬해(1785) 베이징에 온 구베아Alexandre de Gouvea(탕사선) 주교가 1790년 10월 교황청 포교성 장관 안토넬리Leonardo Antonelli 추기경에게 보낸 편지는 그런 수수께끼의 일단을 보여준다. 그는 "(이승훈이) 사신으로 온 아버지의 승낙과 동의를 얻은 다음 세례를 받게 되었습니다."[8]라는 편지를 보냈는데, 이는 이벽의

8 SOCP=Stritture Originali della Congregazione Particolare dell'Indiee Cina: 인도 주변국들과 중국 관계 특별회의에 보고된 원자료. 이 자료는 1667년부터 1856년까지의 자료로 총 78권인데, 복본 등을 모아둔 것이 3권 더 있다. 윤민구 역주, 『한국 초기 교회에 관한 교황청 자료 모음집』, 가톨릭출판사, 2000년, 44쪽

역할에 대해서 전혀 몰랐던 데서 빚어진 잘못된 내용이었다.

이것이 바로 구베아가 상상도 하지 못했던 한국 천주교사의 수수께끼였다. 이승훈이 베이징의 북당을 스스로 찾아가 영세를 달라고 자청한 사실은 그가 이미 신앙을 갖고 있었음을 뜻한다. 조선에는 이미 이승훈에게 신앙을 주었던 자생적인 천주교 조직이 있었는데, 그 조직의 지도자가 이벽이었던 것이다.

이벽의 가문은 본래 문관 집안이었으나 증조부 때부터 무관으로 전환해 조부와 부친, 형과 동생이 모두 무과를 역임했다. 이벽은 키가 8척이고 한 손으로 무쇠 백 근을 드는 장사였던 데다가 성호 이익으로부터 "장차 반드시 큰 그릇이 되리라."는 말을 들을 정도로 머리도 총명했다. 그의 부친 이부만李溥萬(1727~1817)이 이벽의 입신출세를 바란 것은 당연했다. 그러나 이벽은 벼슬에는 별 뜻을 두지 않은 채 명산대찰을 찾아다니거나 뜻 맞는 선비들과 토론하기를 즐겼다.

그러던 이벽이 천주교를 접하게 된 것은 그의 고조부 이경상 때문이었다. 이경상은 병자호란 이후 심양에 인질로 잡혀간 소현세자를 모셨다. 소현세자는 북경에서 예수회 선교사 아담 샬을 만나 친교를 맺고 귀국하면서 천주교 서적을 가져왔는데, 그 일부가 이벽 집안에 전해져 왔던 것이다. 이벽은 이런 서적들을 통해 스스로 천주교를 접했다. 이때까지만 해도 서학 서적은 금기가 아니었고 이벽 또한 천주교가 유교의 충효 개념과 배치된다고 생각하지도 않았다. 그가 지은 「천주공경가天主恭敬歌」가 이를 잘 보여준다.

집안에는 어른 있고 나라에는 임금 있네

내 몸에는 영혼 있고 하늘에는 천주 있네
부모에게 효도하고 임금에겐 충성하네
삼강오륜 지켜가자 천주공경 으뜸일세
……
아비 없는 자식 봤나 양지 없는 음지 있나
임금 용안 못 뵈었다 나라 백성 아니련가
천당 지옥 가보았나 세상 사람 시비 마소
있는 천당 모른 선비 천당 없다 어이 아노[9]

이 무렵 천주교를 접했던 남인가 자제들도 이벽과 마찬가지로 천주교 사상과 유교의 충효가 서로 배치되는 개념이 아니라는 보유론補儒論의 관점에서 서학을 받아들였다. 남인가 자제들은 정조 3년(1779) 천진암天眞庵(경기도 광주 퇴촌면) 주어사走魚寺에서 강학회를 열었는데, 정약용은 「녹암 권철신 묘지명」과 「선중씨 정약전 묘지명」에서 이 강학회에 대한 기록을 남겼다.

지난 기해년(1779) 겨울 천진암 주어사에서 강학회를 열었을 때 눈 속에 이벽이 밤중에 찾아와 촛불을 켜놓고 경전에 대해 토론하며 밤새웠는데 그 후 7년이 지나 서학西學에 대한 비방이 생겼으니 이 때문에 그처럼 멋지던 강학회가 다시는 열릴 수 없게 되었다.

「녹암 권철신 묘지명」

9 이 가사는 이승훈李承薰의 유고집인 『만천유고蔓川遺稿』에 수록되어 있다.

'그 후 7년이 지나 서학西學에 대한 비방이 생겨' 다시 강학회가 열릴 수 없게 되었다는 말은 이 강학회에서 서학에 대해서 논의했음을 시사하고 있는 것이다. 정약용이 쓴 「정약전 묘지명」에는 강학회의 모습이 더욱 생생하게 전해진다.

이벽의 초상 만형 정약현의 처남인 이벽은 정약용에게 천주교를 가르쳐준 인물로 선교사의 손길이 미치지 않던 조선에 자생적으로 천주교 조직을 만든 수수께끼의 인물이었다.

일찍이 어느 겨울에 주어사에 우거하면서 강학회를 가졌는데 참석자는 김원성金源星, 권상학權相學, 이총억李寵億 등 여러 명이었다. 그들은 녹암(권철신)이 정한 규정에 따라 새벽에 일어나서 찬 샘물로 세수하였고 봉야잠夙夜箴을 낭송했으며 해가 뜰 때 경재잠敬齋箴을, 정오에는 사물잠四勿箴을, 해가 질 때는 서명西銘을 외웠는데 그 의식이 장엄하고 근신하며 공손하였고 이때로부터 규칙과 법도를 어김이 없었다.

「선중씨 정약전 묘지명」

이 강학회가 유교적 성격의 모임이냐, 천주교 성격의 모임이냐에 대해서 아직까지 논란이 많지만 강학회에 참석한 인물들은 천주교가 유교와 배치되지 않는다고 생각했다는 점이 중요하다. 정약용의 말대로 두 사상이 충돌하는 것은 7년 후였다. 그전까지 천주교의

『칠극七克』은 유교적 수신修身을 도와주는 교리로 여겨졌던 것이다.

그러나 천주교가 사교邪教로 몰리면서 이 강학회에 참석했던 상당수 인물들은 비참한 최후를 맞는다. 강학회를 이끌었던 권철신이나 그에게 천주교를 전했던 이벽, 그리고 정약전 등이 그런 인물들이다. 이벽은 이승훈이 영세를 받고 귀국하자 그에게 세례와 함께 요한이란 세례명을 받으면서 본격적으로 천주교 전파에 나섰다.

이가환李家煥은 중요한 전교 대상이었다. 이익의 종손으로서 천재인 이가환이 입교하면 남인 사이에는 큰 영향력을 끼칠 것이었다. 이벽은 이가환을 초청해 천주교를 믿으라고 권했는데, 이는 곧 오랜 토론으로 이어졌다. 천주교를 바라보는 시각이 서로 달랐기 때문에 토론은 합의에 도달할 수 없었다. 이벽이 천주교를 신앙으로 받아들인 반면, 이가환은 이익처럼 서학에는 긍정적이었지만 서교西教에는 긍정적이지 않았다. 이가환이 오히려 이벽 설득에 나섬으로써 이벽은 이가환을 입교시키는 데 실패했다. 그러나 이가환은 정조 사후 노론 벽파에 의해 천주교 신자로 몰려 비극적 최후를 맞는다.

이벽은 강학회를 이끌었던 권철신과 그 동생 일신日身에게도 천주교를 전했다. 권일신은 망설이지 않고 입교해 프란시스코 자비에르라는 세례명을 받았고 권철신은 망설임 끝에 입교해 암브로시오라는 세례명을 받았다고 전하고 있지만, 실제 입교했는지는 불분명하다. 그러나 권일신은 물론 정약전의 스승이었던 권철신도 훗날 천주교도로 몰려 이가환과 함께 비극적 운명을 맞는다.

이승훈의 베드로, 이벽의 요한, 권일신의 프란시스코 자비에르는 모두 뜻 깊은 세례명이다. 이승훈의 베드로는 교회의 기초를 세

천진암 빙천(위), 천진암 옛터(아래) 권철신과 정약전 등이 천진암 주어사에서 강학회를 열 때 밤중에 이벽이 눈길을 헤치고 찾아왔다. 그들은 아침마다 이곳 빙천의 물로 세수를 했다.

운다는 의미가, 이벽의 요한은 세례자 요한이 예수를 맞이한 것처럼 조선에 먼저 천주교를 전파했다는 의미가, 권일신의 프란시스코는 사도 프란시스코(프란체스코)처럼 새로운 땅에 천주교를 전파한다는 의미가 있었다.

이벽의 선교 활동에 중인中人들은 중요한 대상이었다. 의관, 역관 등의 전문직이었던 중인들은 계급의 특성상 새로운 사상 수용에 적극적이었다. 그래서 역관이나 의관이었던 최창현崔昌顯 · 최인길崔仁吉 · 김종교金宗教 · 김범우金範禹 · 지황池璜 등이 입교했는데, 천주교 박해가 시작되자 대부분의 양반들이 배교한 데 비해 중인들은 청나라 사람 주문모周文謨 신부를 입국시키는 등 꿋꿋하게 신앙을 지키고 서슴없이 목숨을 바쳤다.

이벽을 통해 천주교에 입교한 권일신은 자신의 집에 와 있던 중인 이단원을 입교시키는데, 이는 충청도 지역 전교에 중요한 계기가 되었다. 충청도 천안 출신인 이단원은 조선 천주교회의 중심지였던 내포內浦[10] 지역 천주교회의 기틀을 세웠다. 권일신은 또 충청도 아산 출신의 이존창李存昌과 전주 출신의 유항검柳恒儉을 입교시키는데, 이존창은 훗날 정약용에게 체포되는 운명에 처하게 된다.

자생적 천주교도였던 이벽은 이승훈을 북경에 보내 영세를 받게 하기 전에 이미 조선 내에 자생적인 천주교 조직을 이끌고 있었다. 천주교는 이승훈이 영세를 받고 귀국한 후 더욱 빠른 속도로 전파되고 있었다. 그리고 그 대상에는 정약용 형제들도 있었다.

10 내포는 충청도 아산지역에서부터 태안반도 일대에 이르는 평야 지역을 뜻한다.

천진암 비 권철신 등 남인 학자들의 천진암 주어사에서의 강학회를 기념해서 세운 비의 모습이다.

書且收訖平安信息潤燕孫收
別至深矣此書之氣光華屋之也且是
漢寫殊渺麻相郡之果煙壽日中之接
自兜淨消劣有餘且總世外歲著勝收之朝
且盡生能然矣但田首未遂娛懺之氣家
兹山有將治勝所持惟華理老之願愛之在
君之羨知是待是類也計甚屠康泰右鳩細
人之相知貴相知心有如理書歸雖識子
讀雖蓬那市月
有理蓋然此望之多寄寓出來運蘊蒸指垂
未海叔將後如來矣如存惟了緣之私之懷
而其之步崇山諸以渺是心錄於日堆葉上有

제2장

정조와 천주교

정학(성리학)이 밝아져서 사학(천주교)이 종식되면

상도를 벗어난 이런 책들은 없애려 하지 않아도

저절로 없어질 것이다.

정조와의 첫 만남

정조 8년(1784) 음력 4월 15일, 정약용은 중형 정약전, 사돈 이벽과 함께 배를 타고 마재를 떠났다. 큰형 약현의 부인 경주 이씨의 기제忌祭(세상을 떠난 날에 지내는 제사)를 마치고 서울로 돌아가는 뱃길이었다. 배는 두미협斗尾峽(오늘날의 팔당댐 근처)을 따라 흘러가고 있었는데 정약용은 「자찬 묘지명」에 이 장면을 담담히 서술하고 있다.

> 갑진년甲辰年(1784) 4월, 이벽을 따라 두미협으로 배를 타고 내려가다 처음으로 서교에 대하여 듣고 한 권의 책을 보았다[始聞西教見一卷書]. 그러나 변려문騈儷文(네 글자 여섯 글자의 문장이 대구로 구성된 글) 학습에 온 마음을 기울여 공부하고 표表·전箋·조詔·제制를 익히며 그런 글들을 수백 권 수집하면서 태학(성균관)에서 달마다 내리는 과제와 열흘마다 보는 시험에 높은 점수로 뽑혀 서적이나 종이, 붓 등을 자주 하사받기도 하고 경연에 올라가는 가까운 신하처럼 임금께서 자주 면담해주시어 그밖의 일에는 참으로 마음을 기울일 겨를을 내지 못했었다.
>
> 「자찬 묘지명」

이벽에게 천주교를 처음 들었으나 대과 준비에 바빠 천주교에는 '마음을 기울일 겨를'이 없었다는 것이다. '서학西學'이 아니라 '서교西教'라고 쓴 것은 이때 이벽이 그에게 보여준 책은 서양 과학서가 아

두미협 두미강이라고도 한다. 백제 때부터 전해 내려온 도미나루 전설에서 이름이 유래하였다. 정약용이 정약전, 이벽과 함께 마재를 떠나 서울로 올라가던 뱃길이다. 경기도 광주에서 본 모습이다.

니라 천주교 서적임을 말해준다. 「자찬 묘지명」에서는 과거 준비에 바빠 천주교에 별로 감흥이 없었던 것처럼 말한 정약용은 「정약전 묘지명」에서는 달리 기술하고 있다.

> 갑진년(1784) 4월 보름에 맏형수의 제사를 마치고 나의 형제들은 이벽과 같은 배를 타고 물을 따라 내려왔다. 배 안에서 천지가 창조되는 시원이나 신체와 영혼 또는 삶과 죽음의 이치에 관하여 들으니 놀랍고 황홀하여 마치 은하수가 무한한 것과 같았다. 서울에 돌아오자 이벽을 따라가 『천주실의』와 『칠극』 등 몇 권의 책을 보고 비로소 기뻐하여 마음이 기울어졌다.
>
> 「선중씨 정약전 묘지명」

서학을 서교로 받아들인 대부분의 사람들이 정약용의 친척이었으므로 그에게 천주교는 피할 수 없는 숙명이었다. 정약용 자신이 「자찬 묘지명」에서 귀양에서 돌아와 "인생의 화와 복이란 정말로 운명에 정해져 있지 않다고 누가 말하겠는가."라고 말한 대로 운명이었던 것이다.

바로 전해(1783, 정조 7년) 정약용은 세자책봉을 축하하기 위한 증광감시增廣監試에 합격해 생원이 되었다. 21년 전 영조가 생원 정재원을 만났던 것처럼 정조도 생원 정약용을 만났다. 이때 정조는 정약용에게 얼굴을 들라고 명했다.

"몇 살인고?"

"임오생이옵니다."

정조는 '임오생'이라는 대답이 목에 걸렸다. 임오년은 부친 사도세자가 목숨을 잃은 해였다. 21년의 세월이 흐른 것이다. 정조가 왜 정약용에게 나이를 물었는지는 알 수 없지만 영조에게 정재원의 첫인상이 가슴에 깊이 새겨졌던 것처럼 정조에게도 정약용의 첫인상이 가슴에 깊이 새겨졌다.

그리고 그해 9월 정약용은 큰아들 학연學淵을 낳았다. 첫딸을 낳자마자 잃은 지 만 2년 만이었다.

생원 정약용은 그해 4월부터 성균관에 들어가 대과공부를 시작했는데 성균관 시험은 정약용이 '달마다 내리는 과제와 열흘마다 보는 시험'이 있다고 할 정도로 강행군이었다. 성균관의 정기 시험은 연간 네 차례였다. 성균관 시험을 반제泮製라고 했는데, '반泮'은 중국 주周나라 시대 제후의 국학을 뜻하는 말로서, 성균관 앞 냇가를 반이라고 부른 것은 여기에서 유래한 것이다. 반제는 절제節製라고도 했는데, 1년에 인일人日(1월 7일), 상사上巳(3월 3일), 칠석七夕(7월 7일), 중양重陽(9월 9일) 등 네 번 실시했다.

정조는 깜짝 과제를 내주는 경우가 많았다. 정약용이 성균관에 들어간 이듬해 정조가 내준 과제는 『중용中庸』에 관한 것이었다. 정조는 『중용』에서 자신이 의문으로 여긴 70여 항목을 뽑고는 여기에 답하라는 과제를 냈다. 느닷없이 70여 항목이나 답하라고 하자 모든 태학생이 당황했다. 정약용의 뇌리에는 과거 응시는 거부하고 수표교에서 독서에 열중하고 있는 이벽이 떠올랐다. 정약용은 이벽과 상의해 답을 작성했다. 정약용은 53세 때인 순조 14년(1814) 귀양지에서 쓴 『중용강의보中庸講義補』 서문에서 이 일에 대해 솔직하게 적었다.

> 갑진년(1784, 내가 스물세 살 때)에 임금께서 중용에 관한 의문 70여 조를 내려서 태학생들에게 대답하게 했는데, 그때 죽은 벗 광암 이벽(당시 서른한 살)이 수교水橋(수표교)에서 독서하고 있었으므로 물었더니 광암이 즐겁게 토론해주어서 함께 초고를 만들었다. 돌아와서 보니 이치는 괜찮으나 문장이 매끄럽지 못한 곳이 더러 있었으므로 내 뜻대로 고치고 윤색해 임금께 바쳐 보시게 했다. 며칠 후 도승지 김상집金尙集이 승지 홍인호洪仁浩에게 정약용이 누구며 그 문학이 어떠한가를 묻고 "오늘 임금께서 경연에서 유시하시기를 성균관 유생들이 대답한 것이 모두 황잡荒雜했는데 유독 아무개(정약용)가 답한 것만은 특이하니 반드시 식견 있는 선비다."라고 말씀하셨다고 전했다.
>
> 『중용강의보』 서序

정조가 정약용에게 '반드시 식견 있는 선비'라고 말한 이유는 이발기발설理發氣發說에 대한 질문에 독특하게 답했기 때문이다. 정조는 70여 조 중에서 이발기발에 대한 퇴계 이황과 율곡 이이 학설의 차이점을 가장 먼저 물었다. 동재同齋 대부분의 태학생들이 퇴계의 사단四端이 이발理發이라는 학설을 지지했는데 정약용만 율곡의 기발氣發이 옳다고 주장했기 때문이다.

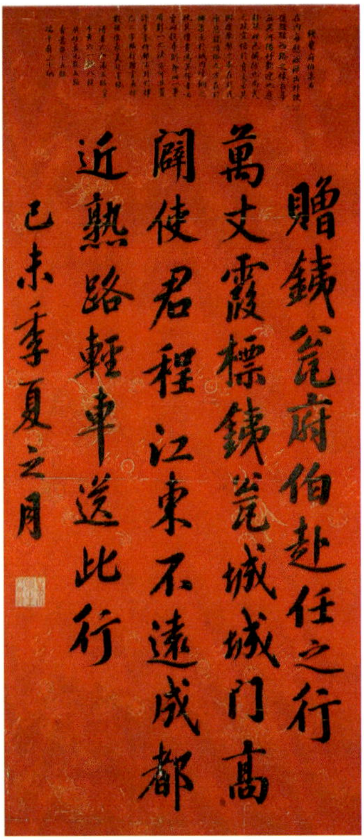

정조어필 당대 최고의 학자이기도 했던 정조는 철인 군주를 지향하면서 남인 천주교도들을 보호하기 위해 성리학이 바로 서면 천주교는 저절로 소멸한다는 논리를 내세웠다.

정약용이 기발이 옳다고 주장했다는 소식이 알려지자 남인 유생 사이에서 비방하는 말들이 빗발치듯 일어났다. 퇴계가 남인의 종주인 반면, 율곡은 서인의 종주였기 때문이다. 이황은 사단四端인 이理가 발發하고 기氣가 따르는 것이라는 이발기수설理發氣隨說을 주장했다. 이理가 기氣보다 우위에 있다는 주장인데 이 이론을 이황 생존시의 정치환경에 대비해보면 이理는 사림, 기氣는 훈구를 뜻하는 것이어서 긍정적인 측면이 있었다.

그러나 이理를 양반 사대부, 기氣를 평민으로 대비하면 양반 사대부의 계급적 특권을 강조하는 수

구적인 이론으로 흐를 수 있었다. 반면 기발이승설氣發理乘說이라고도 하는 이이의 기발설氣發說은 이理를 기氣보다 절대적인 우위에 있는 존재로 보지 않는다. 따라서 양반 사대부의 계급적 특권을 인정하지 않는 논리로 전환될 수 있었다.

실제로 이황은 양반 사대부의 신분적 특권을 고수해야 한다고 주장했던 정치인이고, 이이는 서자庶子들이 변방에 자원입대하면 과거응시 자격을 주고 천인賤人들이 변방에 자원입대하면 양인良人으로 신분 상승시켜주자는 신분제 완화 방안을 제시했던 정치인이다. 이황의 학맥에서 진보적인 정치인들이 등장하는 반면 이이의 학맥에서 수구적인 정치인들이 대거 등장하는 것이 한국 정치사의 아이러니 중의 하나다. 정약용은 굳이 계보로 따지면 이황 계열이라고 볼 수 있지만 이이의 기발氣發을 지지한 것은 그가 그만큼 진보적인 철학을 갖고 있었음을 말해준다.

정조는 남인이면서도 이이의 학설을 지지한 정약용을 칭찬했으나 정조의 칭찬 한마디에 과거길이 열리는 것은 아니었다. 또한 반제에 몇 번 수석한다고 과거길이 열리는 것도 아니었다. 정약용은 성균관에 들어간 정조 7년(1783) 이후 한 해도 반제에서 급제나 수석을 놓치지 않았다. 그러나 벼슬길은 쉽게 열리지 않았다. 3년 후(1786)에는 둘째 학유學遊까지 태어났으나 그는 여전히 태학생에 불과했다.

그렇다고 해서 정조의 관심이 부족한 것도 아니었다. 재위 11년(1787) 3월의 반제에서 정약용이 수석하자 정조는 그날 밤 성정각誠正閣으로 불렀다. 은촛대가 휘황한 어탑으로 나가니 정조는 편복便服

으로 베개에 기대고 있었다.

"시권詩卷을 낭송하라."

다산이 한 구절을 읽을 때마다 정조는 부채로 장단을 치며 "좋다." 라고 추렴을 넣었다. 시는 학성군鶴城君과 강윤姜潤에 대한 일로서 장수長壽에 관한 내용이었다.

"네가 그 사실을 어떻게 아느냐?"

"조보朝報에서 보았습니다."

"문체가 매우 좋다."

정조는 『국조보감國朝寶鑑』 한 질과 백면지白綿紙 1백 장을 하사했다. 합문閤門 밖을 나오니 감수졸監守卒이 기다리고 있다가 물건을 대신 안고 나갔다. 이를 보는 사람들이 모두 영광스럽게 여길 정도였는데 이상하게도 대과에는 운이 없었다.

8월의 시험에서도 고등을 차지한 정약용은 중희당重熙堂에서 정조를 알현했다.

"『팔자백선』을 받았는가?"

"받았습니다."

"『대전통편』은 받았는가?"

"받았습니다."

"『국조보감』도 받았는가?"

"받았습니다."

"근일에 내각內閣(규장각)에서 인쇄한 서책을 네가 모두 얻었으니 더 이상 줄 책이 없구나."

정조는 한바탕 크게 웃었다.

중희당 정조 9년(1785) 12월, 창덕궁 중희당에서 거행한 친림대정親臨大政(12월에 왕이 친림하여 거행하는 관리들의 인사행정)을 그린 병풍이다.

"술을 가져오너라."

계성주 큰 사발이 나왔다.

"술을 못하옵니다."

"다 마시라."

할 수 없이 다 마신 정약용은 술에 취해 비틀거렸다. 정조는 내시감에게 부축해 나가라고 명하고 조금 있다가 빈청賓廳에 머무르게 허락했다.

잠시 후 사돈인 승지 홍인호가 소매 속에서 책 한 권을 꺼내 은밀히 건네주며 정조의 말을 전해주었다.

"네가 장수의 재주도 겸하고 있음을 알기에 이 책을 내려준다. 훗날 나라에 도적이 생기면 너를 출전出戰시킬 수도 있을 것이다."

책은 『병학통兵學通』이었다. 정조는 정약용에게 문재뿐만 아니라 무재武才도 있음을 보고 있었다.

정약용은 정조 12년(1788) 정월과 3월의 반제에서도 수석했고, 이듬해 정월의 반제에서도 급제했다. 성균관에 들어온 지 만 6년, 이미 스물여덟이었다.

희정당에서 정조를 알현했을 때였다.

"이리 가까이 오라."

가까이 다가갔으나 정조는 한참 동안 아무런 말이 없었다.

"초시를 몇 번이나 보았느냐?"

"네 번입니다."

정조는 다시 한참 동안 말이 없었다.

"그렇게 해서 어떻게 급제하겠느냐?"

정약용은 할 말이 없었다.

"물러가라."

최초의 꾸짖음이었다. 이에 자극받았는지 정약용은 정조 13년(1789) 1월 26일, 춘당대에서 벌어진 제술 시험에서 수석을 해서 전시에 응시할 자격을 얻었다. 같은 해 3월 전시殿試가 열렸다. 어제御題는 송나라의 한기韓琦가 천하의 중임重任을 스스로 맡았다는 소감을 시로 읊어보라는 것이었는데, 한기는 영종英宗과 신종神宗을 세웠던 북송北宋의 명재상이었다.

정약용의 답안은 심봉석沈鳳錫과 함께 장원을 다퉜다. 정조는 시험관 채제공에게 장원의 기준을 제시했다.

"나이 많아 가상한 자를 1등으로 하고, 국가에 쓸 만한 자를 2등으로 해야 할 것이다."

정약용이 나이가 많았으나 채제공은 심봉석을 1등으로 올렸다. 정조의 말뜻을 몰라서가 아니라 정약용이 사돈의 아들이기 때문이었다. 그러나 막상 급제자를 발표할 때 변수가 생겼다. 심봉석이 아버지 이름을 쓰지 않았던 것이다. 이 바람에 정약용이 장원하자 정조가 채제공에게 농담했다.

"경이 항상 '임금은 명命도 만들고 상相(관상)도 만든다'고 했는데, 심모의 상모相貌는 다른 사람과 같지 않다. 그래서 이렇게 된 것이다."

사람의 수명과 관상도 만드는 임금이 만들고 싶었던 정약용의 관상은 장원이었다. 비록 채제공의 상피相避로 차석에 머물 뻔했지만 끝내 수석이 된 것이다. 이렇게 정약용은 성균관에 들어온 지 만 6년 만에 드디어 장원으로 벼슬길에 나갈 수 있었다. 그러나 정약용은 「자찬 묘지명」에서 "기유년己酉年(28세) 봄에 나는 성균관에서 본 시험에 표문表文으로 수석해 임금 앞에서 실시하는 대과에 응시해 갑과甲科 2등으로 합격했다."라고 적어 자신이 수석이란 사실을 인정하지 않는 결벽증을 보였다. 장원이든 차석이든 벼슬길에 나가게 되었다는 사실이 중요했다.

여기에서 정조의 인재 활용 방식을 엿볼 수 있다. 정조는 자신이 지지하는 당파라고 무조건 등용하지 않았다. 스물여덟 살이면 초사初仕길로는 늦은 것이었다. 만 6년 동안 정조는 정약용을 단련시켰다. 크게 쓸 사람일수록 시련을 주는 것이 정조의 인재 활용 방식이었다. 급하다고 수준이 안 되는 인물을 들어 쓰지는 않았다. 이렇게 정약용은 성균관에 들어온 지 만 6년 만에 드디어 벼슬길에 나서게 되었다.

사도세자와 얽히는 인연

정조 13년(1789) 3월 종7품의 희릉직장禧陵直長이 정약용의 첫 벼슬이었다. 희릉은 중종의 제1계비 장경왕후의 능이다. 비록 한직閑職이었으나 이는 정약용의 6년에 걸친 성균관 생활의 결실이자 이후 10년에 걸쳐 영광과 굴욕이 교차할 벼슬살이의 시작이었다. 희릉직장은 한직이어서 할 일이 별로 많지 않았다.

정조 역시 이런 사정을 알고 있었다. 정조는 희정당에서 초계문신들에게 『대학』을 강의하고 정약용에게 그 내용을 기록한 『희정당대학강의』를 책으로 만들도록 했다. 희릉직장은 명목상이고 실제로는 학문적인 일을 맡긴 것이다. 정조가 보는 정약용의 적임은 규장각 각신閣臣이었다. 그러기 위해서는 많은 수련을 거쳐야 했는데 경전 편찬은 그 하나였다.

어느 날 정약용은 울산부사로 있는 부친을 만나러 길을 떠났다. 정조 13년(1789) 가을이었다.

이 여행이 정약용을 당쟁의 한복판으로 밀어 넣게 될 줄은 아무도 몰랐다. 각과문신閣課文臣 자격으로 떠난 그가 울산에 도착하자마자 빨리 돌아오라는 내각內閣의 독촉문이 따라왔다. 내각의 독촉문은 정조의 교지에 의한 것이었으므로 정약용은 채 열흘도 못 있고 귀경해야 했다. 그런데 돌아오는 노정으로 안동安東을 잡은 것이 노론과 남인 사이의 민감한 현안에 개입하는 계기가 되었다.

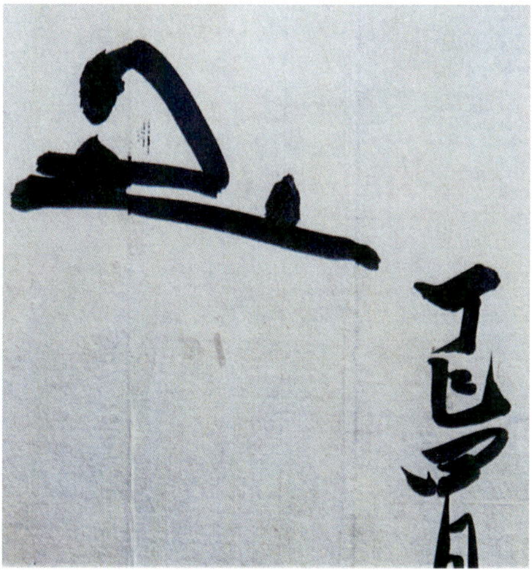

정조의 수결 수결은 오늘날의 사인으로 대개 이름의 한 글자를 파자(한자의 자획을 나누거나 합치는 것)해 썼다.

바로 안동 유생 이진동李鎭東 문제였다. 이진동은 산림에 은거해서 학문을 연구하던 재야학자였는데, 그가 작년(1788, 정조 12년) 겨울 올린 상소문이 정국에 큰 파란을 일으켰다. 이진동의 상소문은 영조 4년(1728) 발생한 무신란戊申亂(이인좌의 난) 결과, 처리 문제를 제기하고 있었다. 이진동 역시 남인이었는데, 남인의 주거지인 영남 지역은 무신란에 동조했다는 이유로 반역향으로 지목되어 이 사건 이후 과거 응시가 금지될 정도로 많은 억압을 받았다. 이들은 정조의 즉위에 많은 기대를 걸었다가 정조가 재위 12년(80여 년) 만에 남인 채제공을 우의정에 발탁하자 때가 되었다고 생각했다. 게다가 정조 12년은 무신란이 발생한 지 한 갑자甲子가 되는 무신년이었다.

소두疏頭(상소문의 우두머리) 이진동과 영남 남인들은 상소문과 『무신창의록戊申倡義錄』을 갖고 상경했다. 이들은 정조 12년 8월부터 대궐 문 앞에 꿇어 엎드려 상소를 올렸으나 노론이 장악한 승정원은 상소를 받아들이지 않았다. 그러자 이진동은 그해 11월 5일 경희궁으로 거둥하던 정조가 시전 상공인들의 질고를 묻기 위해 어가御駕를 세운 틈을 타서 상소문과 『무신창의록』을 올릴 수 있었다. 대궐에 꿇어 엎드린 지 약 4개월 만의 일이었다.

상소문과 『무신창의록』의 골자는 이인좌의 난에 영남 사람들 전부가 동조한 것이 아니라 반란군에 맞서 싸운 사람도 많다는 내용이었다. 그러나 포상은커녕 영남 전체가 반역향으로 낙인 찍혀 소외된 것이 억울하다는 내용이었다.

예조에서는 정조에게 『무신창의록』을 읽지 말라고 권유했으나 정조는 밤새워 이를 다 읽었다. 이진동의 상소가 일리 있다고 판단한 정조는 채제공에게 『무신창의록』의 간행과 대상자들의 포상을 명하고 이진동 등을 친히 접견해 격려했다. 정조는 이진동 등에게 직접 교서를 써서 하사하며 말했다.

"이 교서를 가지고 귀향하여 방방곡곡에 널리 선유하고 더욱 열심히 노력하라."

이로써 상소 파문은 이진동이 주도한 영남 남인들의 승리로 일단락되는 듯했다. 그러나 노론은 책자 간행을 거부했다. 심지어 국왕의 최측근이어야 할 승지와 사관들마저 명을 받기를 거부했다. 이는 분명한 항명이었다. 이에 정조는 의정부를 비롯한 육조와 삼사의 제신諸臣들을 접견하면서 이들을 꾸짖으며 울분을 토했다.

"오늘날 조정에 임금이 있는가, 신하가 있는가? 윤리가 있는가,

강상이 있는가? 국법이 있는가, 기강이 있는가?"

노론에서는 이진동을 제거하지 않으면 제2, 제3의 이진동이 나올 것이라고 우려했다. 지금은 무신란 문제를 제기했지만 종국에는 사도세자 문제를 제기할 것이었다. 노론은 무슨 수단을 쓰더라도 이진동을 죽이기로 결정했다.

그 집행을 책임진 인물이 안동의 수령이었다. 안동 수령은 다른 일로 그를 체포해 죽이라는 노론의 당명을 받았다. 일단 죽여버린 후 보고하면 노론에서 보호하겠다는 것이었다. 노론에게는 그만한 권력이 있었다. 이진동을 때려죽인 후 물의가 일면 잠시 귀양이라도 보냈다가 곧 돌아오게 한 후 더 큰 보상을 해줄 현실의 권력을 갖고 있었다.

이진동 역시 관아에 잡혀가면 끝장이란 사실을 알기 때문에 소환에 응하지 않고 계곡谿谷 권씨權氏 집에 숨어 있었다. 정약용이 안동에 도착한 것은 바로 그 무렵이었다.

이진동을 잡으려는 자들이 조령鳥嶺과 죽령竹嶺에 잠복하고 있어서 아무도 빠져나갈 수 없었다. 안동의 남인 친구들에게 이 소식을 들은 정약용은 모른 체할 수 없었다.

"사태가 위급하니 비록 내각에 죄를 짓더라도 구해주지 않을 수 없다."

그는 저물녘 말에 올라 120리를 달려 영주에 도착했다. 거기에서 방향을 바꾸어 다시 50리를 달려 호평虎坪 김한동金翰東의 집에 이르렀다. 청암정青巖亭에 숨어 있는 이진동은 이미 노인이었다. 정약용은 이진동을 말에 태우고 밤새도록 죽령을 넘었는데, 빨리 돌아오라는 내각의 공문을 소지한 그를 막을 수는 없었다. 단양에 도착한 정약용은 운암雲巖에 있는 오염嗚琰의 별장에 이진동을 머무르게 했다. 이로써 이진동은 백척간두의 위기에서 목숨을 건졌다.

그러나 이는 위험한 행위였다. 그렇지 않아도 남인 출신이라 주목받고 있는 판국에 노론에서 죽이려는 이진동을 피신시킨 행위는 위험을 자초하는 것이었다. 그렇다고 자신의 안위 때문에 아무 잘못도 없이 곤경에 처한 인물을 모른 체할 수는 없었다.

돌아온 정약용에게 정조는 한강의 주교舟橋, 즉 배다리 설계를 맡겼다. 배다리는 정조가 화성에 행차할 때 사용할 것이었다. 이 배다리도 사도세자와 밀접한 관련이 있었다.

정조는 정약용이 대과에 급제하던 재위 13년(1789) 양주 배봉산에 있던 사도세자(장헌세자) 묘를 화성의 화산으로 옮겼다. 그 후 왕릉에 버금가는 위격을 갖추어놓고 자주 화성으로 행차했는데, 그때마다 배다리가 필요했다. 그래서 배다리를 전담하는 주교사舟橋司를 만들었다.

주교사의 도제조 3명이 영의정·좌의정·우의정일 정도로 그 중요성은 컸는데, 정조는 막상 주교의 설계는 갓 급제한 정약용에게 시킨 것이었다. 정조는 정약용이 서학서를 통해 서양 과학지식을 습득한 사실을 알고 있었다. 그래서 정약용을 주교 설계의 적격자라고 여겼던 것이다.

배다리 축조는 쉬운 일이 아니었다. 어가御駕가 지나갈 다리였다. 배 위에 판자를 놓아 다리를 만드는 것인데 자칫 배가 흔들려 어가가 떨어지기라도 하면 말로 표현할 수 없는 사태가 벌어질 것이

청암정 봉화에 있는 정자로, 권벌權橃(1478~1548)이 중종 21년(1526)에 조성하였다.

었다. 정약용은 훈련도감 대변선과 경강사선 중 선체가 큰 대형선 80여 척을 징발하고 그 위에 판자를 놓아 다리를 만들어야 했다. 상업선인 경강사선에는 그 대신 대동미를 운반하는 특권을 주었으므로 징발당한다고 불평하지는 않았다.

정조는 주교 축조 임무를 잘 수행한 정약용의 능력을 높이 샀다. 정조에게 필요한 인재는 이론과 실제를 겸비한 인물이었는데, 정약용이 그런 인물이었다.

그러나 정약용의 벼슬길은 순탄하지 못했다. 정조는 정약용을 규장각에 근무하게 하고 싶었으나 규장각은커녕 예문관에 들어가는 것도 쉽지 않았다. 예문관에 들어가기 위해서는 추천자 명단인 한림회권翰林會圈에 들어야 했다. 정약용은 정조 14년(1790) 2월 우상 채제공이 주관한 권점에서 김이교金履喬, 윤지눌 등과 함께 뽑혀 한림회권

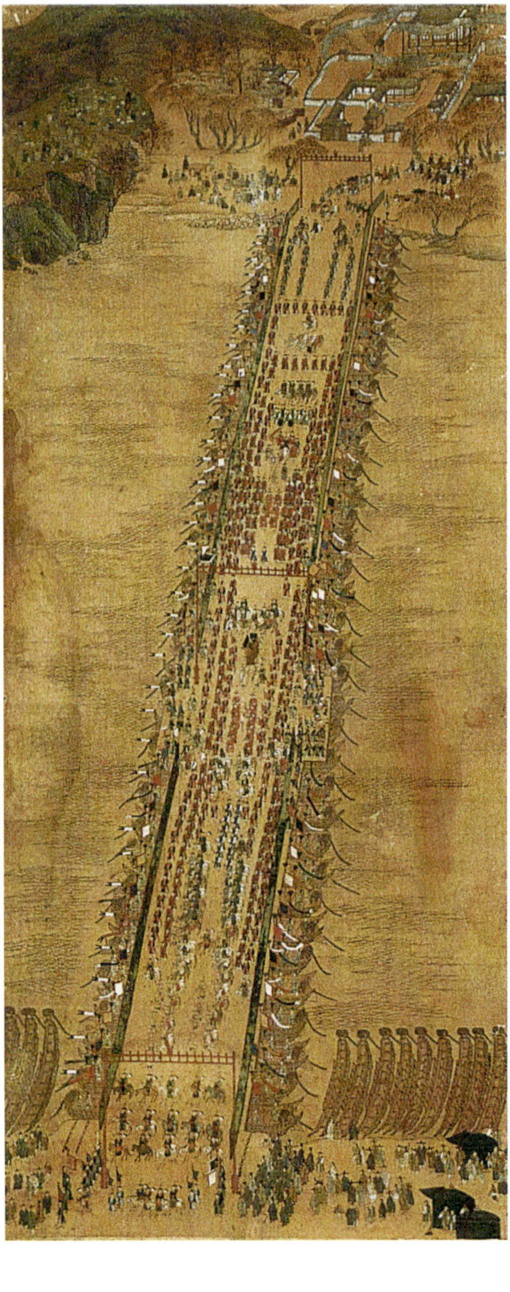

화성 능행도의 배다리 정조는 부친 사도세자의 묘소를 양주 배봉산에서 수원 화성으로 옮긴 다음 자주 찾았는데 정약용에게 배다리의 설계를 맡겼다.

에 들어갔다. 뒤이어 치러지는 한림소시翰林召試에 급제하면 예문관에 들어갈 수 있었다.

그런데 한 대간이 "사정으로 법식을 어겼다."라고 문제 삼고 나섰다. 채제공과 정약용, 윤지눌 등이 모두 남인인 것을 문제 삼은 것이었다. 일단 대간의 탄핵을 받으면 혐의가 사실이든 아니든 사퇴하는 것이 관례였기 때문에 정약용과 다른 권점자들 모두 한림소시를 거부해야 했다.

정조는 격노했다. 노론에서 장악하고 있는 대간의 탄핵 때문에 그만둔다면 앞으로 어떤 벼슬도 사흘을 못 넘기리라고 판단했던 것이다. 정조는 반드시 입궐해 시험을 보라는 엄한 교지를 내렸다. 정약용 등이 입궐하자 정조는 액예掖隸(궁중 잡무를 맡은 하인)에게 오지동이를 가져다주게 했다. 답안을 내지 않으면 결코 돌아갈 수 없다는 뜻이었다. 날씨는 춥고 밤이 깊어 할 수 없이 답안을 냈는데 정조는 답안을 채점해 정약용과 김이교를 뽑았다.

숙배肅拜하고 물러난 정약용은 새벽에 상소문을 올려 사퇴했다. 정조가 여러 차례 불렀으나 그는 끝내 나아가지 않았다. 그러자 정조는 정약용을 해미로 귀양 보냈다.

그런데 이 귀양이 정약용과 사도세자를 다시 만나게 한다. 귀양 기간은 10여 일에 불과했는데, 귀경길에 옴[瘑疥]을 치료하기 위해 온양에 들렀던 것이다. 그때 불현듯 사도세자도 종기 치료를 위해 온양에 왔던 일이 생각나 욕탕을 관리하는 탕인湯人을 불렀다.

"장헌세자가 온궁에 오셨을 때의 일을 아느냐?"

그러자 탕인은 한 노인을 데리고 왔다. 그때 일을 경험한 노인이었다. 사도세자가 온궁에 도착한 것은 영조 36년(1760) 7월 22일, 그가 비참한 죽음을 당하기 2년 전이었다. 노인은 그때의 일을 생생히 기억하고 있었다.

"그때 동궁을 호위하던 금군禁軍의 군마가 우리를 뛰쳐나가 수박[西瓜] 밭을 짓밟아 수박이 깨지고 덩굴도 뽑혀 남은 것이 없었습니다. 이 사실을 알게 된 동궁은 수박 값을 묻고 후하게 보상하라고 명령하셨습니다. 그리고 그 수박을 금군들에게 나누어주니 백성들은 가난을 면하게 되고, 금군들은 갈증을 해소하게 되어 환성이 우레와 같았으며, 부로父老들도 감탄해 마지않았습니다."

사도세자가 정신병에 걸렸다는 소문이 조직적으로 퍼져 있을 때였다. 안에서는 부인 혜경궁 홍씨가 그런 소문을 만들고 그 당파인 노론에서 조직적으로 퍼뜨렸다. 그러나 사도세자의 병은 정신병이 아니라 종기였다. 사도세자가 도성을 출발한 것은 영조 36년(1760) 7월 18일이었고, 온양에서 다시 서울로 돌아온 것은 보름 만인 8월 4일이었다. 사도세자는 보름 동안 단 한 번도 정신병자 비슷한 모습을 보이기는커녕 성군의 자질만 보였다. 정신병은 자신의 정신을 스스로 통제할 수 없는 병이다. 그래서 정약용은 온양 노인의 말을 들으며 그런 소문이 거짓이라는 확신을 갖게 되었다.

"동궁께서는 나이 많은 노인들을 불러 위로연을 베풀어주시고, 이름 없는 선비들을 불러 도타운 말로 학문에 힘쓰라고 권하셨습니다. 그리고 온천에 머무시는 동안에도 날마다 서연書筵을 열어 학문에 힘쓰셨습니다."

정신병자는커녕 성군의 자질이 넘치는 모습이었다. 이런 세자가

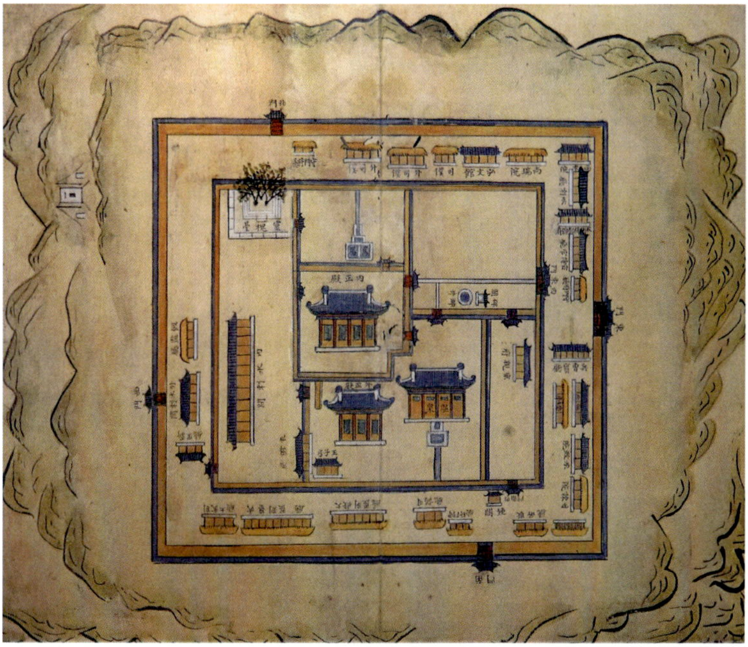

온양별궁 전도 조선시대 왕들이 질병을 치료하기 위해 종종 행차했던 온양별궁의 모습이다. 중앙에 행궁의 정전과 온천이 있다.

정신병자일 수는 없다고 정약용은 확신했다.

"동궁께서는 학문뿐만 아니라 무예에도 능하셨습니다. 온궁 서쪽 담장 아래 과녁을 설치하고 활을 쏘셨습니다. 활쏘기가 끝나자 '시원하다'고 말씀하셨지요."

사도세자의 '시원하다'는 말이 정약용의 가슴에 와 박혔다. 사도세자의 화살은 자신을 둘러싸고 있는 그 수많은 장애들을 뚫고 쏜 화살이었던 것이다.

사도세자는 온궁에 불과 일주일 머물렀지만 활 쏜 것을 기념해 단壇을 만들고 홰나무 한 그루를 심었다. 정약용은 세자가 직접 설치한 단과 홰나무를 둘러보았다. 그러나 단의 기와는 깨졌으며 홰나무는 오이덩굴과 칡덩굴이 얽혀 있고, 기와조각과 인분덩이가 쌓여 있었다. 정약용은 탕인을 꾸짖었다.

"동궁께서 손수 심으신 나무요, 친히 명하셔서 만든 단壇인데, 이렇게 더럽게 방치할 수 있느냐?"

"그때 동궁께서 돌아가신 뒤에 저희들이 군수에게 단을 쌓도록 건의했으나, 관에서 꾸짖고 기각시켜버리니 저희들이 어찌하겠습니까?"

"돌을 주워 둘레에 쌓아놓고 풀을 뽑아 나무가 잘 자라게 하는 일이야 왜 못한다는 말이냐. 내가 돌아가면 네가 그 일을 하도록 하라."

탕인은 관아에 들어가 정약용이 홰나무와 단이 황폐해져 있는 것을 크게 질책했다고 보고했다. 군수는 쌀 두 석을 내어 단을 쌓고 잡초를 제거했다. 아무리 노론 세상이라지만 임금 부친의 유적을 지적받고도 방치할 수는 없었던 것이다. 나아가 군수와 감사가 이 사실을 보고하자 정조는 크게 기뻐했다.

"그 충성이 가상하다."

겉으로는 군수와 감사에게 한 칭찬이지만 사실상 정약용에게 한 말이었다. 이 보고를 들은 노론은 경악했다. 사도세자의 유적지를 정비한 것이 '충성'이라면, 사도세자를 뒤주 속에 가두어 죽인 자신들은 '역적'이 되기 때문이었다. 얼마 전에는 이진동을 피신시킨 일까지 있던 정약용이었다. 하나는 자신들이 죽이려던 인물이고, 하나는 자신들이 죽인 인물이었다. 노론은 정약용을 비롯한 남인들을 제거할 기회를 찾았다.

영괴대 영조 36년 사도세자가 온양의 온궁에 갔었는데, 정조 때 이를 기념해 세운 것이다.

최초의 천주교 사태, 을사추조사건

정조는 남인들을 되도록 많이 조정에 포진시켜 노론의 상대가 되게 하고 싶어 했다. 그러나 남인이라고 무작정 중용하지는 않았다. 정약용이 성균관에서 만 6년 동안이나 단련했듯이 오히려 남인에게는 더욱 엄격한 잣대를 들이댔다. 그래야 노론의 틈바구니에서 살아남아 업적을 남길 수 있다고 믿었던 것이다.

정약용이 초계문신으로 있을 때였다. 정조는 초계문신들에게 『논어』를 읽게 했는데 매일 3~4편씩 7일 안에 마쳐야 했다. 그리고 자신이 읽은 것을 정조 앞에서 강의해야 했다.

정약용이 상의원尙衣院에서 직숙直宿하던 날이었다. 한밤중에 각리閣吏(규장각의 아전)가 찾아와 소매 속에서 종이 한 장을 꺼냈다.

"이것이 내일 강할 장章입니다."

정약용은 깜짝 놀랐다.

"어찌 미리 얻어 볼 수 있단 말인가?"

"걱정하지 마십시오. 임금님께서 하교하신 일입니다."

"비록 그렇더라도 전편을 읽는 것이 마땅하다."

정약용이 끝내 거절하자 각리는 웃으며 돌아갔다.

다음 날 다산이 경연에 나가자 정조가 명을 내렸다.

"정약용은 특별히 다른 장을 강하라."

정약용이 하나도 틀리지 않고 강을 끝내자 정조가 웃었다.

"과연 전편을 읽었구나."

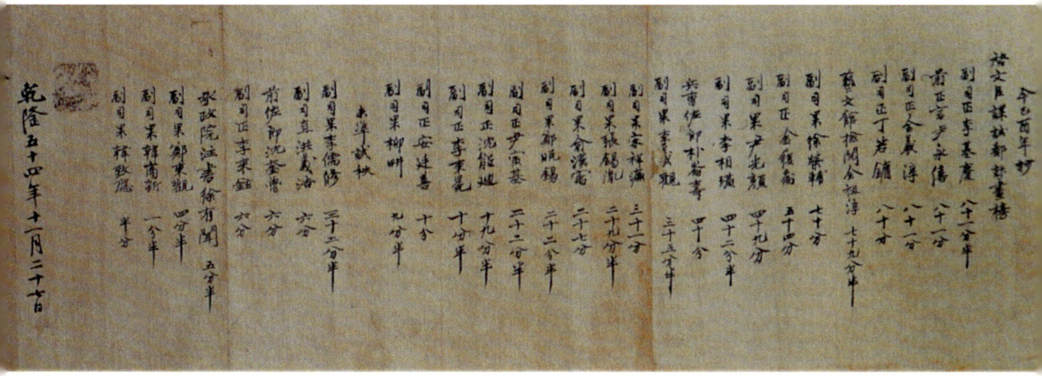

초계문신 시방 초계문신들의 시험성적표로, 정약용은 우측에서 네 번째 80점이라는 높은 성적을 받았다.

이것이 정조의 수련법이었다. 이런 과정을 통과해야 큰일을 맡기는 것이었다.

정약용이 사헌부 지평으로서 훈련원의 무과 시험을 감찰할 때였다. 감찰해보니 겉으로 봐서는 공정한 것 같지만 내막을 보면 불공정하게 진행되었다. 명문가 자제들이나 돈을 쓴 응시생들만 합격되는 구조였다. 지방 출신 무사들의 무예실력이 뛰어나 고등高等의 평가를 받으면 시험관들은 병서 『삼략三略』을 강하게 하면서 교묘한 질문으로 떨어뜨렸다. 합격자들은 시험관들과 선이 닿아 있는 서울의 장신가將臣家 자제들뿐이었다.

정약용은 여러 차례 잘못을 시정하라고 요구했으나 시험관들은 말로만 알았다고 할 뿐이었다. 정약용은 아전을 불렀다.

"소지疏紙(상소할 때 쓰는 종이)를 가져오너라."

그제야 시험관이 깜짝 놀라 무엇에 쓰려고 하느냐고 물었다.

"내가 병이 났는데도 혹시 국사에 보탬이 있을까 병을 참고 일을

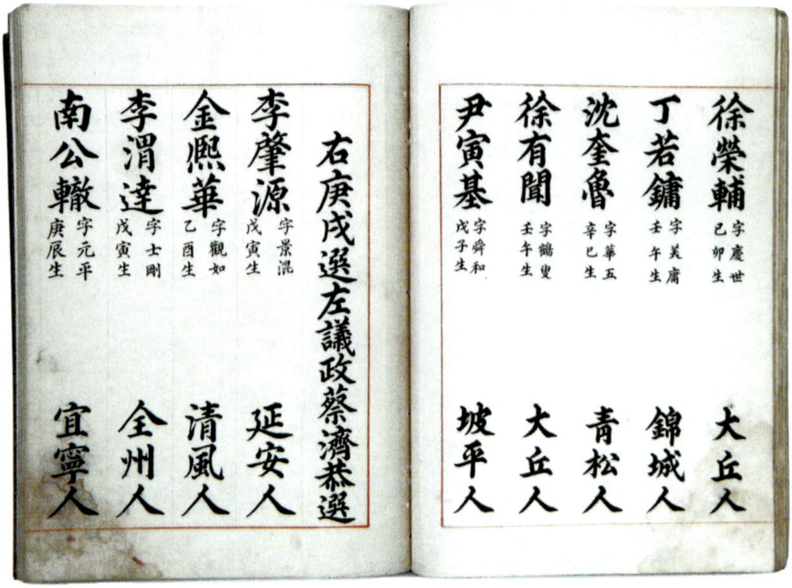
徐榮輔 字慶世 己卯生 大丘人
丁若鏞 字美庸 壬午生 錦城人
沈奎魯 字華五 辛巳生 青松人
徐有聞 字鶴叟 壬午生 大丘人
尹寅基 字舜和 戊子生 坡平人

右庚戌選左議政蔡濟恭選
李肇源 字景混 戊寅生 延安人
金熙華 字觀如 乙酉生 清風人
李渭達 字士剛 戊寅生 全州人
南公轍 字元平 庚辰生 宜寧人

『초계문신제명록』 정조 때에는 정약용·홍석주洪奭周·김재찬金載瓚·심규로沈奎魯 등 당대 최고의 학자와 관료들을 배출하였고 『초계문신제명록抄啓文臣題名錄』에 전체 명단이 정리되어 있다.

하는 것이오. 그러나 지금 시험관이 사정私情을 좇는데도 이를 막지 못하고 과거 응시자들의 원한을 풀어주지 못하니, 감찰해서는 무엇하겠소. 사직해서 내 병이나 고치는 게 낫지 않겠소?"

이 말에 놀란 시험관이 용서해달라고 빌었다. 정약용이 사직하면 정조가 그냥 넘어갈 리 만무했던 것이다. 덕분에 지방 출신 무사들이 많이 합격했다.

이런 모든 행위들이 집권 노론을 자극했다. 노론은 이런 방식을 통해 자파自派 사람들을 무과에 포진시켰는데 정약용 때문에 제동이 걸린 것이었다. 노론은 정약용을 공격할 기회를 노렸다. 그리고 그 계기는 천주교 쪽에서 만들어지고 있었다.

정약용이 태학생으로 있던 정조 9년(1785) 봄, 형조의 금리禁吏들은 명례방明禮坊(서울 명동)을 지나다가 이상한 집회를 우연히 목격했다. 중인 김범우金範禹 집으로 여러 사람들이 들락날락거렸다. 금리들은 노름 현장으로 의심했다. 그래서 들이닥쳤는데, 집안에서는 이상한 의식이 진행되고 있었다. 양반 한 명이 중앙에 앉아서 무언가를 설명하고 있었는데, 그가 바로 이벽이었다. 중인 집에 있는 양반은 이벽뿐이 아니었다. 이승훈과 권일신·권상학 부자, 그리고 정약전·정약종 형제도 있었다. 금리들은 현장에서 천주교 서적과 화상들을 압수해 형조에 바쳤다.

이것이 조선 천주교인의 실체가 정부 기관에 의해 최초로 발각된 이른바 '을사추조乙巳秋曹 적발사건摘發事件'이었다. 형조판서 김화진金華鎭은 중인 김범우의 집에 유력한 양반들이 모여 이상한 의식을 치른 이 사건을 확대하는 것이 현명하지 않다고 생각했다. 모인 양반들 대부분이 정조가 지지하는 남인들이고 정조가 천주교에 관대한 자세를 취하고 있다는 점도 감안했을 것이다. 그래서 김화진은 중인 김범우만 옥에 가두고 나머지 양반들은 석방시켰다. 그러나 권일신은 석방된 데 만족하지 않고 아들 상학과 매부 이윤하李潤夏(이수광의 8대손)와 이총억李寵億·정섭鄭涉 등 다섯 사람을 데리고 형조에 들어가 화상畵像을 돌려달라고 요청했다. 아마도 예수나 마리아의 화상일 것이다. 김화진은 이 무모한 행동에 크게 놀랐으나 그들을 꾸짖은 다음 화상을 내주었다.[11]

11 이만채李晩采 편저, 이기경李基慶 지음, 『벽위편闢衛編』上 권2, 「을사추조적발乙巳秋曹摘發」

김화진은 계속 이 사건을 확대하지 않으려고 김범우만을 밀양 단장으로 유배 보내고, 천주교 서적 소각령을 내렸다. 단양으로 유배 간 김범우는 1년 만에 사망함으로써 조선 천주교회의 첫 순교자가 되었다. 을사추조 적발사건은 겉으로는 한 중인의 희생으로 종결되었으나 이는 앞으로 전개될 수많은 비극적 사건의 서막에 불과했다.

이 사건은 유학을 유교로 격상시킨 유학자들의 위기감을 고조시켜 반 천주교 운동이 사방에서 일어났다. 그 선봉에 선 것은 성균관의 태학생들이었다. 같은 해 3월 태학생 정서鄭澂와 이용서李龍舒가 사학邪學(천주교)을 엄하게 배척할 것을 요구하는 통문通文을 돌렸다. 이들은 자신의 친척과 친구들에게도 "천주교인들과 완전히 절교하라."고 요구했는데, 태학생들의 이런 운동은 조정에도 반향을 일으켜 사헌부 장령 유하원柳河源이 천주교를 금지시키라는 상소를 올렸다.

> 관상감[雲臺]의 역관[象胥] 무리들이 서양책들을 가져오기 시작한 지 여러 해가 되었는데, 날로 백성들을 속여 그것을 믿는 무리들이 많아졌습니다. 이른바 도道라는 것이 하늘이 있다는 것만 알고, 임금이나 부모가 있는 줄을 알지 못할 뿐만 아니라, 천당이니 지옥이니 하는 말로써 백성들을 속이고 세상을 현혹시키니, 그 해독은 홍수나 맹수보다도 심합니다. 마땅히 법사法司로 하여금 더욱 강하게 금지해야 할 것입니다.
>
> 『정조실록』(9년 4월 9일)

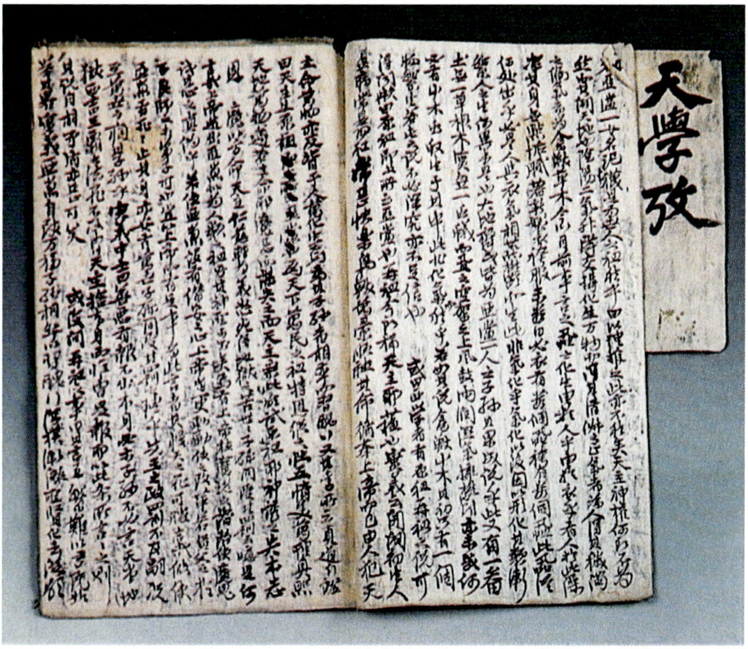

『천학고』 실학자이면서도 주자의 정통론에 기울어 있던 안정복은 『천학고』를 통해 천주교를 비판했다.

정조는 이 상소에 대해 "너의 말이 옳으니, 아뢴 대로 시행할 것이다."라고 답했으나 실제로는 조정 차원의 탄압은 없었다.

반 천주교 운동은 계속되었다. 남인에서도 동조자가 나타났다. 그 대표적인 인물이 이익의 제자였던 안정복이었다. 안정복은 정조 9년에 쓴 『천학고天學考』와 『천학문답天學問答』에서 천주교를 사학이라고 비판했다. 그는 천주교도 권일신의 장인이라는 점에서 을사추조 사건이 유학자들에게 준 충격을 짐작할 수 있다.

사문난적斯門亂賊으로 몰려 사형당했던 윤휴의 비극에 대한 기억이 생생한 남인들은 문중 차원에서 천주교를 반대했다. 이승훈의 아버지 이동욱은 이승훈과 동생 치훈 등 모든 친척을 불러놓고 천주교 서적을 모두 불태워버렸다. 이벽의 부친 이부만은 종친회의에 불려 가서 많은 질책을 받고 돌아와 아들에게 배교를 요구했다. 이벽이 거절하자 이부만은 집안의 대들보에 목을 매달았다. 일종의 시위성 행위여서 이부만은 가족들에게 발견되어 살아났으나 이벽에게는 큰 상처가 되었다. 고립된 이벽은 두문불출하다가 그해(1785) 음력 6월 사망하고 말았다. 천주교 가성직假聖職 시절, 신부 역할을 맡았던 조선 천주교회의 창립자 이벽은 이렇게 세상을 떠나고 말았다.[12]

조선에서 천주교 신앙이 민감한 정치적 사건으로 비화한 데는 세 가지 요인이 있었다. 그 하나는 조선 성리학의 교조화教條化였다. 노론은 일당독재를 계속하면서 성리학 이외의 모든 사상체계를 사문난적으로 몰았다.

두 번째는 천주교를 신봉한 양반 대다수가 남인이라는 데 있었다. 정조가 즉위하면서 남인들을 중용하려 하자 노론은 천주교를 빌미로 남인들을 실각시키려 했다.

세 번째는 당시 교황청의 경직된 교리 해석과 그 기계적 강요에 있었다. 특히 제사와 장례 문제에 대한 교황청의 경직된 해석과 강요는 노론뿐만 아니라 대다수의 조선인들에게 거부감을 주었다.

1583년 예수회 선교사 마테오 리치가 중국 남부 광둥성에 첫발을 디딤으로써 중국 선교가 시작되었다. 그가 소속된 예수회는 동양의

12 1979년 6월 이벽의 시신을 이장한 변기영 신부는 그 시신이 검푸르게 말랐으며 치아가 검고 흑갈색으로 변색되어 있다며 독살설의 혐의를 제기하기도 했다. 가성직 시절이란, 이벽 등 천주교도들이 교황청의 승인 없이 스스로 성직자가 되어 세례 등을 행한 시기를 뜻한다.

전통사상과 융합하는 방식으로 동양선교에 나섰다. 천주교의 하느님God을 상제上帝로 번역한 것은 이런 사고에서 나온 것이었다. 이런 방식의 번역을 격의格義라고 하는데 천주교 신앙과 중국 전통사상을 융합하려는 시도였다. 예수회 신부들은 중국에서 필요로 하는 천문관측술 등의 과학기술을 갖고 있었던 데다가 동양의 전통사상을 존중하는 유연한 자세를 갖고 있었기 때문에 국가권력과 마찰을 일으키지 않으면서 전교해나갈 수 있었다.

그러나 예수회 외에 도미니코회Dominican와 프란체스코회Francescan가 들어오면서 사정이 달라졌다. 이들은 예수회의 유연한 전교 방침을 영합주의迎合主義라고 비판하며 교황에게 이런 방식의 선교 금지를 요청하는 의견서를 보냈다. 17세기 중반부터 이 문제를 놓고 예수회와 도미니크파·프란체스코파 사이에 논쟁이 벌어지는데 18세기 들어 경직된 신앙관을 가진 교황들이 거듭 등장하면서 예수회의

이벽의 묘소 자생적으로 천주교를 받아들였던 이벽은 집안의 배교 권유를 뿌리치고 은둔하다가 죽었는데, 독살당했다는 일설도 있다.

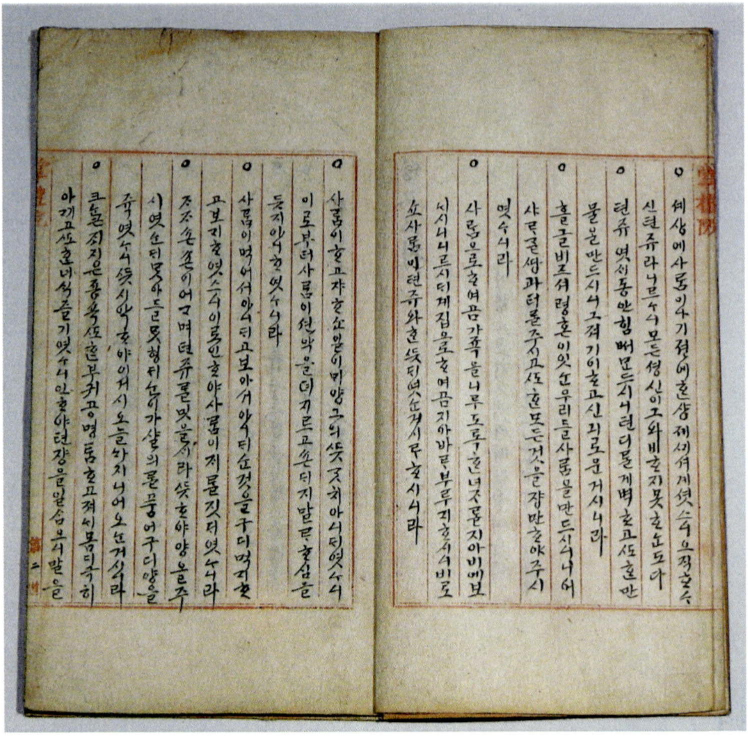

『성교요지』 현존하는 조선 서교西敎 관계서 중 가장 초기의 저술인 이벽의 『성교요지聖敎要旨』. 선교사의 도움 없이 자발적으로 수용된 조선 기독교 사상을 알게 해주는 사료라는 점에서 귀중한 문헌으로 평가되고 있다.

입지는 축소되어갔다. 그중 가장 민감한 것이 제사 허용 여부였다.

로마 교황 클레멘스 11세Clement XI와 베네딕트 14세Benedicto XIV는 18세기 초·중반 거듭 성명을 발표해 동양에서 조상의 제사를 엄금시켰다. 특히 1742년에는 로마 교황 베네딕트 14세의 훈령訓令으로 중국 내 예수회의 전교 활동이 금지되었고, 심지어 1773년에는 예수회 본부가 한때 해산당하기까지 했다. 천주교가 갖고 있는 중앙집권적 체제의 문제점이 고스란히 드러난 것인데, 그 결과는 천주교가

1784년 중국에서도 큰 박해를 받는 것으로 나타났다.

조상 제사 문제는 조선 천주교인들의 민감한 관심사였다. 어떤 측면에서는 조선 천주교도들에게 사활이 걸린 문제였다. 이미 교조화된 성리학 체제와 정면충돌을 피할 수 있느냐 없느냐의 여부가 이 문제에 달려 있었다. 제사만 허용된다면 큰 마찰 없이 천주교를 발전시켜나갈 수 있었다. 이승훈과 권일신이 중인 역관 윤유일尹有一을 베이징으로 보낸 것은 이 문제에 대한 베이징 주교의 답변을 얻기 위해서였다.

정조 14년(1790) 청나라 건륭제의 팔순을 축하하는 사신 일행을 따라 윤유일이 베이징에 갔을 때 베이징 주교였던 구베아는 불행히도 프란체스코파 소속이었다. 예수회가 교황에 의해 1773년 해산된 후에도 그라몽·방타봉 같은 예수회 소속 신부들은 베이징에 남아 있었으나 제사 문제에 대한 결정권은 구베아 주교에게 있었다. 구베아 주교가 윤유일에게 준 답변 한 마디는 훗날 조선 신자들에게 수많은 비극을 불러오는 단초가 되었다.

"제사는 우상을 숭배하는 것이고 하느님을 믿는 것과 위배되는 것이다."

그때까지 조선의 천주교인들에게 천주교 신앙과 제사는 대립적 관계가 아니었다. 하나님을 믿는 것과 조상을 존경하는 것은 서로 배치되지 않았다. 천주교의 공식 견해가 전해지자 조선의 천주교인들은 발칵 뒤집혔다. 자로子路가 귀신에 대해 물어보자 공자가 "사람의 일도 모르는데 어찌 귀신의 일을 알겠느냐."라고 답한 데서 알 수 있는 것처럼 유학은 종교가 아니었다. 그러나 유교로 변질된 성리학은 조상에 대한 존경의 형식인 제사를 절대시했고, 천주교는 이를 금함으로써 둘의 공존을 불가능하게 만들었던 것이다.

을사추조 적발사건으로 1차 시련을 당한 조선의 천주교인들은 베이징 주교 구베아의 제사 금지로 더 큰 시련을 맞았다. 이제 조선에서 천주교는 순교를 각오하는 사람만이 믿는 종교가 되었던 것이다.

정약용과 친구들의 악연

정조 11년(1787) 겨울, 성균관 학생 정약용은 김석태金石太의 집으로 갔다. 이승훈·강이원姜履元과 만나기 위해서였다. 김석태의 집은 성균관 근처 반촌泮村이었는데, 셋은 서로 의관을 정제하고 천주교 의식을 진행했다. 2년 전 을사추조 적발사건으로 사대부 사회에 반천주교 분위기가 조성되어 있었으나 이들은 개의치 않았다. 셋이 엄숙하게 의식을 치르는데 인기척이 났다.

문을 열어보니 이기경이었다. 세 사람은 당황했다. 정약용은 한때 이기경의 정자亭子에서 함께 과거공부를 하기도 하고 이기경 역시 천주교에 흥미를 갖고 손수 한 권의 책을 베끼기도 했으나 이 무렵 반 천주교 자세를 분명히 했기 때문이다. 정약용 등 셋은 얼른 책상 위에 있던 물건을 수습한 후 이기경을 맞아들였다. 방 안에 들어온 이기경이 물었다.

"모인 지 이미 오래되었는데 표表를 몇 수나 지었는가?"

이승훈과 강이원이 선뜻 대답을 못하자 정약용이 답했다.

"이것뿐이라네."

정약용의 손에는 두 항목에 대해 지은 표 두어 수만이 들려 있었다.

"와서 모인 것이 며칠인데, 겨우 이것뿐인가?"

이때만 해도 이기경은 정약용에 대해 우정이 남아 있었다. 이승훈은 이미 말해봐야 소용없고, 강이원은 원래 친분이 없으니 상관할 것 없지만 정약용만은 천주교에서 발을 씻게 하는 것이 우정의 실천이라고 생각했다. 같은 남인으로서 동지애도 남아 있었다. 며칠 후 성균관에서 감제柑製(제주도에서 진상한 감귤을 유생들에게 나누어주고 치르는 시험)가 열렸을 때 목도한 사건 때문에 이기경은 더욱 그런 마음을 굳혔다.

과장에는 정약용이 이승훈·강이원과 나란히 앉아 있었다. 이날의 과제科題는 '한漢나라 분유사枌楡社'였는데, 분유사는 한漢고조 유방이 처음 봉기한 풍현의 사당으로 보통 고향을 뜻하지만 여기에서는 토지신土地神에 대한 제사를 뜻했다.

과제를 본 이승훈은 팔짱을 낀 채 눈을 감고 묵묵히 앉아 있더니 끝내 백지를 제출했다. 이를 목격한 이기경이 물었다.

"왜 백지를 냈소?"

이승훈은 잠시 생각하더니 대답했다.

"천주학에서는 천주 이외에 다른 신을 제사하지 않네. 비단 제사하지 않을 뿐만 아니라 비록 글로 짓는다 해도 큰 죄로 치네."

이기경은 놀랐다. 토지신에 대한 제사를 우상숭배로 보는 것이었다. 토지신은 역대 제왕들이 모두 제사지내는 대상이었다. 이기경은 그날 밤 이승훈과 밤새 논박했으나 소용없었다. 이기경은 두 번 정약용의 집을 찾았으나 그때마다 집에 없었다. 이기경은 정약용이 일부러 피하는 것이라고 생각해 홍낙안을 찾아갔다. 홍낙안도 남인이었지만 천주교에 대해서는 적대적이었다. 이기경과 홍낙안은 모두 주자학을 신봉하는 남인들이었다. 그렇게 천주교를 둘러싸고 남인들도 서학을 받아들인 신서파信西派와 공서파功西派로 갈리고 있었다.

"이승훈·정약용·강이원이 반촌 김석태 집에서 천주교 교리를 연구하는 것을 내가 보았네."

이기경의 말을 듣고 홍낙안은 흥분했다.

"아니, 을사사건 이후에도 천주교를 신봉한다는 말인가? 내 가만 있지 않겠네."

홍낙안은 정약용 등 세 사람이 김석태의 집에서 금서인 천주교 서적들을 보았다고 소문내고 다녔다. 이 때문에 성균관과 여러 사대부들 사이에 천주교에 관한 소문들이 다시 시끄럽게 퍼졌다.

홍낙안은 이 사실을 정조에게 직접 알리고 천주교 탄압을 요청하기로 마음먹었다. 일개 태학생이 임금을 만날 수는 없었으나 홍낙안은 인일제人日製를 이용하면 된다고 생각했다. 정조는 직접 인일제 합격자를 만나 격려했기 때문이다. 홍낙안은 정조에게 천주교 소각을 요청했다.

"천주교를 금지하지 않으면 황건적黃巾賊과 백련교白蓮教의 난 같은 것이 발생할 것입니다. 그러니 우선 그 서적을 소각해야 합니다."

정조에게 직접 천주교 금지를 요청한 이 사건은 정미년(정조 11)에 있었다는 이유로 정미반회丁未泮會 사건(1787)이라고 불린다. 이를 계기로 다시 천주교에 대한 공격이 잇따랐다. 정조 12년(1788) 8월에는 사간원 정언 이경명李景溟이 천주교를 금지시킬 것을 요청한 데 이어 비변사까지 가세했다.

"서학서를 은밀히 베끼거나 전해서 유혹하는 자가 있으면 중죄로 다스리겠다는 뜻을 밝혀주소서."

천주교 문제에 대해 정조는 확고한 생각을 갖고 있었다.

정학正學(성리학)이 밝아져서 사학邪學(천주교)이 종식되면 상도常道를 벗어난 이런 책들은 없애려 하지 않아도 저절로 없어져서 사람들이 그 책을 연초燕楚의 잡담만도 못하게 볼 것이다. 그러니 근본을 바르게 하는 방법이 급선무다. 그 책을 불사르라고 청한 말이 좋지 않은 것은 아니나 만약 한 책이라도 빠뜨리는 것이 있을 경우 도리어 법과 기강을 손상시킬 것이다.

다만 집에 간직하고 있는 자들로 하여금 물이나 불에 던져 넣도록 하고, 명을 어기는 자는 드러나는 대로 심문해 처리하라. 사대부 중에 한 사람도 오염되는 이가 없으면 화복설禍福說에 흔들린 어리석은 백성들도 스스로 깨닫고서 깨어날 것이니, 조정에서 이 일에 많은 힘을 쓸 필요가 없다.

『정조실록』(12년 8월 6일)

정조는 겉으로는 성리학을 신봉했다. 그래야 집권 노론과 격렬한 충돌을 피할 수 있었다. 그러나 천주교를 굳이 억압할 필요는 없다고 생각했다. 정조는 사상을 억압할 필요는 없다고 생각했다. 그래서 천주교 문제가 불거지는 이유를 성리학자들에게 돌렸다. "정학이 밝아지면 사학은 저절로 종식된다."라는 논리였다. 즉 성리학자들이 유학자답게 살지 못하다 보니 천주교가 성행한다는 것이었다. 따라서 천주교 문제를 해결하는 첩경은 성리학자들이 성리학자답게 처신하면 된다는 것이었다. 이런 논리로 천주교에 대한 탄압 주장을 막아내면서 유화적인 자세를 취했다. 그러나 정조의 이런 유연한 자세에 결정적인 타격을 가할 사건이 다가오고 있었다.

부모의 신주를 불태운 진산사건

정조 15년(1791, 신해년) 전라도 진산珍山에서 충격적인 소문이 들려왔다. 진사 윤지충尹持忠과 그의 내외종 사촌 권상연權尙然이 제사를 폐지하고 부모의 위패位牌를 불태웠다[廢祭焚主]는 소문이었다. 윤지충의 어머니 권씨의 장례 때 그랬다는 것이었다. 성리학이 이미 종교로 변질된 나라에서 부모의 제사를 폐지하고 그 위패를 불태웠다면 그 충격은 어마어마할 것이었다. 장례식에 참석했던 사람들의 입을 통해 서울까지 이 소식이 전해졌다. 윤지충은 정약용의 외종 육촌이었다. 이기경·홍낙안·목만중睦萬中 등은 이 사건을 천주교 공격의 계기로 적극 활용하기로 마음먹었다. 홍낙안은 진산군수 신사원申史源에게 편지를 보내 윤지충과 권상연의 가택수색과 체포를 요구했다. 그리고 채제공에게도 장서長書를 보내 이 사건의 엄중 처리를 요구했다. 이렇게 진산사건의 막이 오른 것이다.

> 합하閤下께서는 오늘 진산의 양적兩賊(윤지충과 권상연)의 일을 어떤 변괴라고 보십니까? 대체로 서양학의 설은 그 유래가 이미 오래되었고 그 내용도 이미 충분히 들어 싫증이 날 정도입니다. 또 그 학술을 전문으로 연구하는 사람들이 불행하게도 가까운 친구들 가운데서 나왔기 때문에 사람들이 모두 익숙해져서 크게 놀랍게 여기지 않으니, 비유하면 마치 물이 새는 배 안에 함께 앉아 있으면서 장차 함께 물에 빠질 것을 모르는 것과 같습니다. 말이 여기에 미치니 심장과 뼈가 다 서늘합니다.
>
> 오늘날 도성都城(서울)의 경우를 먼저 말하면 친구 사이의 사대부와 선비들은 대부분 거기에 물들었고 …… 특히 총명하고 재주 있는 선비들이 열에 여덟아홉은 거기에 빠져버려 남은 자가 거의 없습니다. 이전에는 나라의 금법이 무서워 골방에서 모이던 자들이 지금은 환한 대낮에 멋대로 돌아다니며 공공연히 전파하며, 이전에는 깨알같이 작은 글씨로 써서 겹겹으로 덮어 상자 속에 숨겨놓았던 것을 지금은 공공연히 간행해서 경외에 반포하고 있습니다.
>
> 오직 저 윤지충의 무리들은 오히려 감히 스스로를 오랑캐와 짐승에 붙이면서, 조상의 신을 소귀신과 뱀귀신에다 빙자하여 제사를 폐지하는 것도 모자라 초상을 당하더라도 혼백魂帛을 세우지 않고 부모가

죽어도 조문을 받지 않으며, 심지어는 그 조상의 신주를 불태우기까지 합니다. 조문하는 사람에게 대답하기를 "축하할 일이지 위로할 일이 아니다."라고 합니다. 아, 실로 가슴 아픈 일입니다. 천리가 생긴 이후 어찌 이런 변괴가 있었겠습니까.

지금 이단에 종사하는 자들은 모두 침을 흘리면서 윤지충의 무리들이 한 짓에 감복하면서도 다만 예법이 두렵고 형벌이 앞에 있기 때문에 그래도 망설이고 두리번거리며 감히 멋대로 하지 못하는 것입니다.

참으로 다스리고자 한다면 시행으로만 그쳐서야 어찌 말이 되겠습니까. 마땅히 큰 길거리에 목을 매달아놓고 적의 무리를 호령하며 그 집터를 파서 못을 만들고 그 고을을 혁파하기를 마치 역적을 다스리는 법처럼 한 뒤에야 이단을 믿는 자들이 조금이나마 목을 움추릴 줄 알게 될 것입니다.

『정조실록』(15년 10월 23일)

천주교 신자를 역률로 다스려야 한다는 주장이다. 이런 주장이 남인 공서파들에게서 나왔다는 점이 남인들의 비극이었다. 이 주장은 정확히 10년 뒤 정조 사후 노론 벽파에 의해 현실화되면서 무수한 남인들을 죽음으로 몰고 간다. 정조는 곤혹스러웠다. 천주교를 공격하는 이들이 남인인 것이 더욱 그를 곤혹스럽게 했다. 정조와 채제공은 진상규명을 우선으로 삼았다. 처벌 여부는 그다음에 논의해도 늦지 않다고 보았던 것이다. 핵심은 신주의 소각 여부였다.

채제공은 윤지충·권상연이 신주를 불태웠을 리가 없다고 생각했다. 채제공이 나름대로 알아본 결과 진산군수 신사원申史源이 형에게 신주소각설은 잘못 전해진 것이라고 편지를 썼다는 사실을 알아냈다. 때문에 채제공은 이 사건을 그리 심각하게 인식하지 않았다. 채제공은 정조에게 이렇게 말했다.

"장례 때 가난한 자는 형편상 예를 제대로 갖추지 못할 수도 있는 것입니다. 두 죄수의 죄는 신문해보면 밝혀질 것입니다. 만약 억울한데도 불구하고 죄를 받는다면 어찌 불쌍하지 않겠습니까."

그러나 사태는 채제공의 생각대로 흘러가지 않았다.

정조와 채제공이 온건한 처리 방침을 결정한 날은 10월 25일이었는데, 다음 날 진산군수 신사원이 윤지충의 집을 수색했을 때 윤지충은 경기도 광주로, 권상연은 충청도 한산으로 도피한 뒤였다. 윤지충의 집을 수색하던 신사원은 빈 신주함을 발견하고 크게 놀라 윤지충의 숙부를 잡아 가두었다. 그러자 이 소식을 들은 윤지충과 권상연이 자수했다. 신사원이 윤지충을 꾸짖었다.

"너에 대해 중대한 소문이 돌고 있다. 네가 이단에 빠졌다는 것이 사실이냐?"

"저는 결코 이단에 빠지지 않았습니다. 다만 천주교를 믿는 것은 사실입니다."

"그래, 그것이 이단이 아니란 말이냐?"

"아닙니다. 그것은 모두 바른 말입니다."

"그렇다면 복희伏羲 때부터 송조宋朝(송나라)의 성현聖賢(주자·정자 등)들에 이르기까지 실천한 것이 모두 거짓이란 말이냐?"

"우리 교회는 다른 사람을 판단하고 비판하지 말라는 계명이 있습니다. 저는 누구를 비판하거나 비교할 생각은 없고 다만 천주교를 신봉하는 것으로 만족합니다."

"너는 부모로부터 받은 몸에 형벌을 받고 죽음을 당하게 하려느냐. 뿐만 아니라 너 때문에 네 삼촌이 늘그막에 옥에 갇혔으니, 그것이 효도의 본분을 다하는 것이냐?"

"삼촌이 갇히셨다는 소식을 듣자마자 저는 밤에도 쉬지 않고 달려와 사또에게 자수했습니다. 이것이 효도의 본분을 지키는 것이 아닙니까?"

윤지충은 권상연과 함께 공주 감영으로 이송되었다. 감영에 도착했을 때는 어두운 밤이었으나 감사 정민시는 횃불을 켜놓고 심문했다.

"너희가 늘 하는 일은 무엇이냐?"

"소년 시절에는 과거를 보기 위하여 글공부를 하였고, 얼마 전부터는 사람의 마음과 행실을 바르게 해주는 공부를 하고 있습니다."

"경서를 배웠느냐?"

"배웠습니다."

"네 마음과 행실을 바르게 하기 원한다면 우리 경서가 부족하단 말이냐. 어찌하여 미신에 빠졌느냐?"

"저는 결코 미신에 빠지지 않았습니다."

감사는 권상연에게 물었다.

"너도 제사를 안 올렸느냐?"

"안 지냈습니다."

"신주도 불살랐느냐?"

"군수가 제 집을 수색했을 때 문서에 기록한 대로 주독主櫝(신주를 넣어두는 궤)이 아직 있습니다."

신주를 불사르지는 않았다는 대답이었다.

"홍낙안을 아느냐?"

"이름을 들었지만 만난 적은 없습니다."

이렇게 시작된 정민시의 추궁의 핵심은 신주가 어디 있는지 여부였다. 신사원은 빈 주독 네 개만 있었을 뿐 위패는 없었다고 보고했던 것이다. 정민시가 추궁하자 권상연은 땅에 파묻었다고 진술했다. 증인을 대라고 하자 혼자 했으며 그 뒤에 산사태가 났기 때문에 찾을 수 없을 것이라고 말했다.

정민시의 초상 진산사건을 담당한 전라관찰사 정민시는 시파의 거두로 정조의 총애를 받았으나 정조 사후 정순왕후가 집권하면서 삭탈관직되었다.

그러나 윤지충이 불살랐다고 자백하면서 사태는 험악하게 변해갔다. 정민시가 꾸짖었다.

"네가 신주를 부모처럼 공경하였다면 땅에 묻는 것은 혹 괜찮다 치더라도 그것을 불사르다니 그런 일이 있을 수 있단 말이냐!"

"만약에 제가 그것이 제 부모라고 믿었다면 어떻게 불사를 마음을 먹을 수 있었겠습니까. 그러나 그 신주에는 제 부모의 아무것도 없다는 것을 분명히 알기 때문에 불사른 것입니다. 하기는 그것을 땅에 묻든 불사르든 먼지로 돌아가기는 마찬가지입니다."

윤지충과 권상연은 형틀에 묶였다. 감사는 매를 때리면서 배교를 강요했다.

"네가 맞아 죽어도 그 교를 버리지 못하겠느냐?"

"만약에 제가 살아서건 죽어서건 가장 높으신 아버지를 배반하게 된다면 제가 어디로 갈 수 있겠습니까."

"만약에 네 부모나 임금님이 너를 재촉한다면 그 말씀을 따르지 않겠느냐?"

이 질문에 둘은 아무런 대답도 하지 않았다.

"너는 부모도 모르고 임금도 모르는 놈이다."

"저는 부모님도, 임금님도 잘 알고 있습니다."

유교국가에서 신주를 불태운 것이 사실로 드러난 이상 무군무부無君無父라는 비난을 피할 수는 없었다. 나아가 윤지충은 어머니의 장례 때 조문을 거절하고 즐거워했다는 혐의에 대해서도 심문 받았다. 윤지충은 이에 대해서는 강하게 항변했다.

> 조문을 거절했다는 일로 말하면, 내 부모가 돌아가신 것을 위문해주었으니 감사하고 애통하면서 맞아 곡하기에도 겨를이 없거늘 어찌 차마 거절한단 말입니까. 만약 믿지 못한다면 조문한 손님이 있으니 알 수 있을 것입니다.
>
> 상여를 잡는 예와 4척의 높이로 무덤을 만드는 것은 풍속대로 하지 않은 것이 없습니다. 다만 5월에 모친상을 당했는데도 8월 그믐날에야 기한을 넘겨 장사를 지낸 것은 집안에 마침 전염병이 돌아 외부

사람들과 접촉할 수 없었기 때문입니다. 그래서 원근의 친구들은 비록 장례에 참석하지 못하였어도 동네의 평민들은 모두 와서 거들어 주었으니, 이것도 한 번만 물으면 알 수 있는 일입니다. 소문은 정말 황당무계한 것입니다.

『정조실록』(15년 11월 7일)

관찰사 정민시가 윤지충의 동네 사람들을 추문推問한 결과, 윤지충의 주장대로 회격灰隔(관과 광중壙中 사이에 회를 넣어 다지는 것)과 횡대橫帶(관을 묻은 뒤 광중의 위를 덮는 널조각)를 예법대로 했다는 사실이 밝혀졌다.

문제는 신주를 불태운 것이었다. 신주 소각 소문이 사실로 드러나자 조야는 들끓었다. 이 사건은 사대부들에게 큰 충격을 주었다. 신주 소각 소문이 사실로 밝혀진 이상, 정조도 채제공도 더 이상 온건론을 펼 수는 없었다. 정조는 형조판서 김상집金尙集과 참판 이시수李時秀를 불렀다. 둘은 모두 노론이었다.

전라감사의 조사에 따르면 윤지충과 권상연이 신주를 태워버린 사실을 자백했다 하니 어찌 이처럼 흉악하고 이치에 어긋나는 일이 있겠는가. 대저 경학으로 모범이 되는 선비가 없기 때문에 사람들이 점차 물들어 이처럼 오도되기에 이른 것이니, 세도世道를 위해서 근심과 한탄을 금할 수가 없다.

대개 이번 일이 대부분 좌상左相(채제공)이 아는 사람들 가운데에서 나왔기 때문에 외간에서는 혹 내가 좌상의 얼굴을 보아준다고 말하

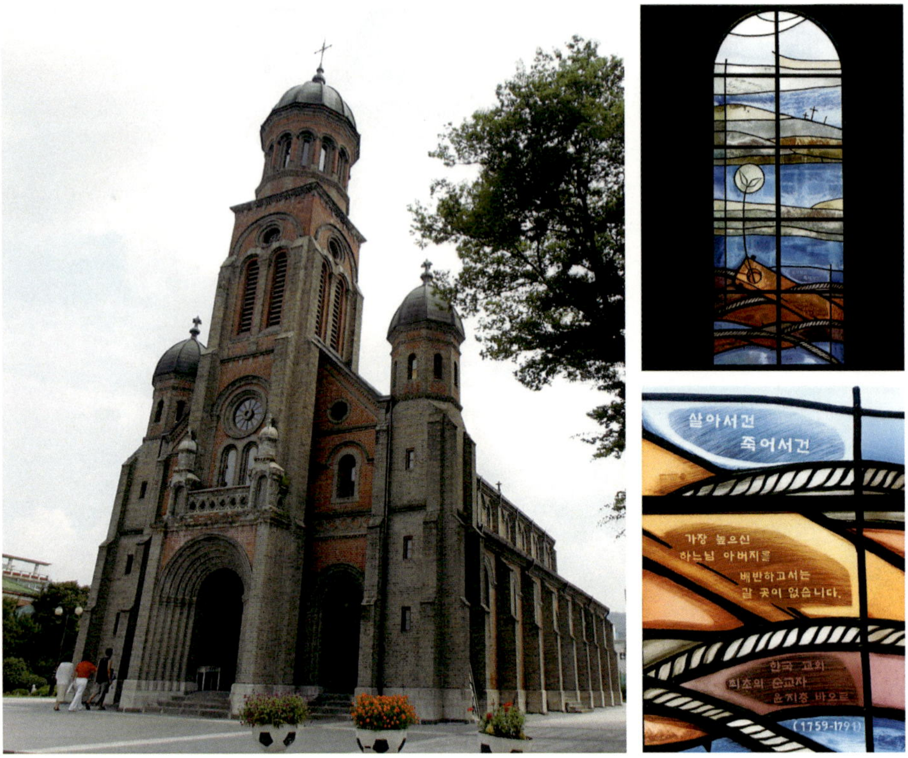

전주 전동성당 윤지충과 권상연의 순교터. 최초의 순교자 윤지충(바오로)의 고백이 새겨진 성당 안의 창이 무척 인상적이다.

> 는 듯도 하다마는, 이 일이야말로 위정벽사衛正闢邪에 관계되는 것인데, 내가 어찌 한 대신을 위해서 치죄를 소홀히 하겠느냐.
>
> 『정조실록』(15년 11월 7일)

정조는 다음 날인 11월 8일 '위정학衛正學(정학을 보위하라)'을 주창하면서 윤지충과 권상연을 사형에 처하라고 명령했다. 위정학을 천명한 것은 자신은 확고한 성리학자임을 내외에 보이기 위한 메시지였다. 정조가 천주교에 유화적인 것을 두고 이런저런 소문이 돌고 있었던 것이다. 윤지충과 권상연은 정조 15년(1791) 11월 13일 전주 풍남문 밖 형장에서 참수당했다. 천주교도라는 이유로 사형당한 최초의 인물들이었다. 진산군珍山郡은 5년 동안 현縣으로 강등되고 초기에 느슨하게 대응했던 진산 군수 신사원은 유배형에 처해졌다.

이기경,
적으로 돌아서다

전라도에서 진산사건을 조사하는 동안 조정에서는 천주교 서적의 간행 여부 때문에 시끄러웠다. 홍낙안이 조선에서 천주교 서적이 간행되었다고 주장했기 때문이다. 책자를 베끼는 것과 활자로 찍어 간행하는 것은 질적으로 달랐다. 책자를 간행했다면 나라 안에 천주교 조직이 존재한다는 뜻이었다.

정조 역시 이 부분을 무시할 수는 없었다. 홍낙안을 조사하라고 승정원에 명령한 것은 책자 간행 여부의 진위를 밝히기 위해서였다. 만일 홍낙안이 책자 간행 사실을 입증한다면 윤지충·권상연 사건의 여파는 크게 번질 것이었다. 홍낙안의 입에 온 조야의 시선이 집중되었다.

"서학서가 간행되었다는 증거가 있는가?"

"신이 무신년(정조 12년) 서학을 크게 배척한 후 서학을 하는 자들이 신을 원수처럼 질시하여 마치 다른 나라 사람처럼 서로 교류가 끊어졌으니 그들의 책자 간행 사실을 어찌 자세히 알겠습니까. 그러나 요즈음 서학이 다시 성해져서 활자로 간행됐다는 말이 역시 귀에 들어왔습니다."

증거는 없지만 소문은 들었다는 주장이었다. 소문의 출처를 묻자 홍낙안은 전 승지 이수하李秀夏를 끌어들였다.

"이수하가 호서에서 상경하여 신의 집에 머물렀을 때 서학에 말이 미치자, '우리 고향은 이런 근심이 더 심하다. 베낀 서학책들을 집집마다 감추어두었을 뿐만 아니라 간간이 활자로 인쇄한 책도 있다 한다. 내가 비록 인쇄한 책을 목격하지 못하여 전적으로 믿기는 어려우나, 매우 성행하는 것을 알 수가 있다. 그래서 나도 형세를 보아 상소를 올리려 한다'고 탄식하며 말했습니다."

홍낙안은 이승훈도 끌고 들어갔다.

"서적 간행은 오히려 여사餘事에 속합니다. 그 아버지의 사행使行에 따라가 수백 권의 사서邪書를 가져와 젊은 사람들을 그르친 자가 있으니, 바로 평택현감 이승훈이 그 사람입니다."

홍낙안은 이승훈을 공격하기 위해 이기경을 다시 끌어들였다.

"신의 친구인 전 지평 이기경이 직접 보고 돌아와 신에게 걱정을 하며 탄식을 했습니다. 지금 사학邪學이 이런 지경에까지 이른 것은 모두 승훈으로부터 말미암은 것입니다. 책의 간행 여부를 승훈이 절대 모를 리가 없습니다."

홍낙안의 진술에 대한 승정원의 보고를 듣고 정조는 화를 냈다.

홍낙안의 대답은 서적 간행에 관해서는 "목격하지는 못하였고, 전해준 이수하의 말과 단지 세상에 전하는 말만을 들었을 뿐이다."라고 말하였다. 그렇다면 그의 말은 과연 길거리에 전해지는 것을 주워 모아서 했다는 것인가.

승정원으로 하여금 그를 다시 불러다가 반복해 물어서 사실대로 조목조목 대답하게 하라. 그리고 이승훈도 모른 체 놔둘 수 없으니, 왕부王府(의금부)에서 신문한 뒤 실정을 아뢰는 공초를 받아서 아뢰게 하라.

『정조실록』(15년 11월 3일)

승정원에서 홍낙안을 다시 불러 묻자 이번에는 권일신을 끌어들였다.

"사학이 성행하고 있는 것은 책의 간행 여부나 베껴 쓴 것 때문이 아니라 교주教主가 있기 때문입니다. 양근楊根의 선비 권일신權日身이 바로 교주입니다."

그는 권일신의 장인 안정복을 증거로 댔다.

"일신은 바로 고故 동지同知 안정복安鼎福의 사위입니다. 안정복이 천주교를 비판하자 관계를 끊었는데, 안정복이 죽었을 때 일신의 아들 셋은 30리도 떨어지지 않은 곳에 살면서 장례에 가보지도 않았으니, 그 스스로 교주로 자처하는 것이 이보다 더할 수 없다 하겠습니다."

홍낙안이 이 사람 저 사람을 끌어들이자 정조는 화를 냈다.

"어찌 이처럼 쓸데없는 말을 주고받으면서, 갑의 말로 을을 잡아다 조사하고 을의 공초로 갑을 잡아다 따질 것이 있겠는가!"

그러나 이 사건은 이미 초미의 관심사가 되었기 때문에 이대로 덮을 수는 없었다. 정조는 홍낙안이 끌어댄 여러 사람들을 불러 물으라고 지시했다. 홍낙안이 가장 먼저 끌어들인 이수하가 불려왔다. 그러나 그의 답변은 홍낙안의 증언과 달랐다.

"저의 집은 호서湖西(충청도)에 있는데, 사대부가 서학을 한다는 소문은 못 들었고, 단지 염전의 일꾼과 농부들 중에 미혹된 사람이 많다는 말을 들었습니다. 서울에 올라간 뒤에 친지들과 말하는 가운데 단지 통탄스럽고 놀랍다는 뜻만을 말하였을 뿐, 책을 간행한 것에 대해서는 눈으로 보지 못했을 뿐만 아니라 말도 한 일이 없습니다. 무슨 이유로 신의 이름이 언급되는지 모르겠습니다."

이기경도 홍낙안의 바람대로 증언하지는 않았다.

"저와 이승훈·홍낙안은 함께 공부한 절친한 친구입니다. 승훈과 함께 성균관에 있을 때 서양서를 보았는데, 만약 책을 본 것이 죄가 된다면 저와 승훈은 별로 차이가 없습니다. 그런데 그 책은 간혹 좋은 곳도 있었지만, 이치에 어긋나고 윤리를 해치는 곳도 많이 있기에 힘을 다해 논척論斥하고 승훈에게도 많이 경계시켰습니다. 그 뒤 홍낙안과 이에 대해 얘기한 적은 있으나 이는 증거를 서준 것과는 다르고, 단지 붕우 사이의 절차탁마하는 의리에 불과했을 뿐입니다."

이기경의 이날 증언은 정약용의 인생에서 중요하게 작용한다. 이기경의 증언은 정약용을 일부러 빼놓은 것이었다.

또한 이승훈만 본 것이 아니라 자신도 함께 보았다는 증언이었다. 이때까지만 해도 이기경은 정약용은 물론 이승훈에게도 애정이 남아 있었던 것이다.

이기경의 증언 내용을 들은 정약용은 잘하면 사건을 여기에서 종결지을 수 있겠다고 판단했다. 이승훈이 이기경의 증언처럼 성균관에서 서학서를 보았으나 이제는 관계를 끊었다고 증언한다면 정조와 채제공이 적당한 선에서 매듭지을 것이라고 예상했다. 정약용은 이승훈의 동생 치훈致薰에게 일렀다.

"성균관에서 서학책을 본 것은 사실이니 형님께 사실대로 말씀드리라고 전하게. 임금을 속이는 것은 옳지 못하네."

치훈의 생각은 달랐다.

"밀고한 자가 이미 자수를 했으니, 옥사獄詞(옥사의 진술)가 비록 사실과 다르더라도 임금을 속이는 것은 아니네."

홍낙안의 밀고가 거짓으로 드러나고 있으니 성균관에서 서학서를 봤다고 자백할 필요가 없다는 것이었다.

"그렇지 않네. 홍낙안의 밀고가 비록 옳지는 않지만 옥사는 임금께 고하는 것이네. 지금 밝은 임금이 위에 계시고 어진 정승이 보좌해 정사하고 있으니, 사실대로 아뢰어 이때 곪은 종기를 터뜨리는 것이 좋지 않겠는가? 뒷날 후회한들 소용이 없을 것이네."

그러나 치훈은 정약용의 충고를 듣지 않았다. 이승훈도 마찬가지였다. 이승훈이 의금부에 출두한 11월 8일은 윤지충·권상연이 사형선고를 받은 날이었다. 자칫하면 상황이 어디로 흐를지 알 수 없었다. 그래서 이승훈은 동생의 건의대로 홍낙안의 진술을 반박했다.

홍낙안이 저를 모함한 것은 무릇 세 조목입니다. 하나는 책을 사왔다는 것이고, 하나는 책을 간행했다는 것이고, 하나는 성균관에서 회합했다는 것입니다.

『정조실록』(15년 11월 8일)

책을 사왔다는 첫 번째 혐의에 대해 자세하게 진술했다.

제가 부친을 따라 연경에 갔을 때 서양인의 집이 웅장하고 볼 것이 많다는 소문을 듣고, 여러 사신들을 따라 한차례 가보았습니다. 서로 인사를 하고 바로 자리를 파할 무렵에 서양인이 곧 『천주실의』 몇 질을 각 사람 앞에 내놓으면서 마치 차나 음식을 접대하듯 하였는데, 저는 애초에 펴보지도 않고 돌아오는 여장에다 넣었습니다. 그리고 말이 역상曆象에 미치자 서양인이 또 『기하원본幾何原本』 『수리정온數理精蘊』 등의 책과 시원경視遠鏡(망원경) · 지평표地平表 등의 물건을 여행 선물로 주었습니다.
귀국한 뒤에 뒤적여보았습니다만 점차 말들이 많아지자 을사년 봄에 저의 부친이 친족들을 모아놓고 그 책을 모두 태워버리고, 여러 의기儀器들도 역시 모두 부숴버렸습니다. 그리고 저도 드디어 이단을 통렬히 배척하는 글을 지었습니다.
그런데 지금 낙안은 이미 재가 된 수십 권의 책을 수백 권의 요서妖書라고 억지를 부리고, 구하지 않고 저절로 얻게 된 물건을 의도를 갖고 사온 일로 날조했고, 배척하는 글을 지어 서학을 물리친 사람을 교세를 넓혔다고 무함했으니, 그의 말이 오로지 화심禍心에서 나온 것임을 여기에서도 알 수가 있습니다. 그의 뜻은 제가 이미 태워 버린 책을 가지고 오늘날 이단이 나오게 된 근본으로 삼으려고 하는 것이 틀림없습니다.

『정조실록』(15년 11월 8일)

사온 것이 아니라 서양인들이 그냥 준 것이며 자신은 을사년(정조 9년)에 천주교를 배척하는 글을 지었는데도 교세를 넓혔다는 말로 모함했다는 것이었다. 이승훈은 서학서를 간행했다는 두 번째 혐의에 대해서도 강하게 부인했다.

저는 낙안의 문계問啓를 본 뒤에야 비로소 책을 간행했다는 말이 있다는 것을 알았는데, 이는 비단 아무 증거가 없을 일만이 아닙니다. 공연히 근거 없는 말을 만들어 억지로 남에게 씌우면서 그가 모를 리가 없다고 한다면 천하에 어찌 살아남을 사람이 있겠습니까. 그가 한 말을 그가 스스로 알 것입니다.

누가 서적을 간행했는지는 홍낙안이 알 것이라는 말이었다.

성균관에서 회합했다는 일에 대해 말씀드리겠습니다. 책을 태운 뒤로는 애당초 한 권의 책자도 없었는데 책을 끼고 갔다는 말은 정말 터무니없습니다. 홍낙안이 증인으로 내세운 사람이 바로 그 친구인 이기경이고 보면 이미 공평한 증인이라고도 할 수 없습니다. 기경의 생각이 음험하고 말이 허황된 것은 낙안보다도 열 배나 됩니다.

이승훈은 홍낙안과 이기경을 모두 비난했다.

그들이 제가 성균관에서 설법했다고 주장하는 것은 막중한 성묘聖廟(성균관)를 등대어 저의 죄를 더욱 무겁게 하려고 한 것입니다. 그러나 남의 이목을 가리기 어렵고 남의 비난을 막기가 어려운 곳으로 말하자면 성균관 같은 곳이 없는데, 어찌 가르치는 장소를 크게 열어 팔을 휘두르면서 설법한 일을 기경 한 사람 이외에는 누구 하나 본 사람이 없고 낙안 이외에는 누구 하나 말하는 사람이 없단 말입니까.

자신은 성균관에서 서양서를 보지도 않았고, 천주교에 관해 설법하지도 않았다는 주장이었다. 모든 혐의를 부인한 것이었다. 정조는 이승훈을 석방해 스스로 반성하도록 하라고 관대하게 처분했다.

의금부에 끌려온 권일신은 홍낙안의 주장을 반박했으나 천주교에 대해서는 옹호했다.

"홍낙안은 저의 8촌 족조族祖인 권부權孚의 외손입니다. 비록 얼굴을 보지는 못하였으나 안부는 서로 통하였는데, 교주라는 이름을 저에게 돌리다니 실로 무슨 까닭인지 모르겠습니다."

그는 장인 안정복의 장례 때 자식들이 문상 가지 않았다는 주장에 대해서도 변명했다.

"그런 말은 모두 시속의 부박한 자들이 만들어낸 것입니다. 제 자식이 외조부의 장례에 참여하지 않은 것은 마침 제가 중병에 걸려 사경에 처했기 때문입니다. 그러나 초상 때에는 두 아들이 모두 가서 호상護喪하였고, 또 장사 지낸 뒤에도 계속 왕래를 했으니 애초부터 서로 어긋난 일이 없었다는 것을 알 수 있을 것입니다."

그러나 권일신은 천주교에 대한 부인의 강도가 약했기 때문에 고문이 가해졌다. 재차 물을 때마다 매가 추가되었다. 그는 심한 매를 맞은 상태에서 한 다섯 번째 공술 때 비로소 천주교에 대한 본심을 털어놓았다.

"제가 만약 그것이 진정 사학이라고 생각한다면 어찌 그것이 요사스럽다고 말하기를 어려워하겠습니까. 그 책 가운데 '밝게 천주를 섬긴다'든가 '사람들에게 충효를 느끼게 한다'는 등 몇 구절의 좋은 말 외에는 다른 것은 실로 보지 못하였습니다. 그러니 어떻게 억지로 요서妖書라고 하겠습니까."

천주교가 충효를 느끼게 하는 좋은 학문이라는 주장이었다. 그에게는 계속 매가 추가되었다. 천주교가 사학이라는 것을 인정하지 않았기 때문이다. 그는 일곱 번째 공술에서야 비로소 사학이라고 증언했다.

"서학은 대체로 공맹孔孟의 학문과 달라 인륜에 어긋날뿐더러 나아가 제사를 폐지하고 사람의 마음을 빠뜨리게 하였으니, 이 점에 있어서는 사학邪學입니다."

'이 점에 있어서는 사학'이라는 답변은 의미심장한 진술이었다. 그 점을 제외하면 사학이 아니라는 뜻이기 때문이다. 그래서 의금부는 정조에게 이렇게 주청했다.

"그가 교주라는 칭호에 대해서는 극구 변명을 하면서도, 유독 야소耶蘇(예수)에 대해서는 끝내 사특하고 망령되다고 배척하는 말을 하지 않았습니다. 엄한 매를 치면서 묻는데도 전과 같은 말만 되풀이하니, 그가 그 학문에 빠져 미혹되었음을 알 수 있습니다. 교주와 서책에 관한 두 가지 혐의에 대해 그의 변명을 믿을 수가 없으니, 더욱 엄히 형문刑問해서 반드시 자백을 받아야 하겠습니다."

혹독하기로 소문난 의금부의 심문이었다. 더욱 엄히 형문한다면 장하杖下의 귀신이 될 것이 뻔했다. 정조는 이렇게 결정했다.

> 왕정王政에서 힘쓰는 바는 사람을 사람답게 만드는 것이 제일 크다. 그 집에 관원을 보내 잡서들을 가져와 형조의 뜨락에서 태워버리고, 그는 사형을 감해 제주목濟州牧에 위리 안치하라. 제주목사에게 명해서 초하루와 보름에 점고할 때 글이나 말로 반드시 사학을 비난하고 배척하게 하도록 하고 자주 감시하는 사람을 보내 그 행동거지를 살피게 하라.
>
> 만일 개전의 모습을 보이지 않거나 혹 다른 사람에게 전교하는 경우에는 목사가 직접 심문을 하고 결안結案을 받아 먼저 참斬한 뒤에 아뢰도록 하라.
>
> 『정조실록』(15년 11월 8일)

마치 목사에게 생사여탈권을 준 듯하지만 사실은 권일신을 살리기 위한 명령이었다. 이날은 바로 윤지충·권상연이 사형을 선고받은 날이었다. 부모의 신주를 불태운 천주교도에게 사형을 선고한 날에 천주교도임을 자백한 권일신을 사형에 처하지 않기는 어려웠다.

유배형 자체가 관대한 처분이었다. 정조의 호의로 제주목에 유배된 권일신은 이듬해 봄 세상을 떠나 순교자가 된다.

한편 이기경은 이승훈의 진술을 듣고 격분했다. 이기경은 상소를 올려 이승훈이 거짓말을 하고 있는데도 채제공이 이승훈을 일방적으로 두둔하고 있다고 비난했다. 이기경은 자신이 채제공과 나눈 대화를 공개했다. 먼저 이기경이 이렇게 말했다고 전했다.

> "『천주실의』는 초학자들이 입도入道하는 책입니다."
>
> 채제공은 웃으면서 답했다.
>
> "초학이든 말학末學이든 따질 것이 없다. 주자朱子도 노불老佛의 책을 보았다. 그대는 이승훈을 어디에서 보았는가?"
>
> "반촌泮村입니다."
>
> "그렇다면 어째서 승훈에게 말하지 않고 낙안에게 말했는가. 어쩌면 부끄럽지도 않은가?"
>
> "어찌 그에게 말하지 않았겠습니까. 또 더구나 똑같은 친구이니 어찌 꼭 홍낙안에게 말한 것이 부끄럽겠습니까."
>
> "어찌 부끄럽지 않겠는가. 그러나 이승훈이 천주교도라는 증거가 없네."

이기경은 채제공과의 이런 대화 내용을 공개하면서 이승훈이 베이징에서 영세領洗까지 받았다고 주장했다.(『정조실록』, 15년 11월 13일) 이기경은 이제 완전히 적으로 돌아선 것이다. '이기경이 홍낙안보다 열 배는 음험하다'는 이승훈의 진술은 이기경을 평생의 원수로 만들었다.

정조는 이기경의 상소에 분노했다. '영세를 받았다'느니 천주교도들이 '임금보다 천주가 더 크다'고 여긴다는 내용 등은 귀로 들었더라도 글로 옮겨서는 안 된다는 것이었다. 정조는 이기경을 함경도 경원으로 유배 보내면서 "사전赦典(사면하는 은전)에 끼이지 못하게 하라."고 덧붙였다.

이기경이 유배 가자 여타 남인들은 기뻐했다. 100여 년 가까이 정계에서 축출되었던 남인들이 정조를 만나 기지개를 켜려 할 때 같은 남인으로서 남인을 거듭 공격하는 것에 대해 분개해왔던 것이다.

그러나 정약용의 생각은 달랐다.

"그렇지 않다. 우리 당의 화가 여기에서 시작될 것이다."

정약용은 때때로 연지동의 이기경 집을 찾아가서 그의 어린 자식들을 만져주었다. 그리고 그 어머니의 소대상小大祥 제사 때에는 천 냥의 돈을 내어 도와주었다.

뿐만 아니었다. 정조 19년(1795) 봄에 대사면이 있었으나 이기경만은 석방되지 못하고 있었다. 이기경은 '사전赦典'에서 제외되었기 때문이다. 정약용은 이기경을 석방시켜야겠다고 생각했다. 그래서 승지 이익운李益運을 찾아가 말했다.

"이기경이 비록 마음은 불량하나 송사訟事에는 당해낼 사람이 없습니다. 일시적으로는 통쾌한 일이나 다른 때의 우환이 될 것입니다. 들어가 상감께 고하여 풀어주게 하는 것만 같지 못합니다."

이익운도 정약용의 생각에 동의했다. 그래서 이익운은 정조에게 이기경의 석방을 건의했고, 정조는 이를 들어주었다. 그러나 한 번 돌아간 이기경의 마음은 돌아오지 않았다. '우리 당의 화가 여기에서 시작될 것'이라는 정약용의 예언은 정확히 들어맞아갔다. 이기경은 이제 이승훈뿐만 아니라 정약용까지도 표적으로 삼았던 것이다.

書且收到平安信息　測進展、此
明在深矣此書氣光　華廣、也已是
漢窟諸澈雜　鄉之界煙寒日中之塔
自地淨嶺有有錄且總世界歲暮勝時之相
五盛年使埃矣但西首末遊經了懺之氣
與山有徐治勝附特惟華　獨妻之懷亦此之
君之品質是傳是類也對甚居康泰左焉
今之桐知貴桐也心有如理書鄉羅誠琴有
有理葉鋼此空寒話雜基郵寄月
未得海寂須以來矣此存唯緣之薪之
而其歲筆山端收錄日雅集上

제3장

사도세자! 사도세자!

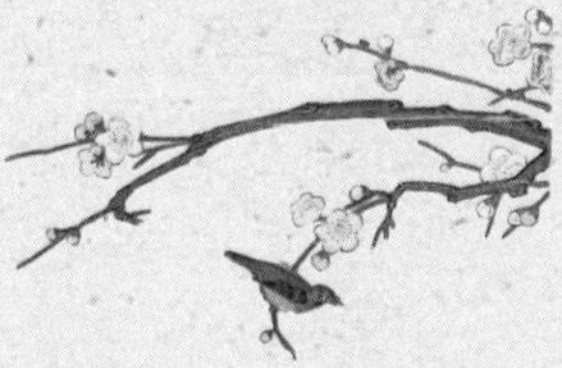

피 묻은 적삼이여 피 묻은 적삼이여

누가 영원토록 금등으로 간수하겠는가

천추에 나의 품으로 돌아오기를 바라고 바라노라

사도세자의 유산

정조 16년(1792) 3월 22일 정약용은 홍문관록弘文館錄에 올랐다. 홍문관에 들어가기 위한 1차 관문을 통과한 것이다. 28일에는 2차 후보자 선임과정인 도당회권都堂會圈에도 뽑혔다. 이제 홍문관 진입이 눈앞에 있었다. 홍문관은 학문을 인정받는 것과 동시에 고위직으로 가는 첩경이었다.

정약용의 홍문관 진입이 기정사실화하자 반대론이 일었다. 이진동을 피신시키고, 온궁의 사도제사 유적을 정비하게 한 정약용이 요직에 오를 경우 사도세자 문제가 재론될 수 있었기 때문이다. 경연에서까지 이 문제가 논의되자 정조는 연신筵臣(경연에 참석하는 신하)에게 말했다.

"옥당은 정씨 가문에서 대대로 물려온 곳이니, 정약용도 관록館錄(홍문관의 명단)에서 뺄 수는 없지 않느냐."

정조의 말대로 '팔대옥당'의 후손인 정약용이 홍문관에 들어갈 수 없는 객관적 하자는 없었다. 그래서 정약용은 드디어 홍문관 수찬(정6품)에 제수되었다. 그의 나이 31세 때였다.

이해에 정조는 남인을 본격적으로 등용하기로 마음먹고 채제공에게 은밀하게 물었다.

"남인 가운데 대통臺通을 서둘러야 할 사람이 몇이나 되는가?"

대통이란 대간臺諫으로 불리는 사헌부·사간원의 관원으로 천거되는 것을 뜻한다. 대간은 비록 지위는 높지 않을지라도 백관에 대한

창덕궁 주합루 정조가 규장각을 설치한 곳이다. 정조는 당쟁에 때묻지 않은 젊은 문신들을 양성하기 위해 규장각을 세우고 가족처럼 우대했다.

탄핵권이 있기 때문에 그 권한이 막강했다. 대간의 탄핵을 받으면 혐의가 사실이든 아니든 일단 사직하는 것이 관례였기에 대간 장악은 대단히 중요했다. 정조는 이가환과 이익운, 정약용에게도 같은 내용을 물어보았다. 그만큼 남인을 대간에 포진시키고 싶어 했다.

채제공과 이가환·이익운은 모두 권심언權心彦을 추천했다. 지난 100년 동안 대간에 진출하지 못했던 남인으로서는 이번 기회에 권심언 한 명이라도 진출시키고 싶었던 것이다.

그러나 정약용은 달랐다. 그는 특정인을 추천하는 대신 28명의 명단을 정리해 올렸다. 28명의 가문과 급제한 과거명, 그리고 학문과 정사의 우열을 상세히 기록해 정조에게 올린 것이다.

"이 28명은 어느 누구 시급하지 않은 자가 없습니다. 그러나 누가 먼저이고 누가 나중인지는 오직 성상께서 생각하시기에 달린 것으로 신이 감히 관여할 바가 못 됩니다."

정조는 정약용의 보고에 만족했다. 그가 알고 싶은 것도 조직적인 인명 정보였다. 이는 매년 6월과 12월의 대정大政(정기 관원심사), 또는 도목정사都目政事(이조·병조의 인사행정)에서 긴요하게 사용될 수 있었다. 정조는 이해의 대정 때 정약용이 제출한 28명 중 무려 8명을 발탁했다. 나머지도 몇 년 사이에 대부분 발탁했다. 한 개인에게 주목하기보다는 판 자체를 바라본 정약용의 보고서가 발휘한 위력이었다.

이 또한 노론 벽파를 긴장시켰다. 정약용을 막지 않으면 자칫 남인들이 대거 등용될 수 있었다. 정조는 분명 남인을 우당友黨으로 생각하고 있었다. 정조 16년(1792) 3월 도산서원陶山書院에서 치러진 별시別試가 그 증거였다. 이황李滉과 유성룡 등 남인의 정신적 지주들을 모시는 도산서원에서 치러지는 별시는 그 장소만으로도 의미심장했다. 영조 4년(1728)의 무신란(이인좌의 난) 이후 과거응시가 금지되었던 영남 사대부들의 신원을 공식 선언하는 별시였기 때문이다.

별시는 모든 영남인들의 잔치였다. 별시장別試場에 입장한 유생이 7,200여 명을 넘었고, 시권試券(답안지)이 5천여 장이었으며, 구경꾼까지 합쳐 1만여 명이 훨씬 넘는 대인파가 모여들어 '영남에 사대부가 만인'이라는 말을 만들었다. 정조와 채제공이 도산서원에서 별시를 실시한 것은 바로 이런 효과를 노린 것이었다. 정조는 그날 이만수가 가져온 시권을 직접 채점해 강세백姜世白과 김희락金熙洛을 합격시키고 이날의 일을 책으로 만들어 배포하라고 명했다.

남인들은 크게 고무되었다.

나흘 후인 사월 초파일 연등절[放燈日]에 정조는 내원內苑에서 짝을 지어 활을 쏘면서 야간 통금을 풀어 백성들이 야간 연등을 즐기도록 했다. 유교국가 조선에서 사월 초파일에 야간 통금을 푼 것도 이례적인 일이었다. 정조는 소외된 영남 남인들을 껴안고 백성들의 불심도 존중하는 개방적인 방향으로 나라를 이끌어가려고 했다.

정조의 이런 행보에 노론 벽파는 위기를 느꼈다. 4월 18일 전 사간원 정언 유성한柳星漢의 상소는 이런 위기의식 속에서 나온 것이었다. "학문 공부가 진취하지 않으면 반드시 퇴보하는 것은 제왕과 신하가 다를 것이 없습니다."로 시작되는 유성한의 상소문은 첫 구절이 시사하는 바와 같이 정조가 공부를 게을리 한다고 비판하는 내용이었다.

도산서원 시사단 정조는 이황과 유성룡 등 남인의 정신적 지주를 모시는 도산서원에서 별시를 치러 영조 때의 이인좌 난 이래 과거응시가 금지되었던 영남 남인들을 복권시켰다.

신이 또 삼가 항간에 전하는 말을 듣건대 '광대[倡優]가 대가大駕 앞에 외람되게 접근하고 여악女樂(여악사)이 난잡하게 금원禁苑(후원)에 들어간다' 하니, 이는 비록 사소한 절목이지만 또한 성상의 큰 덕에 누가 될 염려가 없지 않으니, 이런 것들도 또한 등한시할 수 없습니다.

『정조실록』(16년 4월 18일)

정조가 학문은 등한시하면서 여악들과 금원에서 즐긴다는 비판이었다. 게다가 여악이 '금원에 들어갔다'고 주장한 날이 사월 초파일이었다. 이는 정조가 정도正道(성리학)를 버리고 사도邪道(불교)에 기운다고 비판하기 위한 것이었다. 그러나 연등절에 여악을 부른 것은 정조가 아니라 삼영三營의 장수들이었다. 또한 그 장소도 금원이 아니라 궁중 건너편의 방마원放馬苑이었으며 사녀士女들도 구경할 만큼 공개적인 행사였다. 사실이 아닌 일로 국왕을 공격하는데도 다른 대간은 침묵하고 있었다. 대간을 장악하고 있는 것은 노론 벽파였기 때문이다.

유성한에 대한 첫 비판은 상소 열흘 후에야 나왔다. 4월 27일 사헌부 장령 유숙이 "신이 목전의 일에 대하여 놀랍고 통분함을 견디지 못하는 것이 있습니다."라면서 '전 정언 유성한의 상소는 겉으로는 임금의 잘못을 바로잡는다는 명목을 내걸었지만 속으로는 현혹시키는 계책을 이루려는 것'이라며 유성한의 삭탈관직을 요청한 것이다.

한번 상소가 나오자 다른 대간들도 나서지 않을 수 없었다. 이런 상황에서 '윤구종尹九宗 불경사건'이 발생했다. 윤구종은 유성한의 뒤를 이어 사간원 정언이 된 인물이었는데, 그가 혜릉惠陵의 홍살문을 지나면서 견여肩輿(어깨에 메는 가마)에서 내리지도 않고 "이 능에서도 또한 말에서 내려야 하는가."라고 말했던 것이다. 혜릉은 경종비 단의왕후 심씨沈氏의 능이었다. 경종은 노론에 의해 독살당했다던 소문이 무성한 임금이었다. 이 때문에 경종의 억울한 죽음을 복수한다면서 이인좌가 봉기했던 것이다. 그런데 윤구종은 심지어 "노론은 경종에게 신하의 의리가 없다."라고 말하며 하마下馬를 거부했다는 것이었다.

정조의 친국 때 윤구종은 당론黨論을 위한 마음에서 나온 행위라고 자백했다. 노론은 경종을 임금으로 여기지 않았다는 자백이기도 했다. 그리고 그 연장선상에서 소론에 기운 사도세자를 살해했던 것이다. 왕조국가에서 임금을 자의적으로 임금으로 여기지 않는 것은 그 자체로 역당逆黨이었다. 또한 경종 독살설이 사실이란 반증이기도 했다. 노론이 비록 집권당이지만 남인들은 더 이상 침묵할 수 없었다. 좌의정 채제공이 경종과 사도세자를 직접 거론하며 윤구종과 유성한을 공격하고 나섰다.

> 금일 조정 신하들은 어쩌면 그리도 의리에 어둡습니까. 대저 경묘景廟(경종)는 4년간 왕위에 올랐던 임금이고, 선세자先世子(사도세자)는 14년간 정사를 보던 왕세자였습니다. …… 불행하게도 사대부들 사이에 문호門戶가 갈라지자 국가보다 자신을 이롭게 하고, 당파 비호를 임금 높이는 것보다 중히 여기게 되었습니다. 그래서 경종에 있어서는 윤구종과 같은 극악한 역적이 감히 신하 노릇을 하지 않겠다

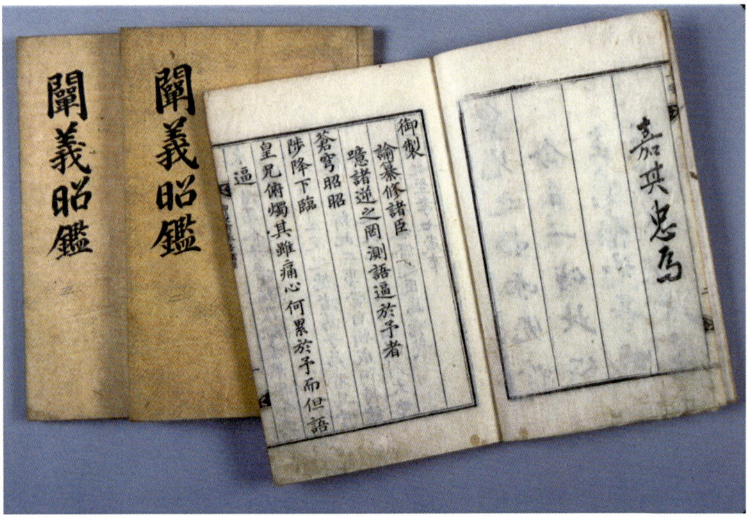

『천의소감』 경종 때 노론이 취했던 정치행위의 정당성을 천명한 책이다. 영조는 경종 시대 자신과 노론의 정치행위를 정당화하기 위해 노력함으로써 소론의 반발을 받았다. 경종 시대 노론과 소론 간의 당쟁 및 영조의 정책을 연구하는 데 좋은 참고자료가 된다.

는 말을 멋대로 하였고, 선세자에 있어서는 유성한과 같은 흉악한 역적이 목이 메는 것으로 인하여 식사를 폐지할 수밖에 없다는 등의 말로 은근히 위를 핍박하였습니다. 아, 마음은 하나뿐입니다. 경종에게 신하 노릇을 하지 않는 자가 어찌 선대왕先大王(영조)에게 충성할 리가 있겠으며, 선세자를 무함하는 자가 어찌 우리 전하를 사랑하고 받들 리가 있겠습니까. 구종과 성한이 역적질한 조건은 비록 다르지만 그 마음은 한 꿰미에 꿰어놓은 것 같으니, 국가가 역적을 다스리는 법에 있어서 하나는 엄하게 하고 하나는 느슨하게 할 수 없는 것이 명백합니다.

『정조실록』(16년 윤4월 17일)

유성한의 상소가 사도세자 문제까지 연결되는 것은 맥락이 있었다. 유성한은 상소에서 '목이 메어 밥을 먹지 않는다[因噎而廢食]'라고 말했는데, 임금의 식사를 뜻하는 수라水剌 대신 밥[食]이라고 쓴 자체가 군부君父에게 쓸 수 있는 용어는 아니었다. 게다가 정조가 사도세자를 애도하는 것을 비판하려는 속내에서 이런 표현을 쓴 것이었다. 유성한의 상소와 윤구종의 하마 거부 사건은 영남 남인들의 분노에 불을 붙였다. 이에 분개한 영남 남인들은 그해 윤4월 27일 무려 1만 57인이 연명한 「영남 만인소」를 작성해 올렸다.

> 아, 신들이 한 폭의 의리를 마음속에 간직하고 있는 지 이미 30여 년이 되었는데 사람을 대할 때 감히 입을 열지 못하고 가슴을 치면서 다만 죽고 싶을 뿐이었습니다. 매번 『시경』을 읽을 때마다 '한없이 멀고 푸른 하늘아 이렇게 만든 사람 누구던가'라는 구절에 이르러서는 책을 덮고 탄식하지 않은 적이 없었습니다.
>
> 『정조실록』(16년 윤4월 27일)

이렇게 시작되는 「영남 만인소」가 커다란 충격을 준 것은 30여 년 동안 시대의 금기였던 사도세자 문제를 정면에서 거론했기 때문이었다.

> 신들이 산을 넘고 물을 건너 천릿길을 와서 서로 거느리고 울부짖으며 호소하는 것은, 다만 하나의 성한星漢 때문이 아니고 실은 성한의 소굴과 근거가 염려되기 때문이며, 단지 소굴과 근거가 염려되기 때

문만이 아니고 선세자의 무함이 지금까지 해명되지 않음이 통한스럽기 때문입니다.…… 신들도 이 말이 한번 나오면 성한의 무리들이 역적으로 몰아댈 것을 잘 알고 있습니다. 그러나 충신이 되는지 역적이 되는지는 전하께서 반드시 통찰할 것이고, 후세에 '동호董狐(춘추시대 진晉나라의 직필로 유명한 사관史官)의 붓'을 잡은 자도 또한 반드시 판단하는 것이 있을 것이니, 신들이 또 무엇을 두려워하겠습니까.

『정조실록』(16년 윤4월 27일)

「영남 만인소」는 노론에 대한 전면적인 선전포고여서 노론은 이 상소가 정조에게 전달되지 못하도록 갖은 방해를 했다. 그러나 상소는 우여곡절 끝에 정조에게 들어갔고, 정조는 파격적으로 소두疏頭(상소문의 대표자) 이우 등을 직접 불러 면담하고는 자신의 조치를 설명했다.

자신은 즉위 후 떠들썩하게 처리하지는 않았어도 사도세자를 죽음으로 몬 자들과 자신의 즉위를 방해한 자들은 처벌했다는 것이었다. 김상로金尙魯와 영조의 후궁 문녀文女 등을 처벌했으며, 혜경궁 홍씨의 숙부 홍인한도 왕실의 친척이지만 처벌했다는 내용이었다. 정조는 자신이 얼마나 극도의 인내 속에서 이들을 처벌했는지 구선복을 예로 들어 설명했다.

역적 구선복으로 말하면, 홍인한보다 더 심하여 손으로 찢어 죽이고 입으로 그 살점을 씹어 먹는다는 것도 오히려 가벼운 말에 속한다. 매번 경연에 오를 적마다 심장과 뼈가 모두 떨리니, 어찌 차마 하루라도 그 얼굴을 대하고 싶었겠는가마는, 그가 병권을 손수 쥐고 있고 그 무리들이 많아서 갑자기 처치할 수 없었으므로 다년간 괴로움을 참고 있다가 끝내 사단으로 인하여 법을 적용하였다.

『정조실록』(16년 윤4월 27일)

구선복은 영조 때는 물론 정조 때도 형조·공조판서를 역임했고, 훈련대장 등으로 군권을 장악하고 있던 인물이었다. 구선복은 군권을 가지고 노론을 지탱하는 숙장宿將이었다. 정조 10년(1786) 노론이 사실상 임금으로 여기는 대비 정순왕후가 정조의 동생인 은언군 이인李裀을 역적으로 몰면서 공격한 적이 있었다. 정순왕후가 정조의 하나뿐인 이복동생을 죽여야 한다면서 정조를 압박하자 노론이 일제히 가세하면서 커다란 정국 현안이 되었다. 그런데 이때 엉뚱하게도 사건의 불똥이 구선복에게 튀면서 구선복이 사형당하고 노론의 군부세력이 상당 부분 몰락했던 것이다. 그런데 구선복은 사도세자 사건에 직접 관련되었던 인물이었다. 구선복도 국문에서 "저는 모년某年 이후 용납 받지 못할 죄를 지었다는 것을 스스로 알고 항상 의구심과 원망하는 마음을 가지고 있었습니다."라고 말했는데 '모년'은 사도세자가 죽은 임오년(영조 38년)을 뜻했다. 그 자신이 사도세자 살해에 가담했다는 자백이기도 했다. 그럼에도 불구하고 정조는 구선복을 계속 등용하면서 때를 기다리다가 재위 10년에야 제거할 수 있었던 것이다. 정순왕후가 정조를 압박하기 위해서 은언군 이인을 공격하고 나선 것이 거꾸로 노론의 군권을 몰락시키는 결과를 가져왔으니 그야말로 하늘의 조화였다. 재위 16년 5월 정조는 이렇게 말했다.

"역적 구선복의 일은 그의 극도로 흉악함을 어찌 하루라도 용서할 수 있겠는가마는 역시 그 스스로 천주天誅를 범하기를 기다린 연후에 죽였던 것이다."

자신은 때를 기다린다는 뜻이었다. 그전에 반성하면 용서한다는 뜻도 내포되어 있었다.

정조의 유시를 들은 유생들은 사도세자를 죽음으로 몬 자들을 처벌할 것을 다시 한 번 주청했다. 그러나 유생들은 물론 정조에게도 아직 노론을 상대할 힘은 없었다. 대신 정조는 유생들이 상소를 올리는 것을 방해한 대궐의 수문장과 해당 승지를 파직시키고 소두 이우를 의릉懿陵 참봉으로 삼았다. 의릉은 바로 노론에 의해 독살당했다고 소문난 경종과 그 계비 선의왕후 어씨의 능이란 점에서 이 조치의 상징성은 컸다.

「영남 만인소」 파문은 이렇게 일단락되었으나 이로써 끝이 아니었다. 같은 해 5월 사직司直 서유린徐有隣이 상소를 올려 사도세자를 모해한 자들의 처벌을 요구하고 나섰던 것이다.

영남嶺南의 1만여 명의 사람들이 충분忠憤을 품고 서로 이끌고 와 대궐 문을 두드리며 진달進達한 것은 바로 군신 상하가 강명講明해야 할 큰 의리인 것입니다. 영남이 이와 같으니, 한 나라를 알 수가 있습니다. 한 나라가 함께 분개하여 함께 성토하는 것을 전하께서 따르지 않을 수 있겠습니까.

『정조실록』(16년 5월 5일)

서유린은 영조 승하 당시 도승지로서 정조가 보위를 이양받는 데 큰 공을 세운 인물이었다. 이틀 후 영남 남인들은 1만 368인이 연명한 2차 만인소를 올려 사도세자 사건의 전면 재수사를 요구했다. 그러나 정조는 "그대들의 이른바 반포하라는 청을 내가 따를 수 없는 것은 비단 감히 하지 못할 뿐만 아니라 차마 하지 못하는 것이다."라며 거부했다. 사도세자 사건의 전면 재수사는 집권 노론과 전면전을 뜻하는 것이었다. 또한 사도세자 사건을 거론하지 말라는 영조의 유훈을 어기는 것이기도 했다. 그래서 이는 자칫 선왕의 유훈을 빙자한 노론의 쿠데타 명분이 될 수 있었다.

그래서 정조는 이 사건에 대해 상소금지령을 내렸다. 그러나 정조의 상소금지령에도 불구하고 5월 12일 외방 유생儒生 박하원朴夏源 등이 사도세자를 모해한 자들과 유성한의 극형을 청했다. 국왕의 상소금지령을 어기는 것은 중죄였으나 정조는 박하원을 처벌할 수 없었다. 대신 정조는 그다음 날부터 업무를 보지 않는 것으로 이에 대응했다.

정조의 선택

정조의 업무 거부가 계속되자 조정은 긴장했다. 사도세자 사건이 거론된 끝에 업무를 거부하는 것이니 긴장하는 것이 당연했다. 극도의 긴장 속에서 정조가 어떤 선택을 내릴지 주시했다. 이런 긴장을 깨고 정조가 중희당으로 시·원임대신과 각신·약원제조藥院提調·비국당상備局堂上을 부른 것은 업무 거부 열흘 만인 5월 22일이었다.

"내가 경들에게 유시할 것이 있으니, 도제조는 분명히 들으라."

정조는 열흘 만에 입을 열었다. 훗날 '5월 22일의 하교'라고 불리는 이날의 발언은 이후 정국에 큰 영향을 끼친다.

경들도 생각해보라. 내가 등극한 이후에 모년某年(임오년)의 의리에 대해 감히 한 번도 분명한 말로 유시하지 못했고, 그들을 주륙誅戮한 것도 다른 일을 가지고 했으며, 그들을 성토한 것도 다른 조항을 가지고 했다. 화가 났지만 감히 말을 하지 않았고, 말을 하고자 했지만 감히 자세히 하지 않았는데, 이것이 과연 참으로 원수를 숨기고 원한을 잊어서 밝혀야 할 의리를 밝히지 못하고 시행해야 할 징토를 시행하지 않으려고 그런 것인가.

『정조실록』(16년 5월 22일)

정조는 사도세자를 직접 거론하며 처벌하지 못한 이유를 선대왕先大王(영조)의 유훈에서 찾았다. 영조는 사도세자가 죽은 2년 후 세손世孫(정조)을 이미 죽은 효장세자의 후사로 입적시켰다. 사도세자와 절연시킴으로써 세손을 보호하려 한 것이다. 이로써 세손은 법적으로는 효장세자의 아들이 되었으나 그렇다고 사도세자의 혈연까지 지워지는 것은 아니었다.

죽을 날이 가까워진 영조에게 이 사실이 걸린 것은 당연했다. 이는 노론도 마찬가지였다. 그래서 노론은 세손의 제거를 요청했으나 영조는 이를 거부했다. 이 무렵 영조는 사도세자를 죽인 것을 후회했던 것이다. 영조는 죽기 한 달 전에 세손과 대신들에게 사도세자 사건에 대해 유언했다.

"차마 들을 수 없고, 차마 제기하지 못하며, 차마 보지 못하고, 차마 말할 수 없다."

사도세자 사건에 대해서는 보지도, 듣지도, 말하지도 말라는 3불 유훈을 내린 셈이었다. 이와 함께 영조는 앞으로 사도세자 사건을 언급하는 자는 역률로 처단해야 한다고 말했다. 또한 영조는 '나의 통석慟惜한 마음'이란 표현으로 사도세자를 죽인 데 대한 후회의 감정을 표현했다.

영조는 자신이 죽는 순간 사도세자 문제가 다시 살아나리라는 사실을 알고 있었다. 영조가 죽기 직전 세손에게 남긴 유언은 이를 잘 말해준다.

> 임오년의 일은 의리상 충분히 옳은 것 같더라도 이는 곧 나를 모함하는 것으로서, 단지 나에게만 충성스럽지 못한 것이 아니라 너에게도 충성스럽지 못한 것이다. 앞날에 이 일을 범하는 자는 빈전殯殿(시신을 모셔둔 곳) 뜰에서라도 반드시 준엄하게 국문해야 하고, 비록 성복成服(초상 때 상복을 처음 입는 것) 이전이라 하더라도 왕법으로 처단해야 한다.
>
> 『정조실록』(즉위년 4월 1일)

아니나 다를까, 영조가 사망하자마자 정조에게 선세자의 복수를 주장하고 나선 사건이 발생했다. 정조는 이들을 국문해 이덕사李德師·조재한趙載翰 등의 사대부를 사형시키고 환관 이흥록李興祿을 장사杖死(곤장 맞다 죽음)시켰다. 또한 환관 김수현金壽賢을 노비로 강등해 제주도로 유배 보냈다. 임오년 사건을 거론하지 말라는 선대왕의 유훈을 어겼다는 죄목이었다. 정조가 이들을 제거한 것은 성급한 조치였다. 이 사건은 정조가 홍인한의 격렬한 방해를 뚫고 겨우 즉위에 성공한 정조가 차분하게 정국을 바라볼 마음의 여유가 없던 상태에서 벌어진 일로서 정조의 실수였다.

이후 노론에서는 사도세자 사건을 거론하는 자를 이덕사·조재한의 이름을 따서 '사한師翰'이라고 부르며 역적으로 몰았다. 이때 환관 김수현의 공초에서 채제공의 이름이 나왔으나 정조가 불문에 붙였는데, 이는 나중에 채제공이 사도세자 문제를 거론할 때 단골 공격 재료가 된다.

열흘 만에 나타난 정조는 자신의 모순된 운명을 격하게 토로했다.

> 더구나 성교聖教 가운데 있는 '통석'이란 두 글자는 바로 (영조가) 후회하신 성의聖意여서 내가 받들어 가슴에 새겨 장차 죽어도 눈을 감을 수 있는 단서로 삼고 있다. 그러나 억제할 수 없는 것은 지극한 통분이며 막을 수 없는 것은 지극한 정情이다. 큰 윤리가 있는 곳에 피맺힌 원수가 저기에 있어서 이에 앞뒤의 사실들을 참작하면서 경經에서 권도權道를 찾았다.
>
> 『정조실록』(16년 5월 22일)

할아버지의 유훈을 받들자니 아버지의 원혼이 울고, 아버지의 원수를 갚자니 할아버지의 뜻을 어기는 불효손이 되는 모순된 상황에서 정조가 찾은 해법은 경에서 권도를 찾는 것이었다. 즉 할아버지의 명을 거역하지 않고 아버지의 원수를 갚는 방법이 그것이었다.

나의 집정執政은 밖으로는 형적을 드러내지 않으면서 안으로는 의리를 스스로 펴고, 밖으로는 원수를 잊었다는 비난을 감수하면서 안으로는 묵묵히 정토하는 방법을 생각하는 데 있으니, 위로는 성은을 등지지 않고 아래로는 나의 이마에 진땀을 내지 않고도 결말에 가서는 차례로 설욕雪辱을 하고 말게 될 것이다.

『정조실록』(16년 5월 22일)

정조는 사도세자를 직접 거론하지 않고 사건 당사자들을 다른 명목으로 처벌함으로써 아버지의 원수도 갚고 할아버지의 유명도 거역하지 않는 권도를 택했다는 것이다.

채제공은 정조의 격한 하교를 듣고 동감을 표시했다.

근일 이래로 의리가 분명해져 우리나라의 신민이 30년 동안 감히 말하지 못하고 차마 말하지 못하여 비록 집에서 처자에게도 입을 열지 못하던 일(사도세자 사건)을 지금은 장주章奏(신하가 임금에게 올리던 글)에서 언급하고 부인과 아이들까지 말하게 되었으니, 의리의 밝음이 어찌 이보다 더 하겠습니까. 그러나 한 사람이라도 협잡하려는 사의私意을 품고 원한을 풀려는 계책을 한다면 참으로 난신亂臣입니다.

> 오늘날 의리를 천명 발휘해야 할 방도는 조금 전 내리신 구전 하교가 그것이라고 여겨집니다. 신이 바란 것이 바로 이 하교를 얻기 위해서였으며 영남 유생이 청한 바 역시 이것입니다. 이밖에는 별다른 방도가 없을 것 같습니다.
>
> 『정조실록』(16년 5월 22일)

그간 노론의 위세 때문에 처자에게도 말하지 못하던 사도세자 사건이 이제는 공공연히 말하게 된 것 자체가 소득이라는 뜻이었다. 채제공은 이날 영중추부사 이복원과 함께 연명상소를 올려 정조의 처사에 거듭 지지를 표했다.

> 30년 동안 차마 말하지 못하고 차마 듣지 못했던 정미한 의리와 뜻이 근일 이래로 마치 일월처럼 밝아지고 부월斧鉞(도끼)처럼 내걸렸으니 동국東國의 대소 신민으로 사람의 마음과 신하의 분수가 있는 자라면 눈물을 흘리면서 손을 모아 받들고 장엄히 외지 않은 자가 없습니다.
>
> 『정조실록』(16년 5월 22일)

연명상소에는 앞으로 이를 어기고 '불령한 무리'가 '사의私意를 품고서' 사도세자 문제를 다시 거론하면 '그 죄가 죽임을 당하는 것을 면치 못할 것'이라고 말했다.

정조는 채제공과 이복원의 연명상소에 크게 만족했다. 그래서 정조는 연명상소를 '특례로 등사해 조지朝紙에 반포'하게 했다. 나라 안의 모든 벼슬아치들과 사대부들에게 알리라는 뜻이었다.

이로써 이 문제는 정리되는 듯했다. 그러나 채제공은 사도세자 문제가 이렇게 끝날 수 없다고 생각했다. 아니 이렇게 끝나서는 안 된다고 생각했다. 이듬해(정조 17년) 연명상소의 당사자인 채제공이 사도세자 사건 연루자의 처벌 문제를 다시 거론하고 나서면서 조정에는 다시 큰 풍파가 인다.

사도세자 문제로 조정이 시끄러웠던 정조 16년 4월과 5월 정약용은 이 사태를 구경만 해야 했다. 부친 정재원의 급서 때문이다. 이 무렵 정약용은 자주 대궐에서 숙직했는데, 부친이 위독하다는 급보를 들은 곳도 대궐이었다. 당시 정재원은 진주목사로 재직 중이어서 약현·약전·약종 등 형제들은 진주로 내달렸다. 그러나 정씨 형제들은 진주에 채 도착하기도 전에 운봉현雲峰縣에서 부친의 사망 소식을 들었다. 정조 16년(1792) 4월 9일의 일이었다.

정재원의 묘소 첫 부인 의령 남씨와 정약용 형제의 생모인 해남 윤씨가 배위되어 있다.

정씨 형제들은 선영이 있는 충주 하담으로 영구靈柩를 모셔 장사 지냈다. 형제들은 광주 마재로 돌아가 여막廬幕을 짓고 거처했다. 3년간의 여막살이에 들어간 것이다.

사도세자의 도읍, 화성

정조 16년(1792) 겨울 여막에 있는 정약용에게 정조는 사람을 보냈다.

"화성을 쌓는 규제를 만들어 바치라는 명이오."

여막살이 동안은 출사할 수 없었다. 그래서 정조는 여막살이 하는 동안 할 수 있는 일거리를 준 것이다. 3년간 곡만 하기에는 정약용의 재능이 아깝다고 생각한 것이다.

정조는 정약용이 사도세자가 비명에 간 임오년에 태어난 사실을 기억하고 있었다. 그리고 과거에 급제하던 해 사도세자에게 가는 주교舟橋(배다리)를 만든 사실도 기억하고 있었으며, 해미로 귀양 갔다가 온궁에 들러 사도세자의 유적을 정비한 사실도 기억하고 있었다. 사도세자와 정약용은 운명처럼 맺어진 사이였다.

정약용은 화성의 규제를 작성해 바치라는 정조의 뜻을 알아차렸다. 화성을 본격적으로 사도세자의 도읍으로 만들려는 뜻이었다. 정조가 화성을 사도세자의 도읍으로 만들려는 첫 작업을 했을 때가 정약용이 대과에 급제한 1789년(정조 13) 10월 4일이었다. 양주 배봉산에 있던 사도세자의 묘를 화산으로 이장했다. 이날 배봉산에 있던 사도세자의 영구를 파내니 광중壙中에 물이 한 자 남짓이나 고여 있었다.

부친의 시신이 물속에서 신음하는 것을 본 정조가 오열하지 않을 수 없었다. 이날 사도세자의 영구는 새로운 안식처인 화성으로 향했다. 임금을 나타내는 황룡기를 비롯해 사방을 표시하는 청룡·백호·주작·현무玄武 등의 수많은 깃발들이 펄럭이는 가운데 영여靈輿가 과천에 도착하자 많은 백성들이 몰려들었다. 29년 전인 영조 36년(1760) 7월, 온궁으로 가던 사도세자 행차 때 몰려들었던 그 백성들이었다. 정조는 29년 전 사도세자가 온궁으로 행차할 때 구경했던 사람들을 찾아내 쌀을 지급하라고 명했다. 영여는 10월 6일 수원부

화성의 융릉 정조의 능으로 사도세자의 능인 건릉 옆에 있다. 사도세자 곁에 묻히고 싶어 하던 정조의 효심이 잘 드러나는 능이다.

의 신읍에 들렀다가 영원한 안식처인 화산에 도착했다.

정조는 보여步輿를 타고 산등성이를 한바퀴 빙 돈 다음 하교하였다.

"이 산의 이름이 화산花山이니 꽃나무를 많이 심는 것이 좋겠다."

이후 화산은 말 그대로 꽃산이 되었다. 사시사철 꽃과 송림이 화산을 수놓았다. 정조는 이곳을 현륭원이라 이름 짓고 틈만 나면 찾았다. 그리고 바로 그 이듬해 6월 18일 정조는 수빈 박씨綏嬪朴氏로부터 고대하던 왕자를 낳았다. 55년 전 사도세자가 태어났던 창경궁 집복헌集福軒 바로 그 자리였는데, 공교롭게도 이날은 사도세자의 부인 혜경궁 홍씨의 생일이었다. 6월 24일 정조는 왕자 탄생을 축하하는 대사면 윤음에서 "하늘의 두터운 은혜와 조종祖宗의 말없는 도움을 받아 왕자가 탄생하였다."라고 말했다. 정조가 강조하고 싶었던 '말없는 조종'은 부친 사도세자였다. 광중에 물이 고여 있던 악지惡地의 묘소를 천하의 길지吉地로 이장한 것에 대한 보답이 서른아홉 늦은 나이의 득남이라고 믿었던 것이다. 정조는 왕자 탄생의 기쁨을 백성들과 함께 나누고 싶었다.

(왕자의) 울음소리가 품에서 나오자마자 누가 역마를 타고 명령을 전하듯이 집집마다 알렸는지 어린이 늙은이 할 것 없이 몰려나와 거리를 에웠는데, 그들의 즐거워하는 얼굴빛과 춤추는 모양은 자기 자신과 자기 집안의 복이라 해도 더할 수 없을 정도였다. 이것이 사람이 준 기쁨이 아니겠는가. 나는 하늘의 복을 누릴 만한 덕이 없고 사람들을 감복시킬 만한 정사도 베풀지 못하였는데, 나 한 사람의 기쁨을 하늘이 기뻐하고 사람들이 기뻐하니 내 장차 무엇으로 하늘과 사

람들에게 보답할지 모르겠다. 나는 들으니, 하늘은 마음이 없으므로 사람의 마음으로 마음을 삼아 사람의 마음이 다 그러하면 하늘의 마음도 기뻐한다고 한다.

『정조실록』(14년 6월 24일)

정조는 모든 사람들이 기뻐하는 일은 모든 사람이 사람답게 살 수 있는 새나라를 만드는 일이라고 생각했다. 정조는 사도세자가 누워 있는 수원성, 즉 화성을 새로운 국도로 건설하기로 결심했다. 그곳은 노론의 서울이 아니라 사도세자의 서울이자 만백성들의 서울이 될 것이었다. 부친 사도세자의 화성을 쌓는 규제, 즉 설계도를 부친을 잃고 여막살이를 하는 정약용에게 맡긴 것이다.

정약용은 중국의 윤경尹耕이 지은 『보약堡約』과 유성룡의 『성설城設』을 참고해서 『성설城設』을 집필했다.

"신이 삼가 생각건대 화성을 쌓는 역사는 비용은 많이 들면서 일은 번잡하고, 어려운 시기에 일을 크게 벌려놓았으므로 성상께서는 노심초사하고 계시나 조정의 의견은 둘로 갈라져 있습니다. 일을 처음 시작할 때 치밀한 계획을 세워야 하므로 신은 전에 들은 것을 간추려 어리석은 견해를 올립니다."

정약용의 설계도는 여덟 부분으로 나뉘어 있는데, 화성의 전체 크기인 분수分數와 재료材料, 성을 두르는 해자인 호참壕塹과 성의 기초 다지기인 축기築基, 석재를 캐오는 방법인 벌석伐石과 길에 관한 문제인 치도治道, 수레를 이용하는 조거造車와 성벽을 쌓는 성제城制가 그것이었다.

『성설』의 「분수」편에서 정약용은 신읍新邑, 즉 화성 성곽의 길이를 약 3,600보, 높이를 2장 5척으로 보고 여기에 맞추어 석재와 인부와 비용을 산출했다. 18세기 영조척營造尺 1척은 대략 31센티미터이므로 1보는 1.178미터가 되는데 3,600보는 4,240미터가 된다. 성벽 높이 2장 5척은 약 7.75미터가 된다.

화성의 재료는 벽성甓城이냐 토성土城이냐의 문제인데, 정약용은 우리나라 사람은 전통적으로 벽돌을 굽는 데 익숙하지 못한 데다가 토성은 겉에 회灰를 발라야 하는데 흙과 회가 서로 달라붙지 않아

사도세자의 사당 전남 무안군 운남면 동암리 유도에 있다. 마을 사람의 꿈에 사도세자가 나타난 것을 계기로 세운 사당으로서 '장조황제 동암묘비'란 비문이 선명하다. 현재도 마을에서 제사를 지내고 있다.

겨울에는 얼어터지고 비가 오면 물이 스며들어서 무너지기 쉬우므로 석성이어야 한다고 주장했다. 우리나라 성은 고구려성에서 많이 볼 수 있듯이 전통적으로 돌로 쌓았던 것이다.

호참은 성 주위에 물을 둘러 적이 쉽게 성에 접근할 수 없도록 하는 해자를 말한다. 정약용은 성을 쌓을 때는 안과 밖을 두 겹으로 쌓는 협축夾築이 가장 좋지만, 이것이 불가능하면 안쪽은 산에 의지해 쌓거나 평지에서는 흙을 높여 쌓아야 하는데 그 재료는 호참을 판 흙을 사용하면 된다고 했다.

기초 다지기인 축기와 관련해서는 수원부 냇가에 많은 흰 조약돌을 이용하자고 제안했다. 무엇보다 정약용의 『성설』이 중요한 것은 근대 실학정신을 담고 있기 때문인데, 그 대표적인 것이 백성들의 강제 노동(부역)이 아니라 역부役夫를 모집해 쌓자고 주장한 대목이다. 성의 둘레 3,600보를 넓이 1장, 깊이 4척 정도의 구덩이로 나누어 1보마다 팻말을 세우고 1단씩 메워 나갈 때마다 일정한 품삯을 주자는 것이었다. 성과급 방식의 임금 노동을 실시하자는 것인데, 백성들의 강제 노동이 당연시되던 때 정약용의 이런 주장은 획기적인 것이었다. 또한 이는 소수 지배층의 대토지 독점으로 농토에서 밀려나 신음하는 유민들의 생활 안정을 꾀하려는 것이기도 했다. 부역 대신 역부를 사용하자는 정약용의 획기적인 주장은 역시 근대를 지향했던 정조에 의해 전면적으로 채택되었다. 이로써 화성 건설은 백성들의 고역이 아니라 루즈벨트 대통령의 테네시 강 개발사업처럼 국가경제를 살리고, 백성들의 생활도 향상시키는 사업이 된 것이다.

정약용의 『성설』은 그 외에도 많은 내용을 담고 있다.

화성 전도 정조는 사도세자의 칠순인 갑자년(1804)에 상왕으로 물러나 조선의 대대적인 개혁을 시작하기 위해 화성을 쌓았다. 정약용의 설계도를 바탕으로 채제공이 건축을 담당했다. 현재 유네스코 지정 세계문화유산으로 등재되어 있는데, 조선의 전통적인 축성법을 바탕으로 중국의 성제와 서양의 과학기술을 집대성해 지은 18세기 건축문화의 정수다.

東北舖樓
龍淵
訪花隨柳亭
北暗門
東北舖樓
東暗門
東北空心墩
東將臺
蒼龍門
東一舖樓
東一雉城
東砲樓
東二雉城
東烽墩
東二舖樓

벌석, 즉 돌을 캐는 것은 석공을 산으로 파견해 미리 그 크기를 일정하게 잘라 두 번 다듬는 수고를 덜게 했다. 큰 돌은 수레 하나에 한 개를 싣고, 두 번째 크기의 돌은 두 개를 싣고, 작은 것은 세 개 내지 네 개를 실을 수 있도록 미리 용도에 따라 잘라놓자는 것이었다. 큰 돌은 밑바닥에 사용하고 중간 것은 중간에 사용하고 작은 것은 상부에 사용하자는 것이었다.

치도는 수레가 다닐 수 있도록 미리 길을 닦는 것으로서 축성에 수레를 적극 이용하자는 실학자다운 주장이었다. 그는 기존의 대거大車(큰 수레)와 썰매[雪馬]를 모두 비판했다. 대거는 너무 높고 바퀴살이 약하며, 썰매는 몸체가 땅에 닿아 불편하다면서 이들보다 값싸고 편리하게 이용할 수 있는 유형거游衡車를 만들어 사용하자고 제안

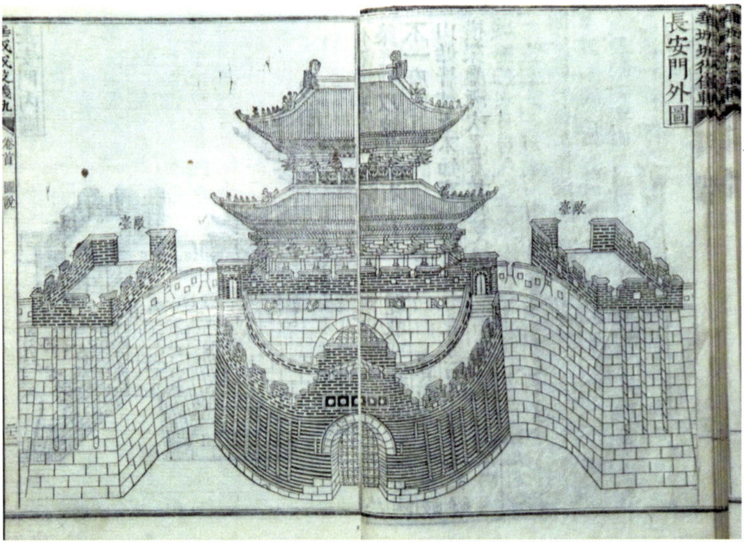

장안문 외도 화성의 북문으로 규모나 구조는 남문과 비슷하지만, 성의 기능을 강화하기 위한 실학자들의 적극적인 제안으로 이루어진 옹성·적대와 같은 방어용 시설이 있는 것이 특징이다.

했다. 정약용은 바퀴와 차축 등 네 장의 그림까지 덧붙여 유형거 만드는 방법을 자세히 설명했는데, 기존의 수레와 다른 점은 수레의 짐 싣는 바닥판과 바퀴 사이에 복토伏兎라는 장치를 달아서 바닥판이 항상 수평이 되도록 한 것이다.

성벽을 쌓는 방법인 성제에서 정약용은 성이 무너지는 것은 배가 부르기 때문이라고 판단했다. 그는 성의 높이를 셋으로 나누어 첫 단계에서는 조금 들여서 쌓고 셋째 단계에서는 조금 내어 쌓아서 가운데가 들어가도록 쌓아야 한다며, 이런 식으로 쌓은 함경도 경성鏡城은 몇백 년이 지났어도 한군데도 무너진 곳이 없다고 강조했다. 경성은 세종 때 김종서가 쌓은 읍성이다.

정조는 정약용의 『성설』에 크게 만족했다. 『성설』은 『어제성화주략御製城華籌略(임금이 지은 화성 축성의 기본 방안)』이란 다른 제목으로 『화성성역의궤華城城役儀軌』에 그대로 실려 있는데, 이는 정조가 정약용의 축성 설계안을 전면 수용했다는 사실을 뜻한다.

『성설』을 본 정조는 승정원에 명했다.

"『도서집성圖書集成』과 『기기도설奇器圖說』를 내려줘서 인중引重과 기중起重에 대해서도 연구하게 하라."

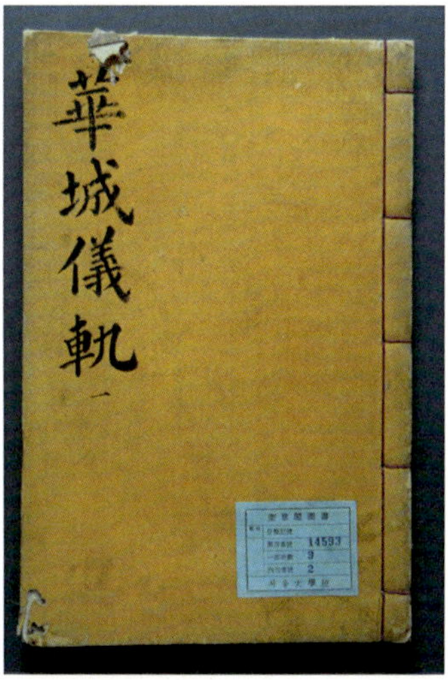

『화성의궤』 화성의 축조 경위와 역사役事 전말을 기록한 책으로 순조 1년 간행되었다. 축성법을 자세히 설명하고 있으며 축성에 사용한 각종 기계의 그림과 설명을 수록하고 있어 당시 건축기술과 과학의 수준을 이해하는 데 중요한 자료다.

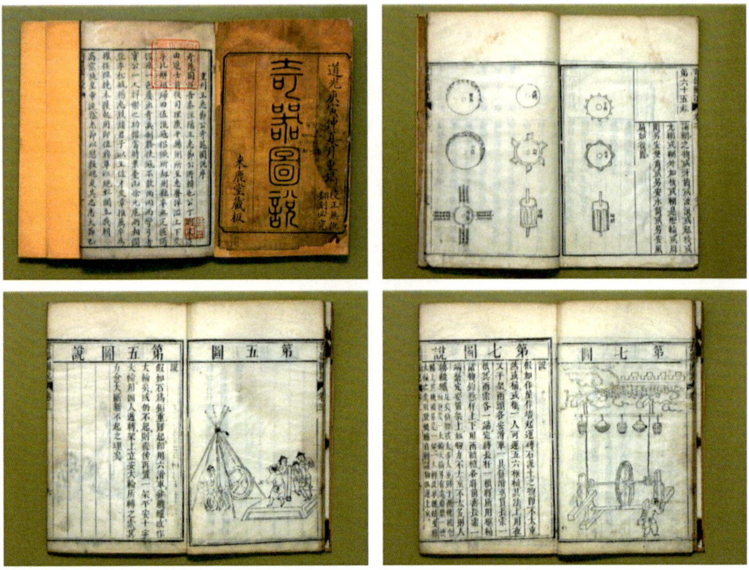

『기기도설』 1627년 테렌즈가 16세기까지의 서양기술을 최초로 중국에 소개한 책. 작은 힘으로 무거운 것을 들어올리거나 운반하고, 또 낮은 곳으로부터 높은 곳으로 물을 길어올리는 장치 등이 50여 개의 그림과 함께 설명되어 있다. 정약용은 이 『기기도설』을 참고하여 기중기를 만들었다.

『도서집성』과 『기기도설』은 궁중 비장 도서였는데, 그중 『기기도설』은 스위스인 선교사 겸 과학자인 요한네스 테렌트J. Terenz(중국명 鄧玉函)가 지은 것으로서 서양 물리학의 기초개념과 도르래의 원리를 이용한 각종 기계장치가 그림과 함께 실려 있는 책이다. 정조는 이 책들을 보고 무거운 물건을 끌어당기는 인중기와 기중기를 설계하게 한 것이다. 이에 따라 정약용은 『기중가도설起重架圖說』을 작성해 올렸는데, 이 기중기는 큰 효과를 거두었다. 정조는 화성 축성이 끝난 후 "다행히 기중가起重架를 사용하여 4만 냥兩의 비용을 절약했다."라고 기뻐할 정도였다. 이 역시 근대 실학정신의 개가였다.

정조는 여막살이 하는 정약용의 두뇌를 십분 활용했다. 그래서 정

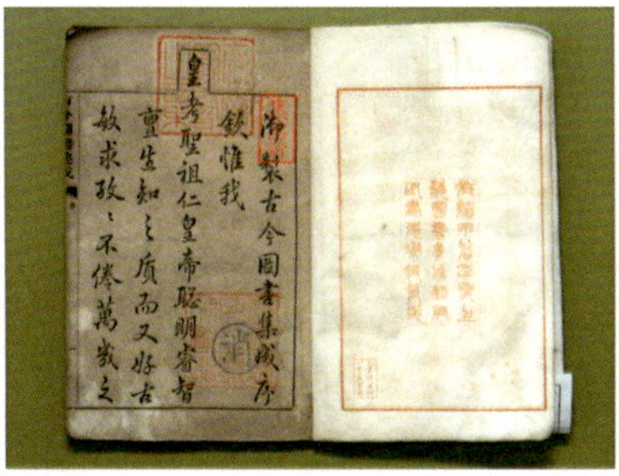

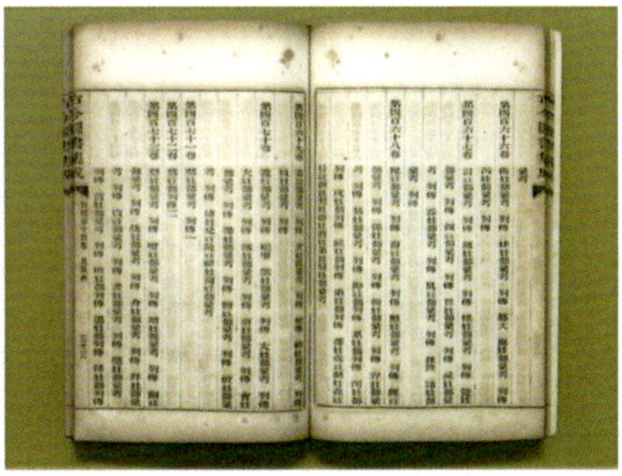

『도서집성』 화성을 건설하려던 정조가 정약용에게 『기기도설』을 건네주었는데, 여기에 『도서집성』이 포함돼 있었다. 『도서집성』에는 지도·산수·금수·초목·기기 등의 모습을 자세하게 그린 그림들이 있어 청의 지리와 문물을 이해하는 데 큰 도움을 주었다.

조는 정약용에게 옹성甕城·누조·현안懸眼·포루砲樓 등에 대해서도 보고해 올리라고 명했다.

정약용은 이 명에 따라 『옹성도설甕城圖說』『누조도설』『현안도설』『포루도설』을 지어 바쳤다. '옹성'은 성문 앞에 세우는 둥근 이중성벽을 뜻하는데 성의 함락을 방지하기 위한 이중의 장치이고, '누조'는 적이 성문을 불지를 때에 대비해 성문 위에 다섯 개의 구멍을 뚫고 그 뒤에 물을 저장한 큰 통을 두는 것을 뜻한다. 이를 오성지伍星池라고 하는데 성문에 불이 붙었을 때 끄기 위한 물이다. '현안'은 성에 접근한 적을 감시하고 공격하기 위한 홈을 뜻하고, '포루'는 성벽에 치성을 만들고 그 위에 적을 격퇴할 수 있는 여러 시설을 설치하는 것을 뜻하는 것으로 치성에 대포를 장착하는 포루, 큰 활인 궁노를 쏘는 노대弩臺, 성문 좌우 감시대인 적대敵臺 등을 말한다.

이처럼 정약용은 여막살이를 하면서도 화성에 대한 설계를 맡았던 것이다. 이 또한 여막살이로 효도를 이루게 하면서 나라에 봉사도 하게 하려는 정조의 배려이자 용병술의 일환이었다.

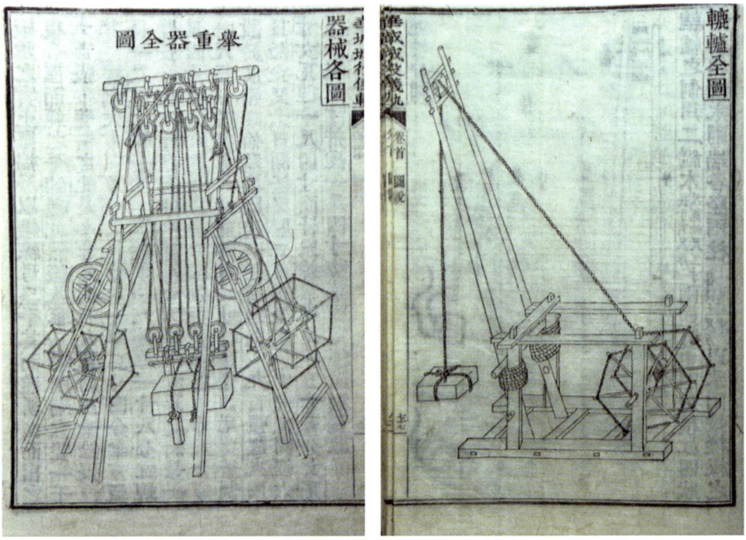

거중기(왼쪽)와 녹로(오른쪽) 정조는 부친의 죽음으로 여막살이를 하고 있는 정약용에게 궁중에 비장된 『기기도설』을 내려주며 거중기를 만들라고 지시했다. 거중기는 도르래를 이용하여 무거운 물체를 들어 올리는 도구이고, 녹로는 공사에서 활차滑車를 이용하여 무거운 물건을 들어 올리는 데 쓰이던 기구다.

정조는 재위 17년(1793) 1월 수원의 팔달산에 올라 화산의 '화花'(華와 통용)자를 따서 수원성을 화성華城이라고 명명했다. 정조는 '빛나는 성'이라는 뜻의 화성에 정치적 승부수를 걸었다. 이 승부수는 재위 28년째가 될 갑자년(1804)에 완성되는 것이었다. 갑자년은 세자가 15세 성년이 되는 해이자 아버지 사도세자와 어머니 혜경궁 홍씨가 칠순이 되는 해이기도 했다.

그때 정조는 왕위를 세자에게 물려주고 상왕으로 물러나 화성으로 가려고 계획했다. 쉰셋의 한창 나이인 갑자년에 양위하려는 데에는 남다른 뜻이 있었다. 바로 사도세자 추숭사업이었다. 영조의 유언 때문에 자신이 직접 사도세자를 임금으로 추숭할 수 없기에 세자에게 이를 맡기려 한 것이다. 신왕에게 추숭사업을 하게 하면 정조는 영조의 유훈을 어기지 않고도 사도세자에게 효도를 다할 수 있었다. 신왕 역시 사도세자 추숭사업으로 아버지 정조에게 효도할 수 있었다. 신왕과 상왕 정조 모두가 효를 실천하면서 사도세자를 추숭하려는 것이 갑자년 구상이었다.

그러나 비록 신왕에게 양위한다 해도 군권은 자신이 갖고 있을 계획이었다. 화성에 장용외영壯勇外營을 둔 것은 이 때문이었다. 상왕으로 물러나 집무할 화성은 지금까지 조선 역사에서 볼 수 없었던 새로운 형태의 도시였다. 정조는 화성을 계획도시로 건설했다. 장마철이면 상습적으로 범람하던 수원천을 대대적으로 정비했다.

정조는 조선사회 밑바닥에서 꿈틀대는 거대한 변화의 흐름을 읽고 있었다. 사대부들이 사변적인 말장난으로 세월을 보내는 동안 사회 밑바닥에서는 거대한 변화의 흐름이 일고 있었다. 농업생산력 발전에서 시작된 변화는 상업과 공업으로 옮겨가 사회 전체에 파급되었다. 정조는 화성이 이런 변화를 흡수할 뿐만 아니라 선도하는 도시가 되어야 한다고 생각했다. 그러기 위해서 화성은 행정도시일 뿐만 아니라 상업도시가 되어야 했다. 정조가 화성 행궁 바로 앞에 삼남三南과 용인으로 통하는 십자로十字路를 개통하고 여기에 상가와 시장을 배치한 것은 이 때문이었다. 화성에서 시작된 상업발전은 십자로를 통해 삼남으로 전파될 것이었다. 이를 위해 화성 상가와 시장에는 상인들과 손님들이 우글거려야 했다.

정조는 화성에 상가를 조성하기 위해 서울의 부자 30여 호에게 무이자로 1천 냥씩을 빌려주어 화성에 이주시키려 했다. 그러나 수

화성 행궁의 전경 조선의 행궁(왕이 궁궐을 벗어나 머무는 곳) 중 가장 규모가 크고 아름다웠던 곳으로, 수원 화성의 부속물이다. 화성행궁터는 2007년 4월 1일 사적 제478호로 지정되었다.

원부사 조심태가 서울의 부호들을 이주시키기보다 수원의 부호들을 이용하는 것이 효과적이라고 건의했다.

> 반드시 본고장 백성들 중에서 살림밑천이 있고 장사물정을 아는 사람을 골라 읍 부근에 자리잡고 살게 하면서 그 형편에 따라 관청으로부터 돈을 받아 장사하게 하는 것이 좋을 것입니다. 관청에서 무이자로 6만 냥을 마련해 고을 안의 부자 중에 원하는 자에게 나누어주어 장사하게 해서, 3년 후에 본전과 함께 거두어들인다면 백성들을 모집하고 산업을 경영하는 데 큰 도움이 될 것입니다. …… 그리고 조포사造泡寺 중들의 생활이 빈약합니다. 그들에게도 다같이 참작해 나누어주고 지혜紙鞋를 만드는 본전으로 삼게 한다면 반드시 혜택

을 베푸는 방법이 될 것입니다.

『정조실록』(14년 5월 17일)

조심태의 제안에 정조도 찬성했고 좌의정 채제공과 우의정 김종수도 찬성해 균역청 산하 진휼청賑恤廳의 자금 6만 5천 냥이 대여되었다. 『수원부읍지水原府邑誌』에 따르면 이때 1만 5천 냥을 수원상인들에게 대여해 미곡전米穀廛(곡식상), 어물전魚物廛, 목포전木布廛(옷감상), 유철전鍮鐵廛(놋과 철상), 관곽전棺槨廛(관과 곽 등 장의상), 지혜전紙鞋廛(종이·신발상) 등의 시전을 열게 했다. 이로써 우리나라 역사상 최초의 계획적인 상업도시가 만들어졌던 것이다. 조포사는 사도세자의 원찰로 정해지면서 중창 불사를 했는데, 낙성식 전날 정조는 용이 여의주를 물고 올라가는 꿈을 꾸었다. 그래서 용주사라고 개명하였다.

정조는 화성을 상업도시로만 키우려고 한 것이 아니다. 화성은 농업에도 모범이 되어야 했다. 그래서 정조는 화성 주위의 넓은 땅을 개간해 대규모 농장을 만들기로 했다. 문제는 농업용수를 확보하는 것이었는데, 정조는 수원 외곽의 버려진 땅에 대규모 저수지인 만석거를 조성해 이를 해결했다. 자주 범람하던 진목천眞木川을 막아 둑을 쌓고 최신 수문과 갑문閘門을 설치한 것이다. 대규모 국영 시범농장인 대유둔大有屯은 만석거의 농업용수를 기반으로 조성된 것이었다.

중요한 것은 만석거와 대유둔 역시 강제 노역이 아니라 임금 노동으로 조성되었다는 사실이다. 만석거와 대유둔은 정조 18년(1794)의 흉년 때문에 굶주리던 백성들의 일터가 되었다. 화성 건설이 끝나면서 일자리가 없어진 유민들은 만석거와 대유둔 건설에 몰려들었고,

오늘날 만석거의 모습 정조는 화성을 축성하면서 그 중심으로 동서남북에 네 개의 저수지를 파고 방죽을 축조하였는데, 북쪽에 판 것이 바로 만석거다. 현재까지도 호수 아래쪽의 논에 관개용수로 활용되고 있다.

흉년에도 오히려 이들에게 음식과 술을 파는 사람들이 몰려들어 흥성거렸다.

이렇게 만들어진 대유둔에서는 정조 19년(1795) 무렵부터 농경이 시작되었는데, 병농일치兵農一致의 이상을 실현하는 시범농장이기도 했다. 정조는 대유둔의 3분의 2는 장용외영의 장교 서리와 군졸, 관예 등에게 나누어주고, 나머지 3분의 1은 가난한 수원 백성들에게 나누어주었다. 이들은 둔소屯所에서 소를 비롯한 모든 농기구를 제공받았는데, 농부 두 명이 소 한 마리를 사용할 정도로 물자는 풍족했다. 생산물은 50대 50으로 나누어 반은 경작가가 갖고, 나머지 반은 수성고修城庫에서 화성의 보수와 관리 비용으로 사용했다.

둔전屯田 경영은 장용영과 밀접한 관계를 맺고 있었다. 장용영 병사들은 둔전 경작에 대거 참여하면서 병농일치의 이상을 실천했다.

이제 군역은 무조건 힘들고 괴로운 일이 아니라 이익이 남는 즐거운 일이 되었다.

대유둔은 조선 농촌이 나아가야 할 농경방식을 실천해보인 것이었다. 측우기를 활용하고 수문과 갑문, 그리고 수차水車(용골차龍骨車, 용미차龍尾車) 같은 과학적 수리기구를 활용해 버려졌던 '황폐한 전답'을 옥토로 바꾸어놓은 것이다. 대유둔은 첫해인 정조 19년(1795)에 1,500여 석의 소출을 올렸는데, 이는 당시 최고의 생산성이었다.

정조는 만석거와 대유둔의 성공에 힘입어 이 사업을 확대했다. 정조 22년(1798)부터 새로운 저수지 축만제祝萬堤를 쌓고 그에 따라 농장 축만제둔祝萬堤屯을 설치했다. 새로운 대규모 농장이 생김에 따라 대유둔을 북둔北屯, 축만제둔을 서둔西屯이라고 불렀다. 장용영 소속의 둔전은 화성뿐만이 아니었다. 황해도 봉산에도 장용영 둔전이 있었다. 봉산 둔전은 수확의 삼분의 일만 국고로 들어가고 나머지는 병사들의 것이 되었다.

정조는 둔전의 이런 성과를 전국으로 확대하고 싶었다. 정조는 재위 22년 6월 5일 화성부에 미곡 대신 메밀을 심으라고 명하면서 이렇게 말했다.

"왕기王畿(경기) 지역은 전국의 표준이니, 먼저 이곳의 읍들이 정력을 들여 명을 충실히 받들어 준행해야 호남·영남 지방까지도 보고 느껴서 그림자처럼 따라오게 할 수 있을 것이다."

정조는 화성과 그 일대를 시범지역으로 만들어 백성들이 풍족하게 살게 함으로써 다른 지역들이 자발적으로 이를 본받게 하려고 했다. 정조는 모든 백성들이 굶주리지 않고 풍족하게 생활하는 조선

화서문 오늘날 화성의 모습. 정조는 사도세자의 도시 화성을 조선의 이상적인 도시로 만들기 위해 많은 노력을 기울였다. 화성은 성곽 건설에 선진 기술과 임금 노동을 도입하고, 상업과 농업의 진흥을 위한 기반을 미리 갖춘 최초의 계획도시였다.

을 만들고 싶었다. 그리고 그 꿈은 바로 이곳 사도세자의 도시, 화성에서 시작되었다.

금등지사의 비밀

정조 17년(1793) 5월 28일 채제공의 상소는 조정을 파란으로 몰아넣었다. 작년 '5월 22일의 하교'로 금기가 된 사도세자 문제를 다시 제기했기 때문이다. 정조는 5월 25일 남인 채제공을 영의정, 노론 영수 김종수金鍾秀를 좌의정에 제수하는 인사를 단행했다. 탕평책을 표방했으나 숙종 20년(1694)의 갑술환국 이후 무려 100년 만에 남인 수상이 등장한 것이다. 그러나 100년 만에 등장한 남인 수상 채제공이 사흘 만에 사직상소를 내면서 정국은 급랭했다. 상소는 사도세자 사건 관계자들의 처벌을 주장하고 있었다.

> 대체로 나라가 나라꼴이 될 수 있는 바탕은 오직 의리뿐입니다. 의리가 행해지면 그 나라는 다스려지고 의리가 행해지지 않으면 그 나라는 어지러워집니다. 당연히 행해져야 할 의리가 행해지지 않은 지가 그럭저럭 18년이 되었습니다. 신이 기유년(정조 13년) 현륭원顯隆園(사도세자 묘소)을 옮길 즈음에 우리 성상께서 입으신 소맷자락에 흐른 눈물이 피로 변하여 점점이 붉게 물든 것을 우러러 보았습니다. 일찍이 옛 글에서 피눈물[血淚]이라는 두 글자가 있는 줄은 알았지만 그것을 직접 목격하지는 못했었는데 군부君父의 소매자락에서 직접 그것을 보았던 것입니다. 아 하늘이여, 이것이 무슨 까닭입니까. 진실로 원통함이 하늘에 사무치고 맺힌 한을 펴지 못한 경우가 아니라면 눈에서 흘린 눈물이 어떻게 피가 되는 지경에 이르겠습니까.
>
> 『정조실록』(17년 5월 28일)

채제공이 본 대로 정조는 피눈물의 사람이었다. 그러나 그 피눈물의 한을 억제하는 인내의 사람이기도 했다. 채제공은 선왕의 유훈 때문에 정조가 한을 풀지 못한다고 생각했다. 채제공은 영조가 직접 정조에게 사도세자의 원수의 이름을 든 것은 영조가 참소에 빠졌던 자신의 잘못을 깨달은 것이므로 사도세자의 원수를 갚는 것이 영조에게 불효가 아니라는 논리를 전개했다.

신이 수원유수가 되면서부터 현륭원을 가까이 모시고 선세자를 아련히 바라보면서 우러러 의지하는 나머지 늘 처연한 생각이 들었습니다. 신이 이에 눈물을 삼키며 속으로 혼자서 말하기를 "선세자先世子를 직접 섬겼던 이 몸이 늙어서도 아직 죽지 않았으니, 침원寢園(현륭원)를 돌볼 사람이 이 몸밖에 다시 몇 사람이나 있겠는가. 당시의 일을 직접 보아 선세자의 원통함을 환히 알면서도 좌고우면左顧右眄하다가 지난 여름에 한 장의 상소를 올린 뒤로는 끝내 다시 속마음을 다 기울여 말씀드리지 못하고 예사롭게 세월만 보내고 있구나. 조석간에 죽어서 땅에 들어가게 되면 무슨 말을 우리 선대왕에게 아뢰며 무슨 말로 우리 선세자를 위로하겠는가." 하였습니다.

이렇게 생각을 하고는 신이 굳게 결심한 것은 선세자에 대한 무함이 깨끗이 씻겨져서 징계와 토죄가 크게 시행되기 이전에 신이 다시 관복을 찾아 입고 반열에 선다면 이는 의리를 잊어버리고 부귀를 탐하는 것이라는 것이었습니다. 오직 이 큰 의리만이 가슴 속에 자리 잡고 있으니, 이것이 받아들여지면 나갈 것이고 받아들여지지 않으면 그대로 간직한 채 황천으로 돌아갈 뿐입니다. 삼가 바라건대 신에게 제수한 수상직을 체직하시어 하찮은 신의를 온전히 지키도록 해주시고, 이어 신의 말을 채택하여 의리가 크게 밝혀지도록 하신다면 비록 죽는 날이라 할지라도 살아 있는 해와 같을 것입니다.

『정조실록』(17년 5월 28일)

사도세자를 무함한 자들을 처벌하겠다면 영상 자리에 나가겠지만, 그렇지 않다면 나갈 수 없다는 상소였다. 정조는 놀랐다. 일개 유생이 아닌 영상이 직접 '천토天討'를 주장할 줄은 몰랐던 것이다. 정조가 보기에 이는 채제공의 과잉행위였다. 국왕 자신이 결심한다고 해서 될 일이 아니었던 것이다. 상대는 막강한 노론이었다. 정조는 사태가 확산되기 전에 수습하기 위해 사관을 보내 상소문을 되돌려주었다. 정조는 더불어 "그때 한 번도 오히려 감당할 수 없는 일을 한 것이요, 차마 할 수 없는 일을 한 것인데, 나같이 어리석은 사람으로 그 일을 오늘날 다시 제기할 수 있겠는가."라며 작년의 하교를 상기시키며 빨리 상경해 영상직을 수행하라고 비답했다. 그러나 채제공은 상경하는 대신 사관을 통해 다시 서계書啓를 올렸다.

> 신이 어제 올린 한 장의 상소가 우리 성상을 슬프게 할 것을 왜 몰랐겠습니까. 그러나 성상의 마음을 슬프게 하는 것은 황송스럽게도 작은 일이고 의리를 밝히는 것은 천지의 큰 법도입니다. 작은 일을 가지고 큰 법도를 방해하는 것은 임금을 섬기는 첫째 의리가 아닙니다. 아, 전하가 간직하여 지키시는 것과 신이 굳게 간직한 것이 범연하게 보면 비록 조금 다른 것[差殊] 같지만 그 귀추를 돌아본다면 어찌 그 사이에 차이[異同]가 있었겠습니까.

정조는 사태가 심상치 않게 돌아간다고 느꼈다. '다른 것 같지만 어찌 차이가 있겠느냐'는 식으로 군주의 말을 자의적으로 해석하는 것은 큰 논란을 부를 수 있었다. 정조는 승정원에 다시 전교했다.

채제공의 초상 정조 때 100여 년 만에 남인으로서 정승에 발탁된 남인의 영수였다. 시종 정조를 지지하고 사도세자의 원한을 풀어주기 위해 애쓰다가 노론 벽파의 많은 공격을 받았다. 천주교에 대해서도 온건한 입장을 취했다.

"조금 다르다느니 차이가 있다느니 한 말들을 보노라니 나도 모르게 등에 땀이 젖고 마음이 오싹해진다. 반드시 노망 중에 미처 점검하지 못한 것이리라. 이 계문을 봉함하여 돌려보내라."

정조가 상소와 서계를 돌려보낸 것은 이를 조보朝報에 싣지 않기 위해서였다. 그러나 승정원에서 이미 본 내용이었다.

소식을 들은 노론 벽파는 발칵 뒤집혔다. 그렇지 않아도 작년 「영남 만인소」의 배후를 채제공으로 의심하는 노론 벽파였다. 「영남 만인소」를 조종해 공격하다가 뜻대로 되지 않자 채제공이 직접 나선 것이라고 판단한 것이다. 좌의정 김종수가 직접 공격의 선봉에 섰다. 30일 채제공과 김종수는 정조와 차대次對(임금을 만나 정사를 아뢰는 것)하게 되어 있었다. 그러나 김종수는 채제공과 한자리에 앉는 것 자체를 거부했다.

채제공이나 김종수나 물러설 수 없는 한판이었다. 자칫 패하는 쪽이 역적으로 몰릴 판이었다. 정조는 김종수를 달랬다.

"이러한 때에 정승의 자리는 경이 아니고는 적합한 사람이 없다. 경이 어찌 나의 마음을 헤아리지 못하겠는가. 경은 다시 사양하지 말라. 영상의 상소는 이미 싸서 되돌려 보냈다."

김종수는 물러서지 않았다.

"작년 5월 22일의 하교에서 심지어 '사한師翰 두 글자의 흉언凶言'이란 말씀으로 하교하셨습니다. 신하된 자로 어떻게 감히 다시 이런 말을 할 수 있단 말입니까."

김종수의 초상 정조 시절 정국의 뇌관이었던 사도세자 신원 문제에 대해 사도세자 신원을 추구하는 것은 영조의 역적이란 논리로 맞섰던 노론 벽파의 영수다.

정조 즉위 직후 사도세자 문제를 거론했다가 사형당한 이덕사와 조재한이 사한이었다.

"영상의 상소는 늙어 정신이 흐린 소치에서 빚어진 것인 듯한데, 꼭 이렇게 말할 것이 있겠는가."

그러나 김종수는 작년의 「영남 만인소」와 이덕사·조재한 사건을 연결시켰다.

"작년 영남 사람 만여 명의 속셈을 헤아려보면 바로 이덕사·조재한의 역모사건과 맥락이 서로 연관되어 있습니다. 영남 사람들의 이 말에 대해서는 들은 자와 전한 자가 다 따로 있으니, 대체로 김수현·이홍록 무리와 서로 체결한 자들이 모두 이 부류입니다. 그런데 만여 명을 즉각 불러 모을 수 있는 힘이란 반드시 변괴가 있게 마련이니, 이것이 어찌 대단히 놀랍고 두려운 노릇이 아니겠습니까."

김종수가 김수현을 거론한 것은 의도적인 것이었다. 이덕사·조재한 사건 때 제주도로 유배 갔던 환관 김수현의 공초에서 채제공의 이름이 나왔기 때문이다.

홍문관 부교리 어용겸魚用謙이 김종수에게 가세해 "전하의 용단을 크게 발휘하소서."라며 채제공을 처벌하라고 주장했다.

정조는 금오문金吳門 밖에서 석고대죄하고 있는 채제공을 불렀다.

"경이 스스로 죄에 빠져든 것이 이번 상소의 일에 이르러 극에 달하였다. 경이 이 상소를 낸 것은 무슨 뜻이었는가? 상소문을 펴들고 두어 줄도 못 읽어서 나도 모르게 마음이 오싹하고 뼈가 저리었다. 이것을 중외에 반포하였다면 장차 경을 어떤 사람이라고 하겠는가. 지금의 입장에서는 종전에 경을 살려낸 뜻이 허사로 돌아갔음을 면치 못하게 되었고 앞으로 터져 나올 의논들을 막을 수가 없으니 비록 애써 감싸주고자 하여도 어떻게 할 수가 없게 되었다."

'종전에 경을 살려낸 뜻'이란 김수현의 공초에도 불구하고 채제공을 추안에서 빼내어 목숨을 건진 것을 말하는 것이다. 정조는 답답했다.

"서계에서 한 말들은 또 무슨 말인가? 이것이 만일 전파되면 경의 죄안이 장차 어느 지경에 이를지 모를 것이다. 오늘 좌상이 자리에 나와 첫 마디의 제일의第一義가 바로 경을 성토하는 한 가지 일이었는데, 말뜻이 준엄하였고 좌상 직임의 거취와 연관시켜 쟁론하였다. 이는 좌상 한 사람만의 말이 아니라 바로 온 나라 사람들의 공공의 논의이니, 경이 이 시점에서 장차 무슨 계책으로 죄를 면하겠는가."

채제공의 서계는 노론 벽파로서는 당운黨運을 건 문제였다. 사도세자를 죽인 자들에 대한 토벌이 이뤄지면 살아남을 자가 드물기 때문이었다. 그래서 채제공의 서계를 가지고 공격한 것이다. 또한 채제공의 서계는 공격받을 소지가 넉넉했다. 유성한이 "목이 메어 밥이 넘어가지 않는다."라고 한 것을 가지고도 "군부를 협박했다."라고 공격받았는데, "성상의 마음을 슬프게 하는 것은 황송스럽게도 작은 일이고 의리를 밝히는 것은 천지의 큰 법도입니다."라는 말이나 "전하가 간직하여 지키시는 것과 신이 굳게 간직한 것이 범연하게 보면 비록 조금 다른 것 같지만 그 귀추를 돌아본다면 어찌 그 사이에 차이가 있었겠습니까."라는 말은 명백한 불경죄였다.

"신의 죽을죄는 신이 스스로 압니다. 죽음이 있을 뿐인데 다시 무슨 말로 우러러 대답하겠습니까. 뜻밖에 영의정에 임명되고 보니 기필코 물러나야 하는 의리를 말씀드리려다가 죽음이 임박하여 그만 다시 이런 죄에 빠졌습니다. 속히 죽기만을 원합니다."

정조는 답답했다.

"연명한 상소에서 맹서한 말이 그 얼마나 명백한데 지금 갑자기 이런 상소를 올려 차마 들을 수도 없고 말할 수도 없는 말을 나로 하여금 다시 듣게 한단 말인가."

채제공은 울면서 손으로 가슴을 치며 말했다.

"신이 늙고서도 죽지 않아 종전에도 건져주시는 노고를 끼쳐 드렸고, 지금 또다시 스스로 죽을 곳으로 나아갔으니 죽지 않고 무엇을 하겠습니까."

"상상上相(영의정)이 되어 나와 첫 대면하는 자리에서 어찌 이러한 광경이 있을 수 있단 말인가. 지나치도다."(『정조실록』, 17년 5월 30일)

정조는 답답했다. 채제공을 화성유수로 보낸 것은 화성을 축조하

새벽녘의 화성 채제공은 사도세자의 무덤이 있는 화성의 유수로 재직하며 사도세자 신원을 마지막 임무로 삼았다. 사도세자의 신원과 책임자 처벌을 요구한 상소가 정국을 크게 흔들면서 채제공은 사형 위기에까지 몰렸다.

는 자신의 원대한 계책을 깨달으라는 뜻이었으나 채제공은 세력의 강약을 따지지도 않고 현륭원에 누워 있는 선세자의 복수만을 생각한 것이다. 정조의 속마음이 채제공의 상소와 다르지 않을지라도 '천토'를 주장한 채제공이 바로 그 상소문 때문에 공격받는 상황이 현실을 누가 장악하고 있는지를 말해주고 있었다. 김종수는 다시 상소문을 올려 작년 '5월 22일의 하교'를 언급하며 채제공의 상소문을 공개할 것을 요구했다.

정조가 채제공의 상소문을 재빨리 돌려준 것은 적절한 처사였다. 김종수는 상소문을 보지 못하고도 "역적들의 앞잡이가 되려고 한 것이 명약관화하다."라고 공격하고 있었다. 상소문이 공개되면 채제공을 사형시키라는 상소로 조정이 마비될 것이었다. 정조는 김종수의 상소문을 사관을 통해 돌려주었으나 그는 다음 날 다시 채제공을 격렬히 비난하는 상소를 올렸다.

> 신이 명색이 대신으로 있으면서 흉악한 역적 하나를 논하였는데, 윤허를 내리시지 않을 뿐만 아니라 심지어 전고에 없던 극악한 역적으로 하여금 버젓하게 숙배하고 등대하게까지 하셨습니다. 채제공의 상소 내용을 여기저기서 얻어 들은 것만으로도 이미 마음이 놀라고 뼈가 저림을 감당하지 못하겠습니다. 아, 난신적자가 어느 시대인들 없겠습니까마는 마음 쓰는 것이 흉특하고 참독하여 마구 욕설을 해대는 것이 어찌 이 역적 같은 자가 있겠습니까. 조정에 가득한 여러 신하들이 맹세코 이 역적과 함께 살지 않겠다는 마음을 가지고서도 지금까지 성토하지 못하는 것은 다만 상소가 아직까지 반포되지 않기 때문입니다. 삼가 바라건대 속히 반포할 것을 명하여 그의 죄를 분명하게 바로잡아서 종묘사직과 신민의 행복이 되게 하소서.

채제공을 직접 '흉악한 역적 하나'라고 지목한 것이다. 정조는 이번에도 상소를 싸서 돌려보냈으나 사태는 가라앉지 않았다. 정조는 남인 영상으로의 등용 계획을 포기하는 수밖에 없었다.

정조는 6월 4일 영의정 채제공과 좌의정 김종수를 동시에 파직했다. 그리고 열이틀 만인 그달 16일 채제공과 김종수를 판중추부사로 삼고, 22일 홍낙성洪樂性을 영의정, 김희金熹를 우의정으로 삼았다. 홍낙성과 김희는 강온파의 차이는 있지만 모두 노론이었다.

『정조실록』(17년 6월 30일)에는 "호서·호남·영남에 전염병이 돌아 많은 사람이 죽었다."라고 기록하고 있는데, 조정의 관심사는 전염병 퇴치가 아니라 채제공 성토였다. 전염병이 한창 도는 와중인 7월 2일 정조는 부스럼병[癤候] 때문에 괴로운 상태였다. 그러나 영의정 홍낙성이 거론한 것은 전염병이나 정조의 병환이 아니라 채제공 문제였다.

"채제공의 상소를 반포하지 않아 그 숱한 패역한 말들을 상세히 알지는 못하지만 김 판부사判府事(김종수)가 전하는 말만 듣고도 곧바로 극역劇逆이 되니 즉시 엄중 토죄하여 흉역을 징계해야 합니다."

채제공을 역적으로 처단해야 한다는 말이었다. 김종수가 도성에 들어왔다는 소식을 들은 정조는 그를 불러 중재안을 제시했다.

"경이 저 대신(채제공)과 면대面對하여 상소의 구절이 흉역스러운지 아닌지를 결판 짓는 것은 어떠하겠는가?"

종수의 대답은 단호했다.

"함께 한 하늘을 이고 사는 것도 오히려 통분하게 여기는 터에 더구나 함께 연석筵席에 오르는 경우겠습니까. 신은 감히 명을 받들지 못하겠습니다."

이 사건으로 조정은 사실상 마비되었다. 더 이상 이 문제로 시간을 끌 수는 없다고 판단한 정조는 정면 돌파를 결심했다.

정조는 8월 8일 시·원임대신과 2품 이상의 문무 벼슬아치와 내각·삼사의 모든 신하를 불렀다. 작년 '5월 22일의 하교'를 내릴 때와 비슷한 상황이었다.

"경 등을 소견한 것은 나의 뜻을 말해주기 위해서다. 전 영상이 상소한 말을 경들은 정말 어느 사람에게 들었으며, 또 무슨 일을 가지고 죄를 삼는가?"

상소문을 직접 본 사람은 작성자인 채제공과 정조, 그리고 당직 승지 외에는 아무도 없었다. 영의정 홍낙성 이하 아무도 원소原疏(원래의 상소문)를 보지 못했다고 답할 수밖에 없었다.

"이 문제가 만일 범법이라면 전 영상이라고 하여 무엇을 아낄 것이며, 반대로 전 좌상이라고 하여 무엇을 아낄 것인가? 전 영상의 상소 가운데 한 구절의 말은 곧 아무 해[某年](임오년)의 큰 의리에 관한 내용이 핵심인데, 내가 감히 한 번도 이를 제기하지 못한 이유는 참으로 이 일이 아무 해에 관계된 것이어서 감히 말하지 못하고 또 차마 제기하지도 못하고 있는 것이다. 가령 전 영상이 국가를 위하여 한번 죽기로 작정하고 미덕을 천양하려는 애타는 마음과 피 끓는 정성에서 한 말이라 하더라도 내가 감히 말하지 못하는 것을 전 영상이 감히 말하였으니 그 겉만을 얼핏 본다면 그의 죄는 용서하기 어려운 것이다. 그러나 전 영상이 남이 감히 말하지 못하는 것을 감히 말한 것은 대체로 곡절이 있어서였다."

노론은 그간 사도세자를 처분한 당사자가 영조라는 데서 자신들의 정당성을 찾았다. 따라서 사도세자 사건을 재평가하거나 사도세자를 죽인 자에 대해 공격하는 것은 영조에 대한 불충이라는 논리였다. 후왕이 선왕을 부정할 경우 쿠데타의 명분이 될 수 있었다. 정조가 채제공을 변호하기 위해서는 채제공의 행위가 영조의 뜻과 다르지 않다는 것을 입증해야 했다.

"전 영상이 도승지로 있을 때 선조先朝(영조)께서 사관史官을 물리친

다음 도승지(채제공)만을 앞으로 나오게 해서 어서御書(임금의 글) 한 통을 주면서 신위神位(신주를 모신 자리) 아래에 있는 요[褥] 자리 속에 간수하도록 명했다. 전 영상의 상소 가운데 있는 한 구절은 바로 금등金縢 가운데의 말인 것이다."

쇠줄로 봉한 궤짝인 '금등'은 『서경書經』의 한 편명篇名이다. 주周 무왕이 병들자 주공周公은 태왕太王 · 왕계王季 · 문왕文王 등 조상들에게 자신이 대신 죽을 테니 무왕의 목숨을 살려달라고 빌고는 그 기도문[祝冊]을 금등 안에 넣어 보관했다. 성왕成王 즉위 후 관숙管叔 · 채숙蔡叔 등은 주공이 조카 성왕의 자리를 노린다는 소문을 퍼뜨려 성왕이 주공을 의심했는데, 비로소 금등의 글을 꺼내본 성왕이 주공에 대한 의심을 풀고 돌아오게 했다는 고사다. 자신의 목숨을 바쳐 다른 사람을 살리려는 뜻을 나타낼 때 사용된다.

"영상이 지금 물러가기를 청하는 상소에서 죽음에 임박하여 이런 진실을 말한 것은 전 영상만이 이 사실을 알기 때문에 그 혼자서 그 일을 말한 것이니, 이는 속에서 우러나온 충성과 의리의 발로라고 함이 옳을 것이다. 전 좌상은 이런 내막을 모르기 때문에 단지 그 표면에 나타난 것만을 의거해 지난여름 이후로는 감히 말하지 못할 의리로써 성토한 것이니 이 또한 속에서 우러나온 충성과 의리에서 발로된 것이다."

정조는 채제공과 김종수의 행위 모두를 충성과 의리의 발로로 인정하는 것에서 사태 수습의 길을 찾은 것이다. 정조는 승지에게 쪽지를 전하며 대신들에게 보여주라고 말했다. 영조가 손수 적은 '금등지사金縢之詞' 가운데 두 구절을 베껴 적은 쪽지였다.

피 묻은 적삼이여 피 묻은 적삼이여

동桐이여 동이여, 누가 영원토록 금등으로 간수하겠는가

천추에 나의 품으로 돌아오기를 바라고 바라노라

『정조실록』(17년 8월 8일)

'누가 영원토록 금등으로 간수하겠는가'라는 구절은 세자가 영조가 아플 때 대신 죽기를 바랐다는 내용이 담긴 것이고, '나의 품으로 돌아오기를 바라노라'라는 구절은 사도세자가 살아 돌아오기를 바라는 영조의 마음이 담긴 글이었다. 『정조대왕 행장』은 이 비가悲歌를 보고 "왕도 울었고 제신들도 다 눈물을 흘렸다."라고 기록하고 있다. 당심黨心이 뼛속 깊은 곳까지 새겨진 자가 아니라면 울지 않을 수 없는 비가였다. 당쟁으로 인해 부모가 죽인 자식의 죽음을 놓고 충심이다, 역심이다 다투는 그 자체가 조선의 비극이었다.

정조가 금등지사를 꺼냄으로써 채제공의 상소로 시작된 파문은 비로소 끝이 났다. 그러나 정약용의 생각은 달랐다. 정약용은 「자찬묘지명」에서 "우리 당黨의 참혹한 화란은 대개 이 사건에서 움트고 있었다."라고 써서 이것이 끝이 아니라 새로운 사건의 시작이라고 예언했는데, 그 예언은 정조 사후 정약용 일가를 비롯해 남인들이 대참화를 당하는 신유사옥으로 현실화되었다.

書且皆到平安信息　潮進展此
聞金深矣此書氣光　蒹葭蒼蒼也已矣
洋溢諸衛鎮　鄰之果頗壽日中云搖
皆光澤倘所有然且經　一世形歲暮勝地云相
且風也健慷矣但首來遊雖賤之氣經
殆山有激治勝於時惟華　殊甚云順受之云
君之所知是傳是極也　斜影唐康泰左焉綱
令人惆悵惆悵也心有如　理書歸雁識其可
請一難甚郎中八月
有理難親此中存之　寒居出來寬福類指垂
未得海夜深夜如來矣好存准係之難之擇
而其之出　營山説波游呈八縣日推葉上胥上

제4장

벼슬길에서

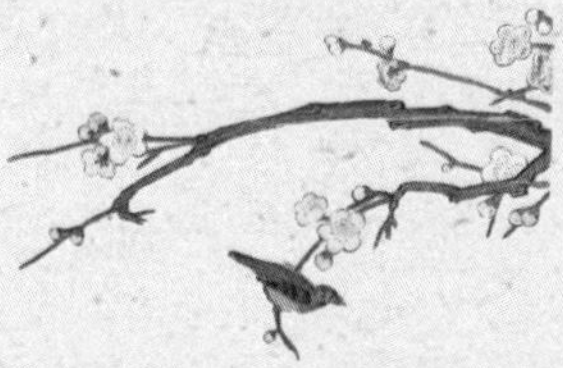

우리 성상께서는 오직 문학과 경술이 있는 신하만을
가까이하신다. 이것이 어찌 군자의 도가 자라고
소인의 도가 소멸하는 것이 아니겠는가

암행어사 정약용

채제공 상소사건 이듬해인 정조 18년(1794) 정약용은 여막살이를 끝냈다. 정조는 그를 홍문관 수찬으로 제수했다. 만 2년 만의 홍문관 복귀였는데 수찬으로 제수 받은 날은 마침 숙직일이었다. 밤 이경에 승정원의 하예下隷가 큰 소리로 홍문관 서리胥吏를 불렀다.

"전하께서 정약용이 옥당에 늦게 숙직했으므로 노량진의 별장別將으로 제수하니, 곧바로 사은숙배하라고 하교하셨소."

노량진 별장 겸 수원에 설치한 장용영 별아병장別牙兵將으로 좌천되었다는 것이었다. 홍문관 복귀 당일 좌천된 사람에게 사은숙배하라니 무슨 영문인지 알 수 없었다. 숙직 승지는 그를 임금의 침전寢殿으로 안내했다. 한밤중의 침전 소견은 범상한 일이 아니었다. 정약용이 절을 마치자 정조가 내려준 것은 별장 부임 전교가 아니라 봉서封書와 사목事目, 그리고 마패馬牌와 유척鍮尺이었다.

암행어사에 제수한다는 뜻이었다. 봉서는 사대문 밖에서 뜯어보게 되어 있었다. '到東大門外開坼'이라고 겉봉에 쓰여 있으면 '동대문 밖에 가서 열어보라'는 뜻이었다. 정약용이 뜯은 봉서에는 정조의 어서御書가 동봉되어 있었다.

"수령의 잘잘못을 규찰하고 백성들의 괴로움을 살피는 것이 어사의 직임이다. 근래에 각도의 지방관들이 그 직임을 제대로 수행하지 않는다고 지적하는데 어찌 전적으로 그들만의 책임이겠는가. 조정이 능력 있는 사람을 뽑지 못한 데도 책임이 있는 것이다. 더구나 지금 천 리나 되는 경기도에 흉년이 들었는데 말해 무엇하겠는가."

이는 경기도에 암행어사로 임명했다는 뜻이었다. 정조의 어서는 계속된다.

"듣건대 고을이 황폐해져서 마을에 개가 없으며 연못에 기러기가 모여든다 한다. 백성들이 간절히 바라는 것은 오직 어사뿐이며, 관리들이 눈짓하며 두려워하는 것도 오직 어사일 뿐이다. 조정이 권징勸懲하는 것도 오직 어사의 말을 믿고 하는 것이다. 이 때문에 너희들에게 나누어 명하는 것인데, 보고 듣는 데 전념하면서 그 종적을 비밀로 하는 데는 무엇보다 한 사람이 몇 개 고을을 넘지 않게 담당하는 것보다 좋은 방법이 없으므로 찌를 뽑아 보내는 것이다."

이는 한 사람에게 몇 개 고을만을 암행하게 시키겠다는 뜻으로서 정약용 외에도 여러 명의 암행어사가 있음을 말하는 것이다.

> 너희들은 맡은 바 직분을 삼가서 관부官府와 장시場市(시장), 촌락을 드나들면서 세세히 조사한 것을 모아서 조정에 돌아올 때 일일이 조목별로 나열해 아뢰도록 하라. 인印과 장부를 현장에서 잡은 경우가 아니라면 경솔하게 먼저 봉고封庫(지방관을 파직하고 창고를 봉하는 일)하지 말라. 무릇 황정荒政(흉년을 돕는 정치)에 도움이 되는데도 미처 시행하지 못한 것도 역시 탐문하여 아뢰라. 특별히 뽑은 뜻을 저버리지 말고 그 직분을 잘 수행하라.
>
> 「경기암행어사논수령장부계京畿暗行御史論守令臧否啓」

봉서에는 생읍栍邑이란 항목이 있었는데, 생栍이란 나무의 껍질이나 참대로 만든 '제빗대'를 뜻한다. 비밀유지를 위해 암행어사가 시찰할 지역을 임금이 직접 제비를 뽑아 선정하는 것을 뜻한다.

정약용에게 담당된 생읍은 적성積城·마전麻田·연천漣川·삭녕朔寧이었다. 삭녕으로 갈 때는 양주를 통해서 가고 돌아올 때는 파주를 통해서 오라는 행로와 사목事目, 즉 임무가 자세히 기재되어 있었다.

첫째, 흉년에 조세를 감해주지만 실제 감해준 액수만큼 백성들이 혜택을 받기가 어려우니, 수령이 사사롭게 쓰거나 아전들이 훔치는지 특별히 살펴보도록 하라.

둘째, 산전과 화전에 대해 지나치게 조세를 거두지 않는 곳이 없다. 지난번 완백完伯(전라감사)의 장계에 따라 여러 도에 엄하게 지시했는데 실제로 효과가 있었는지를 각별히 염탐하고 법을 범한 자는 보이는 대로 논계하라.

셋째, 지난번 진휼청의 초기草記에 따라 버려진 아이를 거두어 키우라고 경외京外(서울과 지방)에 엄하게 명한 일이 있는데, 수령들이 과연 진심으로 실행하고 있는지 살펴라. 그리고 관가에서 보내준 곡식이 중간에서 없어지지 않는지도 각별히 염문하라.

「경기암행어사논수령장부계」

이때 정약용과 같이 경기어사로 선발된 인물들은 광주·죽산 등의 박윤수朴崙壽, 양천陽川·김포 등의 채홍원蔡弘遠 등 무려 열 명이나 되었다. 어사는 탐욕스런 지방관들에게는 저승사자였으나 직급은 그다지 높지 않아서 정약용 역시 정6품 홍문관 수찬에 불과했다. 그러나 국왕의 시종신侍從臣(승정원·사헌부·사간원·홍문관·예문관 관리) 중에서 선발하기 때문에 직급 이상의 힘이 있었다.

정약용은 1794년 10월 29일부터 11월 15일까지 적성·마전 등 네 고을을 돌았다. 암행어사는 해당 지역에 간다고 곧바로 출도하는 것이 아니다. 먼저 해당 지역의 민간이나 시장 같은 곳에 들러 수령에 대한 지방 백성들의 여론을 청취한 다음에 출도하는 것이 상례였다. 정약용이 11월 15일 복명復命하면서 작성한 서계書啓와 별단別單은 그가 어떻게 어사 임무를 수행했는지 짐작하게 해준다.

신은 원래 재주와 식견이 부족하고 경력마저 짧은 사람으로 무거운 임무를 맡아 일을 그르칠까 두려운 나머지 오직 앞길의 평탄함과 험난함을 따지지 않고 성의를 다해 만분의 일이라도 임금님의 은혜를 갚기 위해 즉시 강촌江村으로 나왔습니다. 다음 날 바로 길을 떠났는데 신이 명을 받은 것은 수개 읍에 지나지 않았으므로 정열을 다 쏟아 잘 살펴서 지극하신 뜻을 저버리지 않으려 했습니다. 먼저 적성에서 삭녕에 이르기까지 각 마을을 돌면서 몸을 백성과 천민·노비[民隷]들 틈에 숨기고 각별히 염찰해서 그 실정을 알아내서 혹은 출도하여 샅샅이 조사하기도 하고, 혹 자취를 숨기고 다시 조사한 다음에 해당 읍의 수령들에 대해 소상하게 열거해서 논했고, 지나가던 연로沿路의 여러 읍에 대해서도 빠짐없이 들어서 논했습니다.

「경기암행어사논수령장부계」

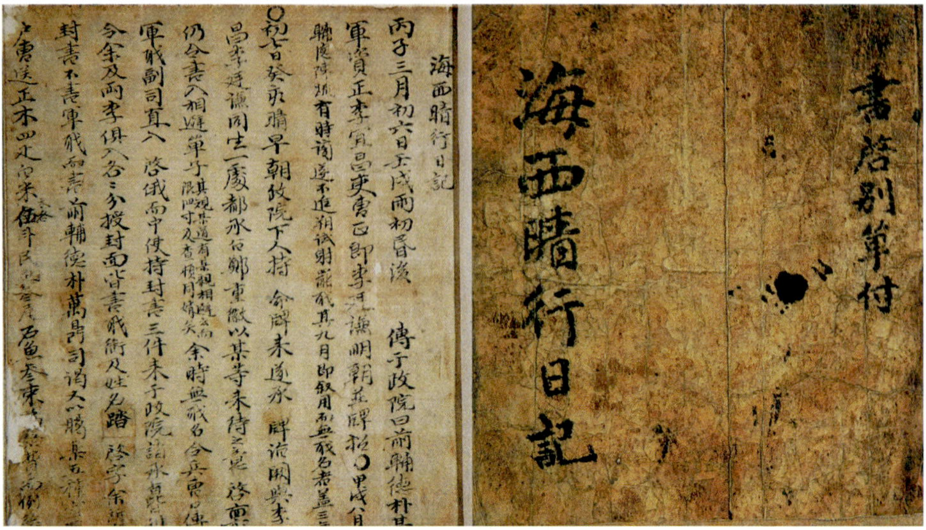

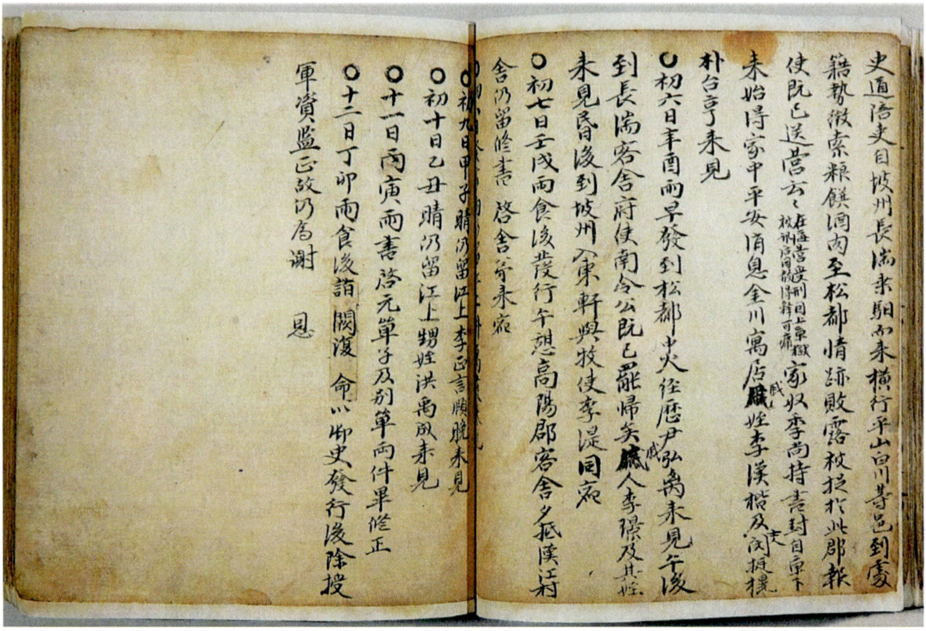

『해서암행일기』 조선 숙종 때의 문신 박만정의 자필일기. 이 책은 당시의 사회상은 물론, 암행어사의 활약상을 고찰하여 살필 수 있는 좋은 자료다.

정약용도 신분을 속이고 때로는 백성들처럼, 때로는 천민·노비로 가장해 정보를 수집했던 것이다. 어사의 행적은 숙종 때 암행어사였던 박만정朴萬鼎의 『해서암행일기海西暗行日記』에 자세하게 실려 있다. 그중 어사 일행과 잠행 모습, 출도 장면 등은 정약용의 암행 모습을 추측하기에 충분하다.

마패는 둘을 받았는데 그중 말 세 필을 새긴 삼마패는 내가 갖고 말 한 필을 새긴 단마패單馬牌는 서리書吏(어사를 따라다니는 아전)에게 주었다. 수행하는 하인은 홍문관 서리 김성익과 청파역졸 선망·팔명·갑용과 왕십리 역졸 선종 및 가노 계봉 등 모두 6명이었다(숙종 22년, 1696년 3월 7일).

안악安岳의 청파라는 마을에 당도하니 아침 해가 이미 높아 마을 사람들은 모두 들로 나가고 한 노파만이 집에 남아 실을 고르고 있었다. 노파에게 간청해 아침밥을 부탁하자, "나 같은 늙은이가 어떻게 밥을 지어 손님을 접대할 수 있겠소."라고 사양했다. 두 번 세 번 간곡하게 청을 하자 그제야 허락했다. 이때부터 차츰 곽란증癨亂症(위경련)이 가라앉아 비로소 밥을 먹을 수 있었다. 하인이 와서 아뢰기를 "행량行糧이라고는 겨우 쌀 대여섯 되와 대미大米 두서너 되 및 콩 일고여덟 되가 있어 근근이 오늘 저녁까지는 지탱하겠으나 아마도 내일부터는 우리 일행 모두가 굶어죽게 되었습니다."라고 말했다(3월 19일).

우리는 헛간에 들었다. 말이 헛간이지 사면에서 바람이 일어 잠이

올 것 같지 않다. 그냥 여장旅裝을 풀고 저녁밥을 먹는데 주인이 창문을 연다.

"손님들의 행색을 보니 양반님네 같으신데 이곳엔 사나운 짐승이 많아 혹 화라도 입으실까 걱정입니다. 불편하시겠지만 이 방에 들어와 함께 자는 것이 어떻겠습니까?"

나는 그의 청을 받아들여 안으로 들어갔다. 주인이 누워 있고 방 한가운데는 누에틀이 놓여 있어 방이 비좁다. 주인은 그 아래 잠자리를 펴면서 "손님은 여기서 주무십시오."라고 말한다. 그와 수작을 하는 동안 많은 소문을 들었다(4월 3일).

여독旅毒 때문에 피곤해 자리에 눕자 곧 잠에 떨어졌다. 얼마 후 깨어보니 온몸이 가려웠다. 긁은 곳이 불거져서 고통이 심하다. 다시 잠을 청하여도 잠이 오지 않는다. 끝내 잠을 못 이루고 새벽닭 울음소리를 들었다. 아침에 일어나 촛불을 밝히고 살펴보니 갈충蝎蟲(가래나무 잎을 먹는 벌레)이 이불과 의복에 가득 붙어 있다. 도저히 모두 털어내지 못하여 그냥 옷을 입고 말았다(4월 4일).

서해西海(황해도)로 암행을 떠난 지 꼭 한 달 만이다. 밝을 녘에 김서리와 하인들을 이끌고 신계新溪 관아에 들이닥쳤다.

"암행어사 출도요!"

이 말에 아전들이 황겁히 흩어지고 황황히 동헌東軒(수령의 집무실)에 나선 현령縣令의 얼굴빛이 창백하다. 대저, 신계 현령 심릉沈棱은 백성들로부터 많은 원망을 듣고 있어 그 진위를 실증코자 먼저 각항各

項에 해당하는 관아 문서를 모조리 가져오게 했다. 이 문서를 하나하나 뒤져 불법을 자행한 문서를 가려내니 그 건수가 수장數狀이 되었다. 부득이 봉고封庫하고 현령의 인신印信(도장)과 병부兵符(병사 명부)를 거두어 관례에 따라 겸관兼官(이웃 지방관에게 겸직시키는 것)에게 송부했다.

이어 본현本縣에서 쉬었는데 행자行資가 떨어져서 약간의 곡식을 본현에서 충당토록 했다. 이것 역시 전부터 내려오는 예규例規의 하나다(4월 6일).

『해서암행일기』

어사 박만정 일행이 굶주리며 고생한 것처럼 정약용도 마찬가지였다. 정약용의 「교지를 받들어 적성촌의 한 집에 도착해 염찰하고 쓰다[奉旨廉察到積城村舍作]」라는 시는 정약용이 묵었던 농촌의 참상을 잘 말해준다.

시냇가 허물어진 집 뚝배기처럼 누웠는데
겨울바람에 이엉 걷혀 서까래만 드러났다
묵은 재에 눈 덮인 아궁이는 차갑고
체 눈처럼 뚫린 벽에 별빛이 스며든다
집 안의 물건은 쓸쓸하기 짝이 없어
모두 팔아도 7, 8전이 안 되겠네
개꼬리 같은 조 이삭 세 줄기와
닭 창자 같은 마른 고추 한 꿰미

깨진 항아리는 헝겊으로 발라 막고
무너 앉는 시렁대 새끼줄로 얽어 맸네
놋수저는 이미 이정里正에게 빼앗기고
무쇠솥은 이웃 부자가 빼앗아갔네
검푸르고 해진 무명이불 한 채 뿐인데
부부유별 따지는 것은 마땅치 않구나
어깨 팔뚝 드러난 적삼 입은 어린 것들
한 번도 바지 버선 못 입었으리
다섯 살 큰아이는 기병騎兵으로 올라 있고
세 살 작은애도 군적에 올라 있네
두 아이 군포로 500전을 바치고 나니
죽기나 바랄 뿐 옷이 무슨 소용이랴
강아지 세 마리 아이들과 함께 자는데
호랑이는 밤마다 울 밖에서 으르렁대네
남편은 산에서 나무하고 아내는 고용살이 가니
대낮에도 문이 닫혀 분위기 비탄하구나
아침 점심 다 굶다가 밤에 와서 밥을 짓고
여름에는 갖옷 입고 겨울에는 베옷 입네
들 냉이 깊은 싹은 땅 녹기를 기다리고
이웃집 술 익어야 지게미라도 얻어먹겠네
지난 봄에 꾸어 먹은 환곡還穀[13]이 닷 말인데

13 봄에 빌려주었다가 가을에 받는 곡식.

이 때문에 금년은 정말 못살겠네
나졸들 사립문 밖 닥칠까 겁날 뿐
현각縣閣(현 청사)에서 곤장 맞을 일은 걱정도 안 되네
오호라! 이런 집이 천지에 가득한데
구중궁궐 깊고 깊어 어찌 다 살피랴
직지사直指使는 한漢나라 때 벼슬
고을 수령을 마음대로 내쫓거나 죽였지
폐단의 근원 어지러워 바로잡히지 않고
공수龔遂, 황패黃覇 나와도 뿌리 뽑기 어려우리
먼 옛날 정협鄭俠의 유민도流民圖 본받아
새로운 시 한 편 베껴 임금님께 돌아갈까

정약용은 농촌의 빈곤이 구조적이란 사실을 잘 알고 있었다. 그런 구조적 문제를 암행어사 정도의 권력으로는 손도 댈 수 없다는 사실도 잘 알고 있었다. 16세 이상만 납부하게 되어 있는 군포를 다섯 살, 세 살 아이가 지고 있었다. 이것이 갓난애를 군적에 올리는 황구첨정黃口簽丁이었다. 죽은 자를 군적에 올려 징수하는 것이 백골징포白骨徵布였다. 양반 사대부들은 군포 납부에서 제외된 군적수포제 때문이었다. 양반 사대부들이 군포 납부에서 제외되니 부족한 군포를 갓난아이나 죽은 사람에게 씌워 그 가족에게 강제로 걷었던 것이다. 부유한 백성들도 관직을 사거나 향임鄕任[14]에 오르면 면제되었으므

14 향리鄕吏의 악폐를 방지하고 수령을 보좌하기 위해 두었던 좌수座首별감別監 등 향청鄕廳의 직임職任이다.

로 가난한 백성들만 이중삼중으로 부담해야 했다. 못 견딘 군역자가 도망가면 가족에게 족징族徵을 씌웠으며, 한 가족이 모두 도망가면 이웃에게 인징隣徵을 씌워 한 마을이 모두 도망가 텅 비는 현상도 자주 발생했다. 이른 양반 사대부들도 군포를 납부하면 해결되는 문제였다. 그러나 숙종 때 청남淸南 영수 윤휴가 양반 사대부들에게도 군포를 받자는 호포제戶布制를 주창했다가 정권이 서인으로 바뀐 후 사형당한 이후, 이 문제는 아무도 제기하지 못하고 있었다. 영조 때 균역법均役法으로 1년에 두 필씩 내던 군포를 1필로 감해주었지만 이처럼 다섯 살, 세 살 아이에게 군포를 지우는 상황에서 별 의미가 없었다. 이 문제는 윤휴가 주장한 것처럼 죽은 사람이나 갓난아이에게까지 부과하던 군포를 모두 폐지하고 양반 사대부들에게도 군포를 걷는 호포제를 시행해야 해결할 수 있는 문제였다. 그러나 양반 사대부 기득권 지키기를 당론으로 삼는 노론이 이를 받아들일 리 없었다.

그래서 정약용은 '폐단의 근원'을 바로잡지 않으면 한나라 때의 명 목민관 "공수와 황패가 나와도 뿌리뽑기 어려우리."라고 토로한 것이었다. 백성들의 비참한 현실이 지방관만의 잘못이 아니라 구조적인 문제라는 뜻이었다. 정약용은 송나라 때의 목민관 정협이 유랑하는 백성들의 참상을 그림으로 그려 임금에게 바쳤던 것처럼, 시로 이를 묘사해 정조에게 전달하는 수밖에 없었다. 정조라고 이런 구조적 문제를 몰라서 방치하는 것은 아니었다. 왕권이 노론에게 밀린 지는 그 연원이 오래되었던 것이다.

실제로 적성촌의 참상은 수령만의 잘못이 아니었다. 그의 적성현감 이세윤李世胤에 대한 보고가 이를 말해준다.

적성현감 이세윤은 순후하고 삼가면서 다스리고 몸가짐이 소탈하며, 재판 때는 비록 강한 면이 부족하지만 백성들을 보살피는 일은 부지런히 했습니다. 호구조사는 한차례 더 하는 수고를 꺼리지 않아 처음의 착오가 끝내는 바로잡혔습니다. 재해에 대해서는 자신의 재량으로 2결의 조세를 삭감하고 많은 곳에서 덜어내 적은 곳에 보탰습니다. 환곡을 받을 때 잉여분을 취했으나 사사로이 착복하지 않았기 때문에 용서했습니다.

「경기암행어사논수령장부계」

이세윤 같은 지방관이 다스리는 적성의 참상이 이러했으니 탐관오리가 다스리는 지역의 참상은 이루 말할 수 없었다. 연천과 삭녕이 그런 지역이었다. 그러나 정약용이 보기에 연천과 삭녕의 참상은 현 지방관의 문제가 아니라 전 지방관의 문제였다. 정약용이 연천의 전 현감 김양직金養直과 삭녕의 전 군수 강명길康命吉을 탄핵한 것은 이 때문이다.

연천의 전 현감 김양직은 5년 동안 관직에 있으면서 온갖 악한 짓을 다했습니다. 마음씨가 밝지 못한 데다가 술타령만 일삼고, 정사는 탐학하면서도 기생만 가까이 했습니다. 환곡 3,500석의 모조耗條(이자)를 멋대로 처분해서 모두 빼돌렸으며, 재결災結(재해 때문에 면세되는 농지) 51결結에 대한 실제의 혜택을 도둑질해먹어 백성들에게 혜택이 돌아가지 못했습니다. 751석의 명목 모를 곡식은 더 남겨두고도 모곡耗穀(이자)을 과다하게 거두었으며, 미수未收분 2,100여 석을 허위로 올려두고 무난하다고 속여서 보고했습니다. 직책을 팔아서 자신을 살찌우느라 역役을 무수히 면제시켜주었으며, 노비를 놓아주고 돈을 요구하는 등등의 일에 이르러서는 악명이 끝이 없습니다.

「경기암행어사논수령장부계」

정약용은 김양직에게 분개했다. 봄철 춘궁기에 빌려주었다가 가을 추수기에 10분의 1의 이자를 덧붙여 되돌려 받는 환곡은 보릿고개를 넘을 능력이 없는 가난한 백성들을 도우라는 제도였는데, 김양직은 백성들을 착취하는 제도로 악용했던 것이다. 심지어 환곡 때문에 가족이 뿔뿔이 흩어지는 경우도 있었다.

대체로 별환別還(따로 환곡을 요청하는 것)을 요청하는 자들은 가난한 양반이거나 걸식하는 백성들 할 것 없이 가분加分[15] 받기에 급급한 자들인데, 소청訴請만 하면 곧 허락해주었기 때문에 지금에 이르러서 양반은 매질로 독촉해도 낼 것이 없고, 백성은 도망치는 자가 속출하여 혼란이 끝이 없습니다. 지적하여 받아낼 곳이 없게 되니 허위로 명목을 세워 친족이나 이웃에게 전가시켰습니다. …… 독촉이 날마

15 환곡還穀을 규정된 수량을 초과하여 대출貸出하는 것. 환곡에는 유留와 분分이라는 것이 있는데, 대출하지 않는 것을 '유', 대출하는 것을 '분'이라고 한다. 유와 분을 각각 절반으로 하는 것이 원칙인데, 경우에 따라 1류 2분, 2류 1분, 진분盡分, 전류全留하는 일이 있다. 1류 2분의 경우와 같은 것을 가분이라고 한다.

다 급한지라 뿔뿔이 흩어질 상황이 목전에 이르렀습니다. …… 이른바 가류곡加留穀(환곡)을 공공연히 팔아먹은 뒤 이것을 자기 멋대로 아전들에게 분배하여 강제로 채워 넣게 하는데, 유리由吏(지방관아의 관원)는 벼 몇 섬, 창리倉吏(창고 관리 아전)는 기장 몇 섬을 내라고 하여 그 수량을 열 배 백 배로 늘려 보고에 준準하게 한 뒤에야 그만두니, 가옥과 전답을 다 팔더라도 모자랄까 걱정입니다. 아전도 백성인데, 어떻게 이런 상황을 견딜 수 있겠습니까?

「경기암행어사논수령장부계」

삭녕의 전 군수 강명길도 마찬가지였다.

강명길은 늘그막에 탐욕이 끝이 없고, 야비하고 인색함이 매우 심한 자로서 백성의 소송과 관아의 일은 머리를 가로저으며 관여하지 않는 반면 식비食費과 봉록은 갖은 방법으로 차지하고 멋대로 거두어들였으며, 표절사表節祠에 회감會減(회계상으로 감하는 것)해야 할 곡식을 높은 값으로 부민富民들에게 강제 징수했습니다. 산전山田과 화전火田에 함부로 높은 세금을 매겨서 모든 백성들은 흉년 든 해보다 견디기 어렵다고 말했습니다. 향임鄕任은 뇌물 바치는 문을 항상 열어놓고 있었으며, 귀탁歸橐(수령이 돌아갈 때 가지고 가는 짐 꾸러미)은 그 지방의 나룻배로 실어 나를 수 없을 지경이었습니다.

「경기암행어사논수령장부계」

표절사는 임진왜란 때 삭녕에서 순절한 인물들인 관찰사 심대沈岱

와 종사관 윤경원尹慶元과 강수남姜壽男, 양지梁誌의 위패를 모신 사당이었는데 이곳에 보조하는 운영비를 착복했던 것이다. 김양직과 강명길은 중인 출신으로 왕실과의 인연 때문에 지방관이 된 인물들이었다. 김양직은 사도세자의 무덤을 화성으로 옮길 때 그 이장지를 고른 지사地師였다. 강명길은 혜경궁 홍씨를 치료한 내의內醫 출신이었다. 그런데 강명길은 훗날 정조가 의문사 당했을 때 정승 심환지의 친척이었던 어의 심인과 함께 정조의 치료를 맡았다가 독살 논란을 불러일으키는 장본인이 된다.

정약용은 서계書啓의 「별단」에서 군역의 모든 폐단이 연천에서 광범위하게 자행되었음을 보고하고 있다.

> 한 사람이 향임에 오르면 구족九族이 역役을 면제받기 때문에 향임을 팔기 시작한 이래로 넉넉한 집안, 부유한 백성은 향임의 직을 사 유자儒者(유학자)의 옷을 입고 군역에서 면제되는 반면, 가난한 백성들에게는 황구첨정과 백골징포의 폐단이 있어 온 고을에 가득 차게 되었습니다.
> 이는 어느 곳이나 공통된 근심거리지만, 큰 고을에서는 그런 대로 변통을 할 수 있지만 작은 고을에서는 꼼짝달싹할 수가 없습니다. 그래서 신이 출도한 날 즉시 본관 수령에게 뇌물을 바치고 향임이 된 자는 모조리 임명장을 거두어 불에 태워버리고 그 본인 및 친족을 막론하고 군정軍丁에 결원이 생길 경우에 충당하도록 해서 뇌물로 군역을 면제하는 교활한 풍습을 징계하는 한편, 황구첨정이나 백골징포 같은 폐단을 제거하려고 했습니다. 그러나 환곡에 관한 문제는

신이 마음대로 처리할 문제가 아니었기에 고을 백성들이 뜰에 가득히 모여 호소를 하고 길을 가로막고 간절히 말을 했지만 신은 돌아가서 임금님께 말씀드리겠다고 할 수밖에 없었습니다.

그러니 지금 당장 관찰사로 하여금 사람을 보내 자세히 조사하게 해서, 김양직이 순전히 팔아먹은 것의 숫자를 계산하여 징수해내도록 하고, 그 외에 지목해서 징수해낼 것이 있는 자는 금년 내로 절반 혹은 3분의 2를 내도록 연기해주게 하십시오. 그리고 본관 수령으로 하여금 조정의 덕스런 뜻을 선포하여 연천의 백성들에게 사과[謝]하는 것이 아마도 백성을 안집安集시키는 방법이 될 것입니다.

「별단」

국가에서 백성들에게 '사과'해야 한다는 보고서는 정약용의 백성관을 잘 보여준다. 반면 그는 고위직에게는 추상같았다. 서씨 정승이 그런 예였다. 마전麻田에 살던 서정승 집 사람이 있었는데, 그는 향교鄕校 땅을 서정승에게 바쳐 그 뒷산을 묘지로 삼으려고 했다. 그는 "땅이 불길하다."라고 속이고 고을 유림들을 협박해 명륜당明倫堂을 헐어버렸다. 유학이 국시인 나라에서 개인적인 욕심 때문에 명륜당을 헐어버린 것은 큰 사건이어서 정약용은 서정승의 집 사람을 곧바로 체포해 처벌했다.

이 짧은 암행어사 기간 중에 정약용은 한 중요한 벼슬아치와 척을 진다. 종2품 경기감사 서용보徐龍輔였다. 그는 한강에 인접한 7개 읍에서 관청 곡식을 백성들에게 비싸게 팔아서 그 일부를 착복했다. 서용보는 "이 돈은 금천衿川의 도로를 보수할 비용이다. 싼값으로 얻을 수 있겠는가."라고 말했다. 정조의 화성 행차 때 지나갈 길을 닦는 비용이니 어찌 싼값으로 팔 수 있겠느냐는 뜻이었다. 비싼 값에 곡식을 사야 했던 백성들은 "괴롭구나, 화성이여. 과천에도 길이 있는데 왜 하필이면 금천으로 지나는가."라고 원망했다. 실제 정조의 화성 행로는 금천이 아니라 과천이었으나 서용보는 이를 핑계 삼아 착복했던 것이다. 서울로 돌아온 정약용은 이런 사실을 정조에게 고했다.

그러나 서용보를 고발한 이 사건은 정약용의 인생에 기나긴 그림자를 드리운다. 이에 악감정을 품은 서용보는 정조 사후 정약용에게 처절한 보복을 가한다.

주문모,
잠입하다

정조 18년(1794) 12월 말.

중국인 신부 주문모周文謨는 조선과 청나라의 국경이었던 변문邊門으로 향했다. 압록강 건너 만주 봉황성 부근에 있는 책문柵門으로 조선과 청의 사실상 국경이었다. 만주의 구련성九連城과 봉황성 사이의 책문에서 사신 일행이 드나들 때 조선과 청 사이에 행해졌던 무역이 책문柵門무역이다. 정조 22년(1798) 사은사의 서장관으로 따라갔던 서유문徐有聞의 『무오연행록』에 (책문은) "목책을 막았으니 그 제도가 한 길 되는 장목을 땅에 눌러 박고, 긴 나무로 가로 매었으나 그 틈으로 작은 사람은 충분히 출입할 수 있다."라고 쓴 것처럼 그리 엄

봉황성 입구 압록강에서 북서쪽으로 수백 리 떨어진 곳에 있는 성으로서 이곳에 있는 변문은 청나라와 조선 사이의 세관 역할을 했다. 그 남쪽은 조선의 영토로 인정되었는데, 주문모 신부도 변문을 넘어 조선으로 잠입했다.

격하게 관리되지는 않았던 국경이기도 했다.

주문모는 변문에서 조선의 중인 약사藥師 지황池璜을 만났다. 윤지충과 권상연이 부모의 신주를 불태운 진산사건(1791) 이래 많은 양반 사대부들이 천주교를 버렸으나 중인들은 흔들리지 않았다. 양반 사대부들은 비록 현실에서 소외된 남인이라 해도 엄연한 지배층이었던 반면, 중인들은 세상의 변혁을 꿈꾸었다. 지황 외에도 역관 출신인 윤유일·최인길·최창현 등 중인들이 천주교를 버리지 않은 것은 세상 변혁에 대한 열망 때문이었다.

쑤저우[蘇州] 출신의 주문모는 베이징 교구 신학교의 첫 번째 졸업생이었는데, 어려서 부모를 잃고 할머니 밑에서 자라다가 20세 때

주문모의 초상 조선에 밀입국한 최초의 외국인 선교사로 윤유일 등의 안내로 조선에 입국했다. 6년 동안 선교하면서 조선의 천주교세를 크게 확장시키다가 신유박해 때 사형당한다.

결혼했으나 3년 만에 상처喪妻한 경력이 있었다. 베이징 교구에서는 주문모 전에도 마카오의 요한 도스 레메디오스dos Remedios 신부를 조선에 파견하려 했으나 안내를 맡은 조선인들과 길이 엇갈려 실패했는데 그는 정조 17년(1793) 사망하고 말았다.

서양 신부 파견 계획이 실패로 끝나자 베이징 교구는 중국인 주문모에게 눈길을 돌린 것이었다. 지황과 윤유일의 안내를 받은 주문모는 옷과 머리를 조선식으로 꾸미고 정조 18년(1794) 양력 12월 23일 얼어붙은 압록강을 건넜다. 그때 나이 42세, 주문모의 입국은 수많은 파란의 시작이었다. 낮에는 숨고 밤에만 걸어서 서울에 도착한 주문모는 윤유일이 마련해준 서울 북촌北村 정동貞洞에 머물다가 곧 계동桂洞으로 옮겼다. 그는 여러 신자들에게 세례를 주고 일부 신자에게는 보례補禮, 즉 평신도에 의해 약식으로 치러진 대세代洗를 정식으로 대신하는 예식을 행했다. 그해 부활절에는 조선에서 최초로 교황청에서 인정하는 신부가 집전하는 성제聖祭를 드리고, 그 전날 고해성사를 받은 신도들에게 성체를 행했다. 주문모의 선교는 조선 신자들에게 큰 힘이 되었고 신자수가 크게 늘어나기 시작했다. 그러나 주문모의 국내 입국 사제 활동은 6개월 정도 되었을 무렵 한영익韓永益의 등장으로 첫 번째 시련에 봉착한다. 한때 신자였던 한영익은 천주교를 극력 반대하던 이벽의 형인 병사兵使 이격李格에게 중국인 신부의 입국 사실을 알려주었다. 이격은 즉시 조정에 이 사실을 알렸고, 조정은 그해 6월 27일 포도대장 조규진趙圭鎭에게 체포령을 내렸다.

역관 최인길이 이 사실을 탐지했을 때는 이미 포졸들이 주문모를 체포하기 위해서 떠났을 때였다. 신부를 보호하기 위해서는 누군가의 희생이 필요하다고 생각한 최인길은 양반 출신 여교우 강완숙姜完淑의 집으로 신부를 빼돌리고 포졸들이 닥치자 중국인 행세를 했다. 포졸들은 최인길을 포도대장 앞으로 끌고 갔지만 그가 중국인 신부가 아니라는 사실이 밝혀지는 데는 오랜 시간이 필요하지 않았다. 최인길과 신부를 안내해온 윤유일과 지황은 신부의 소재를 추궁하는 심한 고문을 당했는데, 목숨을 잃을 때까지 아무도 강완숙의 집에 숨어 있다고 자백하지 않았다. 이렇게 세 명의 중인 천주교도들이 또 순교의 길을 택한 것이다.

강완숙의 초상 조선 최초의 천주교 여교우 회장으로서 주문모 신부를 자신의 집에 감추어 두었다. 신유박해 때 사형당한다.

충남 내포內浦의 양반가에서 태어나 충청도 덕산德山 홍지영洪芝榮의 후처로 시집간 강완숙은 마테오 리치의 『천주실의天主實義』를 보고 천주교에 입교했을 정도로 지식인이었다. 그녀는 정조 15년

(1791)의 진산사건 때도 잠시 옥에 갇혔지만 양반 부녀자라는 이유로 석방되었다. 조선은 역모사건이 아닌 한 양반 부녀자는 심문하지 않는 관례가 있었다. 석방 후 강완숙은 시어머니와 자신의 딸, 그리고 전처 소생 홍필주洪弼周와 함께 서울로 이사했다. 그녀가 천주교 신자라는 사실을 두려워하는 남편과 잠시 별거를 선택한 것이다. 그녀는 최인길의 요청을 받고 여성만 사는 집에 남성을 들일 수 없다는 시대의 금기를 깨고 주신부를 받아들였다. 이후 강완숙의 집은 6년 동안이나 사실상 교회이자 주교관의 역할을 했는데, 세 신자의 목숨을 대가로 얻은 안전이니만큼 주문모도 신중하게 처신할 수밖에 없었다.

비록 그는 체포되지 않았으나 그의 입국 사실이 알려진 것만으로도 파문이 일었다. 노론 벽파는 이를 남인 공격의 호재로 삼았다. 그리고 그 여파는 정약용에게도 튀었다.

옥책문

암행어사를 마치고 돌아온 정약용은 정조 18년(1794) 12월 사도세자의 존호尊號를 추존하는 상호도감上號都監의 도청랑都廳郎이 되었다. 그러나 그의 상호도감 근무에도 반대가 심했다. 그가 온궁, 즉 온양 행궁의 사도세자 유적을 재정비한 전력 때문에 노론이 신경을 곤두세웠던 것이다. 노론이 가장 두려워하는 사안 중의 하나가 바로 사도세자 살해 문제가 정국의 전면에 등장하는 것이었다. 이런 분위기를 눈치챈 정조는 경연에서 연신筵臣들에게 양해를 구했다.

"정약용은 본래 한림翰林(홍문관) 출신으로 응당 내각內閣(규장각)에 들어갔어야 할 터인데 불행히도 일이 어긋나 신해년(1791) 이래로 시일을 끌어오다가 오늘까지 이르렀다. 지금 겨우 대교待教·직각直閣으로 있는데 잘못된 일이다. 마땅히 바로 품계를 올려주어 성균관 대사성이나 홍문관 부제학을 삼는다면 나중 내각의 제학提學으로도 키울 수 있을 것이다."

정조가 상호도감을 만든 이유는 이듬해가 사도세자의 회갑년이기 때문이었다. 상호도감의 우두머리인 도제조는 채제공이었고, 실무책임자인 도청랑은 정약용이었다. 장헌세자, 즉 사도세자에게 정조는 재위 7년 3월 수덕돈경綏德敦慶이란 존호를, 혜빈惠嬪 즉 혜경궁 홍씨에게는 자희慈禧라는 존호를 올린 적이 있었는데, 회갑년을 명분으로 존호를 더해 올리기로 한 것이었다.

그런데 정조는 당초 조정 신하들이 지어 올린 사도세자의 휘호 여덟 자의 내용이 만족스럽지 않았다. 「금등지사」의 "누가 영원토록 금등으로 간수하겠는가."라는 구절에 담긴 세자의 효성이 드러나지 못했다고 여겨졌기 때문이다. 그러나 조정의 여러 신하들이 지어 올린 휘호를 고치라고 말할 명분이 없었다. 정조는 채제공과 이가환에게 은밀하게 자문했다. 휘호를 고칠 수 있는 명분을 찾으라는 것이었다. 희대의 천재 이가환은 곧 휘호의 문제점을 찾아냈다. 여덟 자의 휘호 중의 '개운開運'이란 글자가 문제가 있다는 것이었다.

"개운은 석진石晉의 연호입니다."

석진은 중국 5대의 후진後晉을 뜻하는데, 석경당石敬瑭이 세웠으므로 석진이라고도 불렀다. 타국의 연호를 휘호로 쓸 수는 없는 노릇이었다. 정조는 크게 기뻐하며 존호를 고치라고 다시 명했고, 신하들은 '장륜융범章倫隆範 기명창휴基命彰休'라고 고쳐 올렸다. 이 중 윤리를 드높였다는 뜻의 '장륜章倫'이 바로 사도세자의 효성을 뜻하는 것으로서 금등지사의 뜻과 같았다. 혜경궁 홍씨에게는 '휘목徽穆'이라는 존호를 더 올렸다.

이로써 존호 문제는 일단락되는 듯했으나 대제학 서유신徐有臣이 옥책문玉冊文을 지으며 금등의 일을 또 언급하지 않았다. 그러자 부수찬 한광식韓光植이 상소해서 이 문제를 따졌다.

> 신이 어제 옥책문의 등본을 보았는데, 미덕을 찬양하는 뜻이 아닌 것은 아니었지만 고친 존호에서 발휘한 뜻이 빠졌습니다. 이것이 혹 당초 존호를 의논할 때 결정한 것인데 의논한 후에도 그대로 구본을 써서 그렇게 된 것은 아닙니까. 지금 비록 아름다운 옥을 엮어다가 새기는 것이 거의 끝나가는 상황이지만 이 일은 지극히 중하여 구차하게 할 수 없습니다. 신은 원컨대 전하께서 빨리 밝은 명을 내려 우리 경모궁(사도세자)의 실제의 덕과 지극한 행실이 밝게 빛나서 억만 년토록 영원히 전하게 하시기를 바랍니다.
>
> 『정조실록』(18년 12월 25일)

'장륜'이란 글자를 넣어 휘호를 새로 고쳤는데 왜 옥책문에서는 그 내용이 빠졌냐는 신랄한 추궁이었다. 사도세자가 효자였다는 내용이 왜 들어가지 않았느냐는 뜻이자, 영조가 사도세자의 죽음을 후회했다는 금등의 내용이 왜 누락되었느냐는 뜻이었다. 한광식의 상소문을 두고 노론과 남인의 반응은 달랐다. 노론 영의정 홍낙성은 서유신의 옥책문이 잘되었다고 지지했으나 남인 영중추부사 채제공은 잘못되었다고 비판했다. 채제공은 이렇게 주장했다.

> 온 나라의 여정이 존호를 다시 의논할 것을 청한 것은 대개 하늘에서 타고난 순전한 행실을 묘사해내어 만세에 밝게 알리고자 함이었습니다. 그런데 이 책문의 내용은 너무 범범한 데 가까운 듯하니 만약 털끝만큼이라도 유감이 남게 된다면 장차 어떻게 천년억년까지 전해 보일 수 있겠습니까.
>
> 『정조실록』(18년 12월 26일)

문제는 옥책문 일부를 교정하느냐, 아니면 전체를 새로 짓느냐의 문제였다. 정조가 서유신에게 다시 지어 올리라고 명했으나 대제학으로서 문장이 논란이 된 서유신은 사직 상소를 낼 수밖에 없었다.

상황은 더욱 꼬여갔다. 도감 도제조 채제공을 비롯해 제조提調 민종현·심이지·이득신·이가환 등이 모두 깊은 신음 속에서 방황했다. 그때 정약용이 나섰다.

"대체로 표表·전箋·조詔·고誥와 같은 유형의 글은 자구字句에 결함이 있을 경우 삭제하거나 윤색만 해도 괜찮겠지만 지금 옥책문은 금등의 일을 언급하지 않았으니 이는 생명력을 모두 잃은 것입니다. 지금 이 '장륜' 두 글자가 곧 이 한 편의 종지宗旨인데, 이 점에 대해서 분명히 언급하지 않았으니 과거문科擧文에 비유해본다면 포서파제鋪序破題(시제의 뜻을 밝히는 도입부)가 완전히 시제試題의 뜻을 잃은 것과 같습니다. 그러니 전편을 다시 짓지 않으면 아마도 올바른 뜻을 얻기 어려울 것입니다."

문제의 핵심이 금등의 뜻을 나타낸 '장륜'이란 글자에 있었다는 그의 말이 합당하기 때문에 그 누구도 정약용의 말에 반박하지 못했다. 그래서 옥책문은 다시 짓는 것으로 결정되었다. 상호도감은 우의정 이병모李秉模에게 옥책문 저술을 맡겼다. 드디어 옥책과 금인金印을 완성해 올리려는 찰나 서리胥吏의 질문 하나가 다른 문제를 야기했다.

"태빈궁(혜경궁 홍씨)의 옥책과 금인에도 신근봉臣謹封이라고 써야 합니까, 아니면 신臣이라고는 하지 말아야 합니까?"

혜경궁 홍씨에게도 신하의 예를 갖추어야 하느냐는 질문이었다. 혜경궁 홍씨는 사도세자가 즉위하지 못했기 때문에 비록 국왕의 생모지만 신하의 예를 받지 못하고 있었다. 채제공이 전례를 살피라고 했으나 워낙 민감한 문제이기 때문에 결정을 못한 채 우왕좌왕하고 있었다. 그때 다시 정약용이 입을 열었다.

"신근봉이 옳습니다."

그러자 채제공이 정약용을 쏘아봤다. 함부로 나서지 말라는 뜻이었다. 그만큼 민감한 문제였다. 혜경궁 홍씨의 지위는 사도세자의 지위에 따라서 결정될 수밖에 없었기 때문이다.

궁중의 웃어른인 영조의 계비 정순왕후貞順王后 김씨金氏는 태비太妃이자 대왕대비로서 당연히 신하의 예를 받았다. 그 친정아버지 김한

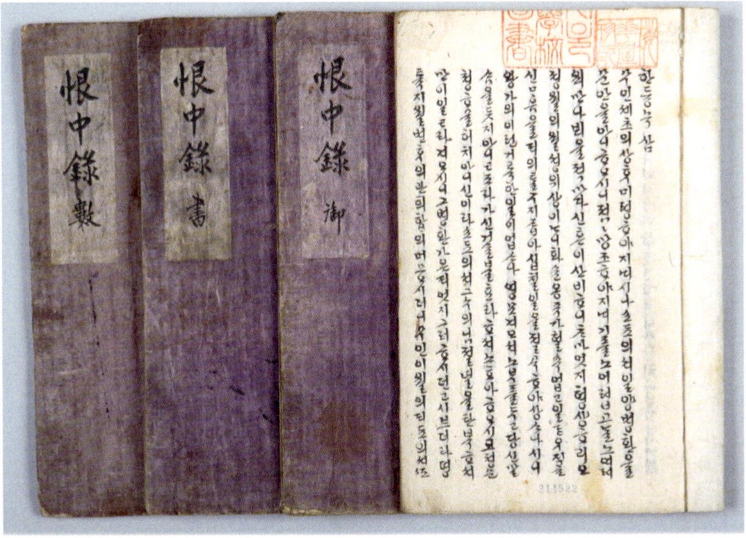

『한중록』 혜경궁 홍씨의 회고록으로 사도세자의 비극은 정신병자인 사도세자와 이상성격자인 영조 사이의 충돌의 결과이며 자신의 친정은 무관하다고 역설한다.

구金漢耈는 여러 차례 사도세자를 모해하고 세자를 고변한 나경언羅景彦을 사주했는데, 노론 벽파는 태비 김씨를 등대고 정조에게 맞서고 있었다.

이에 맞서 남인들은 혜경궁 홍씨를 높일 필요가 있었다. 가능하면 사도세자를 임금으로 추숭追崇하고 혜경궁도 대비로 올릴 필요가 있었다. 혜경궁이 사도세자 제거에 일조했다는 혐의와는 다른 문제였다. 혜경궁의 지위는 좋든 싫든 사도세자의 지위에 따라서 결정될 수밖에 없는 문제였다. 그러나 조정의 실권은 아직 노론 벽파가 쥐고 있었다.[16] 열 살 때 사망한 사도세자의 이복형 효장세자孝章世子가

16 사도세자가 장조莊祖로 추숭된 것은 고종高宗 때였고, 이때 홍씨도 헌경왕후獻敬王后로 추숭되었다.

진종眞宗으로 추숭되고, 그의 빈 조씨趙氏가 효순왕후孝順王后로 추숭된 것을 생각하면 14년 동안이나 대리청정하던 사도세자의 추숭은 당연했으나 벽파에서는 그러고 싶은 생각이 추호도 없었다.

'신근봉'이 옳다는 정약용의 주장에 채제공이 쏘아본 것은 극도로 민감한 이 문제에 함부로 나서지 말라는 뜻이었다. 작년에 사도세자 문제를 거론했다가 역적으로 몰렸던 그였기에 더욱 조심스러웠다. 그러나 이미 뱉은 말을 다시 주워 담을 수는 없었다. 도감 제조인 민종현閔鍾顯과 심이지沈頤之가 물었다.

"왜 신근봉으로 해야 하는가?"

자칫하면 사도세자를 둘러싸고 충역논쟁이 다시 벌어질 수가 있었다. 그러나 정약용은 사도세자를 거론하지 않고 논리를 전개했다.

"지금 문제의 핵심은 옥책·옥보玉寶·금인을 누구에게 올리느냐는 것입니다. 도감청의 여러 신하들 이름으로 태비나 태빈(혜경궁 홍씨)에게 올리는 것이라면 조정에서 태빈에게만은 보통 때 신臣이라고 칭하지 않기 때문에 이번의 일도 신이라고는 않는 게 옳습니다. 그러나 지금 우리 신하들은 임금의 명을 받들어 이 옥책 등의 물건을 대전大殿에 계시는 주상께 올리는 것이고, 주상께서는 스스로 효도하는 정성으로 태비와 태빈에게 올려 바치는 것입니다. 따라서 옥책·옥보·금인은 주상께 올리는 것인데, 왜 신이라고 하지 않아야 합니까?"

신하들이 옥책 등을 태빈에게 올리는 것이 아니라 국왕에게 올리는 것이니 신이라고 쓰는 것이 당연하다는 논리였다. 비로소 채제공이 가세했다.

"그 말이 옳다."

국왕에게 올리는 것이기 때문에 '신근봉'이라고 써야 한다는 논리라면 반대할 것이 없었기 때문이다.

이로써 혜경궁 홍씨도 태비 김씨처럼 신근봉이라고 쓰인 옥책문을 받게 되었다. 처음으로 조정으로부터 '신臣'이라고 쓰인 문서를 받은 것이었다. 사도세자 제거에 가담했던 혜경궁으로서는 오만 가지 감회가 들었을 것이다. 며칠 후 채제공은 정약용에게 말했다.

"신臣이라고 하는 것과 하지 않는 것은 대단히 큰 문제요, 내가 처음 그대의 말을 듣고 깜짝 놀랐는데 그대의 해석을 듣고 마음이 풀렸소."

정약용의 이런 탁월한 논리와 거침없는 행보는 조정 내 모든 사람들의 주목을 받게 만들었다. 특히 정조는 정약용이 마음에 들었다. 속으로 끙끙 앓던 문제를 풍파 한 번 일으키지도 않고 해결해낸 것이다. 그래서 정조는 재위 18년(1794) 12월 정약용을 홍문관 부교리(종5품)에 임명했다가 이듬해(1795) 정월에는 사간원 사간司諫(종3품)에 제수했다. 한 달 만에 세 개 품계를 뛰어넘은 것이다. 이것도 파격적인 승진인데 며칠 후에는 승정원 동부승지同副承旨(정3품)를 제수했다. 이는 1품계 승진이지만 차이는 작지 않았다. 임금의 비서격인 동부승지는 임금의 이목耳目이자 후설喉舌(혀)로서 불릴 정도로 임금을 보좌하는 자리인 데다 자급도 통정대부通政大夫로서 당상관이었다. 조선은 당상관이 되어야 비로소 주요한 국정에 직접 참여할 수 있었다. 정3품부터 종2품까지는 부르는 호칭도 그냥 '나리'에서 '영감令監'으로 달라졌다.

정약용 자신이 「자찬 묘지명」에서 '상호도감都監의 노고 때문'이라고 적고 있는 것처럼 이때의 활약 덕분에 빠르게 승진한 것이다. 사도세자의 존호를 추존하고 혜경궁 홍씨에게 '신근봉'이라고 쓴 옥책을 올린 활약은 정조를 크게 만족시켰지만 그만큼 노론 벽파를 긴장시켰다. 정약용을 방치할 경우 사도세자 문제가 다시 살아날지 모른다고 우려한 노론은 정약용을 공격할 기회를 엿보았다. 그리고 그 기회를 천주교에서 찾았다.

천세, 천세,
천천세

재위 19년(1795) 2월 17일 정조는 느닷없이 정약용에게 병조참의兵曹參議를 제수했다. 다음 달 화성에서 있을 대행사 때 왕실 호위의 임무를 맡기기 위해서였다. 혜경궁 홍씨의 회갑잔치였다. 회갑잔치를 화성에서 하는 이유는 물론 사도세자 때문이었다. 살아서 잔치를 받는 것은 혜경궁 혼자지만 사실상 사도세자와 함께 받는 잔치였다. 혜경궁과 사도세자는 모두 영조 11년(1735)에 태어난 동갑내기였기 때문이다.

정조는 이번 행사에 큰 의미를 부여했다. 그래서 대대적으로 잔치를 준비했다. 정조는 이 행사를 통합 관리하는 정리소整理所를 설치하고 내탕금 10만 꿰미를 내려 비용에 사용토록 했다. 정조는 행차에 앞서 대장기大將旗에 지내는 군기제軍旗祭인 둑제纛祭를 지냈을 뿐만

독성산성 세마대 현재 경기도 오산시 지곶동에 있는 백제시대의 산성. 산성의 가장 큰 결점으로 지적되던 물의 부족은 세마대洗馬臺의 전설을 낳았다.

아니라 2월 25일에는 후원後苑에서 혜경궁을 모시고 예행연습까지 했다. 국왕이 직접 예행연습을 한 것은 혜경궁의 지위를 높이기 위한 것이었다. 그러면 사도세자의 지위도 자연 올라가기 마련이었다.

드디어 윤2월 9일 말을 탄 정조는 가마를 탄 혜경궁 홍씨를 모시고 화성으로 향했다. 사도세자의 두 딸 청연淸衍과 청선淸璿, 두 군주郡主(세자의 딸)도 가마를 탔다. 정조는 작년(1794) 2월 10일의 화성 행차가 생각났다. 독성산성禿城山城의 장대將臺에 올라갔다가 운주당運籌堂에 이르러 산성의 부로父老들을 불러 물었다.

"그대들 중에는 나이 많은 노인이 많으니 경진년(영조 36년)에 어가가 머물렀을 때 구경한 사람이 있겠구나."

경진년은 사도세자가 온양 행궁에 행차한 해였다.

"경진년에 온천에 행차할 때 어가가 운주당을 숙소로 삼았는데, 신들은 거의 다 의장儀仗들을 반갑게 쳐다보았습니다."

"그대들은 그때의 일을 기억하고 있는가?"

부로들은 일제히 이렇게 대답했다.

"어가가 머무른 날에 친히 백성들의 고충을 물어보고 창고의 곡식을 풀어 내려주었으며, 진남루鎭南樓에 올라 과녁을 쏘아 연거푸 네 발을 맞추었습니다."

부친의 행적을 직접 듣는 정조의 가슴은 떨렸다.

"지금 내가 31년 만에 이 산성에 오르고, 이 집에 앉아서 예전 일을 묻노라니, 슬픈 감회를 누를 수 없다. 뜰 안에 들어온 부로 가운데 온천 행차 때 은전恩典을 입은 사람은, 승려건 속인俗人이건 간에 나이를 따지지 말고 특별히 한 자급資級씩 올려주고, 성안의 민가에는 매 호戶마다 쌀 한 섬씩을 주어, 이날의 감회가 깃든 뜻을 표시하라."

돌아오는 길, 정조는 활터가 있는 득중정得中亭에 들러 각신閣臣 · 장신將臣과 활을 쏘았다. 정조는 다섯 발을 쏘아 일부러 네 발을 맞췄다.

"오늘 활을 쏜 것은 경진년의 옛일과 똑같으니, 마땅히 뜻을 보이는 일이 있어야 하겠다."

정조는 이때 수원부사 조심태趙心泰에게 금갑金甲 한 벌을 내려준 것이었다.

작년에 있었던 이런 모든 행사들이 정조에게 새롭게 다가왔다. 그렇게 억울하게 돌아간 부친 사도세자의 한을 안고 혜경궁 홍씨의 회갑연을 치르러 화성으로 가는 길이었다. 가는 도중 비가 내렸다. 조금이라도 험한 길이 나오면 정조는 매번 말에서 내려 혜경궁의 가마 앞으로 나아가 안부를 물었다. 어의가 비에 젖는 줄도 몰랐다. 저녁 때 정조는 시신侍臣을 돌아보고 이렇게 말했다.

"오늘 온 비에 군병들의 옷이 젖은 것은 민망한 일이지만 이번의 행차야말로 지극히 성대한 거조이고 이 예禮야말로 크나큰 의절儀節이니, 모든 일이 다 원만하게 되기를 구할 필요는 없다. 잠깐 비가 왔다가 바로 개면서 앞길을 깨끗이 청소해주었으니 무슨 상관이 있겠는가. 더구나 농사일이 시작될 즈음에 토지를 적셔주었으니 어찌 농부에게 기쁜 일이 아니겠는가."

이튿날 정조는 화성의 공자묘를 참배하고 새로 간행한 사서四書 삼경三經과 노비를 내려주었다. 이는 자신이 유학자임을 천명해 사학(천주교)에 관대하다는 비난을 누그러뜨리기 위한 것이기도 했다. 정조는 또한 화성의 우화관于華觀에서는 문과를, 낙남헌洛南軒에서는 무관을 시취試取해 최지성崔之聖 등 문과 5인과 김관金寬 등 무과 56인을

낙남헌 정조는 화성 행차 중 낙남헌에서 무관을 시취해 56명의 무인을 급제시켰다.

급제시켰다.

윤2월 13일 화성 행궁의 내전內殿에서 열린 혜경궁 홍씨의 회갑연 때 홍씨의 자리는 내전 북쪽 벽의 남쪽을 향한 곳이었고, 그 동쪽이 정조의 자리였다. 내외명부에 소속된 여성들은 앞 기둥의 발[簾] 안쪽에 자리 잡고, 그 남편들은 뜰 중앙에 서게 했다. 의빈과 척신들은 앞 기둥의 발 바깥쪽 좌우에 자리 잡았고, 대신 이하는 모두 융복戎服(군복)을 갖추어 입고 내전의 문 바깥쪽 뜰에 벌려 섰다. 붉고 푸른 깃발들이 하늘에 펄럭였다.

자리 배치가 끝나자 의식이 시작되었다. 여관女官(상궁)이 내명부와 외명부를 인도하여 배위拜位(절하는 자리)로 나아가게 했다. 악대가 연주하는 낙양춘곡洛陽春曲이 흐르는 가운데, 여관의 '국궁鞠躬', '재배再拜', '흥興', '평신平身' 호령에 따라 내외명부의 여인들은 절을 하고 몸을 폈다.

여인들의 절이 끝나자 악대가 낙양춘곡洛陽春曲을 여민락령與民樂令(임금이 환궁할 때 아뢰던 음악)으로 바꾸었는데, 정조 차례였다. 정조가 의식에 따라 절을 마치자 여악공 두 명이 정조가 지은 어제御製 장락장長樂章을 불렀다.

"성대한 연회는 태평시대에나 있는 법, 오늘날 태평시대의 기상이 넘쳐흐르도다. 그 기상을 묻노니 어떤 것인가. 노인성老人星이 중천에 떠 밝게 빛나도다. 봄철 장락궁長樂宮에 노인들 모여들고, 화봉인華封人처럼 축하하러 부인들 참석했도다."

'화봉인'은 『장자莊子』 「천지天地」에 나오는데 중국 고대 요임금에게 수명과 부富와 아들이 많기[多男子]를 축원했다는 인물이다. 정조의 어제 장락장은 계속된다.

"긴긴 봄날 장락궁에서 술잔 올리며, 세 차례나 축원을 올리옵니다. 자손에게 끼쳐주신 어머님 은혜, 그 무엇이 이보다 높으리까. 복록이 풍성하게 넘쳐흐르며 찬란하게 빛나옵니다. 함지咸池의 북소리에 운문雲門의 거문고, 신선주神仙酒 따라 올리면서 해마다 축원하오리다."

잔치는 계속되었다.

정조가 배위拜位에 무릎을 꿇자, 인도하던 여집사가 외쳤다.

"세 번 머리를 조아려야 합니다."

정조가 세 번 머리를 조아리자 다시 여집사가 외쳤다.

"천세千歲를 불러야 합니다."

정조가 손을 마주 잡고 이마 위에 올리며 "천세."라고 축원했다. 여집사가 또 "천세를 불러야 합니다."라고 외치자, 다시 "천세."라고 축원했으며, 또 "거듭 천세를 불러야 합니다."라고 외치자 정조가 "천천세!"라고 외쳤다.

정조가 천세를 부를 때마다 내외명부와 여관들이 모두 선 자리에서 일제히 소리쳐 호응하고 악대가 낙양춘곡을 연주했다. 여민락의 환환곡桓桓曲과 청평악淸平樂, 오운개서조곡伍雲開瑞朝曲 등이 연주되는 가운데 음식상과 술상이 올려졌다. 정읍악井邑樂과 여민락이 향악鄕樂(조선식)과 당악唐樂(중국식)으로 번갈아 흐르는 가운데 처용무處容舞를 추었다. 춤과 노래가 끝난 후 여악공女樂工 두 사람이 발[簾] 밖의 한복판에 나와 동서로 나누어 북쪽을 향해 선 다음 정조가 지은 관화장觀華章을 불렀다.

화성능행도 1795년 정조의 화성 행차를 그린 병풍 그림. 총 6천여 명의 참가 인원은 그간 추락했던 왕실의 권위를 나타내는 효과가 있었다. 호암박물관에 소장돼 있다.

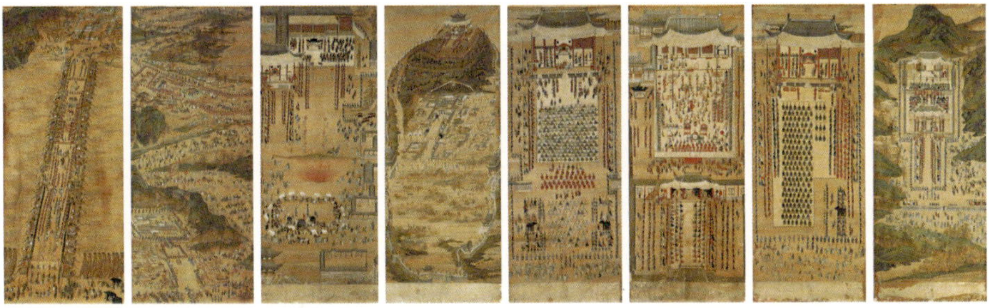

화성행행도 병풍 정조가 부친인 사도세자의 회갑을 맞이해 정조 19년(1795) 윤2월 9일부터 8일간에 걸쳐 모친인 혜경궁 홍씨를 모시고 사도세자의 묘소가 있는 화성의 현륭원을 행행했을 때의 모습을 그린 8첩 병풍이다.

화성능행도 부분 혜경궁 홍씨의 가마가 푸른 휘장으로 둘러싸여 있다.

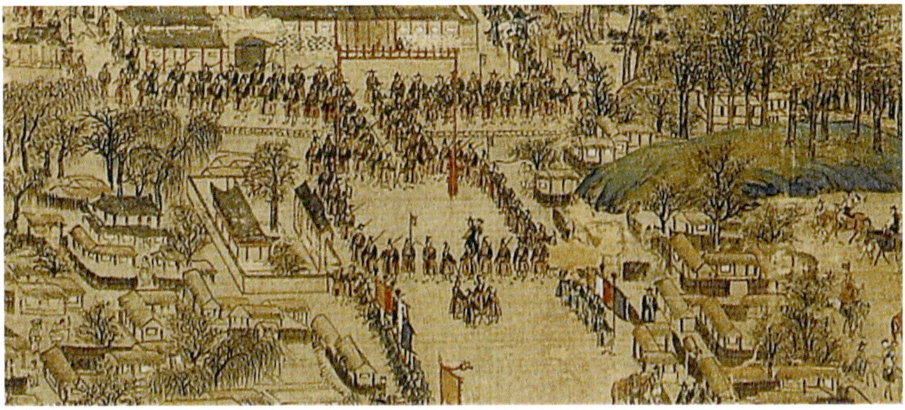

화성능행도 부분 행차가 시흥행궁 앞에 다다른 모습이다.

연회의 마지막 노래였다.

"자궁의 덕 순일함이여, 대지大地와 같아 표현하기 어려워라. 아, 자궁의 덕 아름다워라, 이번에 회갑을 맞으셨도다. 화창한 이 시절을 완상玩賞함이여, 만물이 어울려 화락하도다. 새로 지은 고을에서 기쁨을 누림이여, 집집마다 노랫소리 울려 퍼지도다. 떠오르는 저 해와 달처럼 천년토록 만년토록 오래 사소서."

혜경궁 홍씨는 감격했다. 불과 몇 달 전까지만 해도 혜경궁 홍씨에게는 '신근봉'이라고도 하지 않던 신하들이었다. 만약 사도세자가 죽지 않았다면 이보다 더 큰 영화를 누렸을 것이었다.

정조는 영의정 홍낙성을 비롯해 연회에 참석한 70세 이상과 61세가 되는 벼슬아치들에게 각각 비단 한 필씩과 누런 명주를 주었는데, 명주는 구장鳩杖(손잡이에 비둘기 장식을 한 노인의 지팡이)에 매는 것이었다. 정조는 일반 백성에 대한 배려도 잊지 않았다. 정조는 현륭원 밑에 거주하는 백성들에게 2년 동안 세금을 면제해주었으며, 수원부 성 내외에 사는 백성들에게도 1년 동안 세금을 면제해주었다. 가난한 백성들에게는 쌀을 나누어주었다.

생각건대 저 누더기 옷을 입고 초췌한 모습을 하고 있는 사람들만 유독 이 기쁜 일에서 소외된다면 어찌 하늘의 아름다운 명을 받들어 행하는 뜻이겠는가. 내일 신풍루新豐樓에 가서 사민四民에게 쌀을 나누어주어 백성들을 구제하는 동시에 거리가 조금 먼 마을에는 승선承宣(승지)을 나누어 보내 창고를 열어서 먹여주도록 할 것이다. 지금 이때에 죽을 먹이고 전대를 채워줌으로써 죽음의 구렁텅이에서 빠져

신풍루 행궁 정문. 아래층엔 세 개의 판문이 달린 통행문이 있고, 위층엔 누마루가 있다. 을묘년 정조가 행차했을 때 신풍루 앞에서 백성들에게 쌀을 나누어주는 진휼 행사가 있었다.

> 나와 격양가擊壤歌를 부르게 하는 것은 털끝만 한 것도 모두 자궁께서 내려주시는 것이니, 백성이 아무리 식견이 없고 무지하다 하더라도 어찌 기쁜 마음으로 서로 크나큰 은혜에 감격해 자궁의 덕을 칭송하지 않겠는가.
>
> 『정조실록』(19년 윤2월 13일)

정조는 이튿날 신풍루에 나아가 수원부의 가난한 사민 539명에게 200여 석의 미곡을 나누어주고, 진휼 대상인 4,800여 명의 백성들에게 미곡과 미역·소금·간장 등을 나누어주었다. 정조가 내려준 10만 꿰미의 돈은 이 모든 행사를 치르고도 남았다. 그러자 정조는 남은 돈으로 곡물을 마련해 '을묘년 정리곡整理穀'이라 명명해 전국 300

여 주현州縣에 나누어주었다. 혜경궁 홍씨의 회갑을 온 나라 백성들이 즐기게 하려는 의도였다.

정조는 이번 행사를 백성들을 직접 만나는 계기로 이용했다. 윤2월 16일 서울로 환궁하면서 시흥을 지날 때 부로를 불러서 고통을 물어보았다. 백성들의 고통은 정약용이 암행어사를 마치고 복명한 대로 환곡에 대한 것이 가장 많았다. 그래서 정조는 지난해 추수 때 상환 기한을 연기시켜주었던 환곡還穀을 일체 탕감해주라고 명했다. 혜경궁 홍씨의 회갑을 왕실이나 사대부만의 잔치가 아니라 만백성의 잔치로 만들려는 것이었다. 그리고 실제로 정조의 노력에 의해 그렇게 되었다.

금원의 잔치

정조는 화성에서 어제御製를 내려주면서 배행한 신하들에게 화답시를 짓게 했다. 정약용도 화답시를 지었다.

장락궁 높은 곳에 새 잔치 베푸니
수성이 이르러 신령스런 봄을 축하하네
하늘과 함께 천년만년 다함없으리니
아침 해 돋는 듯 비로소 육순六旬이네
눈에 가득 벽도화碧桃花는 상서로운 기운이고

붉은 꽃 꽂은 이들 모두 봉인封人(국경을 맡은 벼슬아치)이네
우리 임금 효성은 순효純孝로 받들리라
늙은이들 아침까지 백 잔 술에 취하리

정조가 화성에 가기 전날 병조참의로서 궁궐에서 숙직하던 정약용은 군호軍號(군중에서 쓰는 암호)를 지어 올렸다. 그날 봄바람이 부채질하듯 싱그럽게 불어왔기 때문에 '선화扇和(부채바람)'라고 지어 올렸는데 꾸짖는 답변이 돌아왔다.

"허다한 문자가 있는데 왜 하필 선화인가. 빨리 고쳐 올려라."

정약용이 고쳐서 올린 글은 매번 퇴짜 맞았다. 아흔아홉 번이나 고쳐 올린 뒤 '만세萬歲'라는 두 글자를 올려 재가를 받았다. 숨 돌릴 틈도 없이 다른 명령이 뒤를 이었다.

"'폐하께서는 만세의 수를 누리고 신은 이천석二千石이 되었다'는 어제로, 새벽 문 열 때까지 칠언배율七言排律로 100운韻의 시를 지어 올려라. 이 인물은 서경西京(전한의 수도 장안) 때의 인물이고 활 쏘는데 관련된 일이니 널리 조사해 새벽 문 열 때까지 지어 바쳐라."

그 짧은 시간에 100운의 시를 지으라는 불가능한 명령을 정약용은 해냈다. 이때 지은 시가 「병조에서 교지에 응해 지은 왕길王吉의 사오사射烏詞(까마귀를 쏘는 노래) 일백운」이란 시였다.[17]

정조는 크게 칭찬하는 비답을 내려주었다.

"어젯밤 군호의 일로 시험 삼아 100운의 배율을 지어 바치라고 했

17 「기성응교부득왕길사오사일백운騎省應敎賦得王吉射烏詞一百韻」

는데, 시간은 이고二鼓(밤 9시~11시)가 지난 뒤였고, 글제 또한 애매한 것이었는데, 문을 열자 이미 시가 완성되었도다."

정조는 이서구李書九, 윤행임尹行恁 등 당대의 문장가들과 비유해가며 크게 칭찬했다.

"오늘 정약용의 운을 짓는 솜씨는 시부詩賦를 짓는 것보다 빠른 듯하고, 짓는 과정도 표책表策을 짓는 것보다 못하지 아니하니, 이만한 실력과 재주를 가진 사람은 참으로 보기 드물다 하지 않을 수 없다. 머지않아 마땅히 내각에 들어올 것이다."

정조는 큰 사슴가죽 한 장을 상으로 내려주었다. 이는 정조의 의도적인 시험이었다. 정조는 정약용에 대한 노론 벽파의 의구심을 잘 알고 있었다. 그래서 그는 정약용을 남인이기 때문이 아니라 뛰어난 실력 때문에 중용하는 것임을 보여주고 싶었던 것이다. 정조는 이 시를 규장각·예문관·홍문관 제학提學들에게 두루 보여주고 평하게 했다.

그때 규장각 제학이 심환지沈煥之였다. 심환지는 노론 벽파의 영수였는데 그도 정약용의 글을 후하게 평가했다.

"문장이 활발하기는 구름이 퍼지고 물이 흐르는 것 같고, 정교한 짜임새는 옥을 다듬고 비단을 짜놓은 것 같으니, 이러한 사람을 두고 이른바 문원文苑의 기재奇才라고 하겠다."

심환지는 인정할 만한 것은 인정해서 자기가 파당에 치우치지 않았음을 알리고 싶어 하는 인물이었다. 또한 그런 방식으로 노론 중에서도 대화가 통하는 사람을 찾던 정조에게 접근한 인물이기도 했다. 규장각 제학이자 노론 벽파 영수인 심환지까지 칭찬하자 예문관 제학 이병정李秉鼎과 홍문관 제학 민종현閔鍾顯도 칭찬하지 않을 수 없었다. 민종현은 "온종일 읊조리며 지었다고 하더라도 오히려 가작佳作이라고 할 만한데 하물며 몇 시간 만에 지은 것이랴."라며 칭찬했다. 나라의 문형文衡을 쥔 세 사람의 칭찬은 정약용의 실력만큼은 누구도 의심할 수 없게 만들었다.

심환지의 초상 정조-순조시대 벽파의 영수. 정조와 남인들에 맞서 싸웠으며 정조 사후 남인 계열의 시파를 제거하기 위한 신유사옥에 큰 역할을 담당했다.

그해 3월 3일 정조는 정약용을 의궤청儀軌廳 찬집문신纂輯文臣으로 임명하면서 『화성정리통고華城整理通考』를 찬술하라고 명했다. 화성 축조에 관한 종합 보고서였다. 이때 정조는 현륭원과 그 주위 읍에 심은 나무를 기록한 『식목부植木簿』를 내려주며 정리하라고 명했다.

"7년 동안 여덟 읍에 심은 나무에 관해 기록한 식목책이 수레에 실으면 소가 땀을 흘릴 정도로 많다. 그래서 누가 나무 심는 데 공로가 많은지 심은 나무의 숫자가 얼마인지를 명백하게 알기 어렵다. 너는 번잡한 내용을 추려 책 한 권의 분량이 넘지 않도록 정리하라."

정조 13년(1789)부터 19년(1795)까지 현륭원 주위의 여덟 읍, 즉 수원·광주·용인·과천·진위·시흥·안산·남양 등에 심은 수많은 나무에 관한 사항을 한 권의 책으로 정리하라는 말이었다.

정약용은 이 방대한 내용을 어떻게 정리할지 생각했다. 네모 칸을 만드는 것이 효과적이란 생각이 들었다. 7년 동안 총 12차례에 걸쳐서 식목했으므로 가로로 12칸을 만들고, 여덟 읍에 심었으므로 세로로 8칸을 만들었다. 칸마다 그 숫자를 기록하고 총계를 내었다. 소나무·회나무·상수리나무를 모두 합쳐 1,200만 9,772그루였다. 이렇게 정리한 것을 맨 끝에 기록해서 올렸더니 정조는 아주 흡족해했다.

"책 한 권 정도의 분량이 아니면 자세히 할 수 없을 것이라고 생각했는데, 한 마리 소가 땀을 흘리며 끌어야 할 정도의 많은 분량을 한 장의 종이에다 정리해놓았으니 잘했다."

정조는 오랫동안 칭찬을 아끼지 않았다.

그러나 정조는 때로 정약용을 엄하게 다루었다. 정조 19년(1795) 봄, 정약용이 회시會試의 고관考官이 되었을 때의 일이었다.

회시란 지방의 문무과 초시初試에 합격한 사람들이 서울에 모여 보는 시험을 뜻하는데, 여기에 합격해야 진사進士가 되고 대과大科에 응

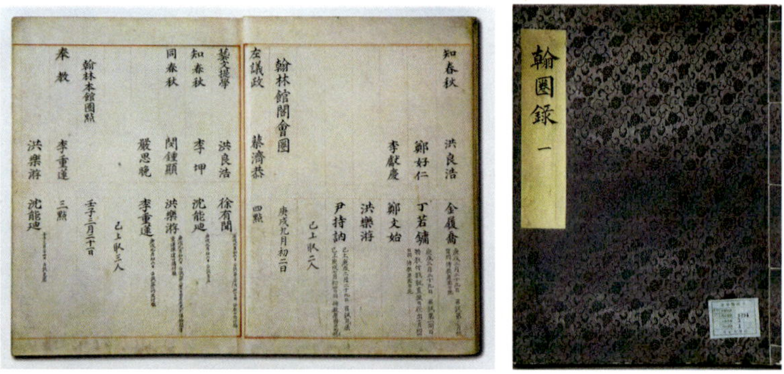

『한림관각회권』 『한권록』이라고도 한다. 여기에는 예문관검열藝文館檢閱 선발명단이 기록돼 있다. 성명 밑에는 소자로 시험 합격 여부, 임명 등 관계사항을 주기하였다. 규장각 도서에 있다.

시할 수 있었다.

회시는 1소一所과 2소二所 두 군데로 나누어 치러지는데, 정약용은 1소의 동고관同考官을 맡았다. 그런데 합격자를 발표하고 보니 남인이 무려 50여 명이나 되었다. 시중에 정약용이 당파심으로 남인들을 대거 뽑았다는 말이 나돌았다. 정조는 크게 화를 냈다.

"방자하고 거리낌 없는 인물이구나. 평생 다시는 시험관 노릇 하지 말라."

정조는 다른 일을 핑계로 정약용을 하옥시키고 이조吏曹에 관직을 주지 말라고 명했다. 그러나 합격한 남인들은 대부분 2소 출신이었고, 1소에서 뽑힌 인물은 불과 세 명이었다. 정약용은 억울했지만 진상이 밝혀지기를 기다리는 수밖에 없었다. 정약용은 약 10여 일 동안 갇혀 있다가 형조참의로 복직되었다. 사실 정조가 정약용을 '평생 다시는 시험관 노릇하지 말라'고 꾸짖은 것도 다분히 의도적인 것이었다. 정조는 얼마 후 정약용을 춘당대春塘臺에서 치르는 과거 시험의 대독관對讀官으로 임명했기 때문이다. 더구나 정조는 고관考官인 제학 서유린徐有隣에게 이렇게 말했다.

"답안을 취하거나 버리고, 흠잡거나 병통을 지적하는 것을 모두 대독관과 함께 상의해서 하는 것이 좋을 것이다."

사실상 정약용에게 주관하게 하라는 말이었다. 정약용이 일어나서 말했다.

"문원文苑의 고사에 따르면 대독관은 단지 답안을 읽을 수만 있을 뿐 감히 가부可否에 대해서 관여를 해서는 안 된다고 했습니다. 신은 감히 명을 받지 못하겠습니다."

“함께 의논할 만함을 알고 있으니 사양하지 말라.”

정조가 거듭 교지를 내려 권하는 바람에 정약용은 할 수 없이 채점에 참여하게 되었다. 제학 서유린은 어명을 받았다는 이유로 한 점을 찍고 지울 때마다 모두 정약용의 말을 기다렸다. 정약용과 서유린이 배율排律 한 장을 버렸는데, 그 답안을 한번 훑어본 정조는 애석하게 여겼다. 채점이 끝났으나 배율은 뽑힌 답안이 없었다. 그러자 정조가 입을 열었다.

“아까 그 한 장이 아깝다.”

정조는 시신侍臣에게 그 답안을 찾아오라고 명했다. 그러나 시신이 아무리 구석구석을 뒤져도 찾지 못했다. 보다 못한 정약용이 한 장을 집어 들었는데 바로 그 답안이었다. 그것을 제일第一에 놓고 이름을 펴보던 정약용이 갑자기 몸을 벌벌 떨었다. 큰 함정에 빠진 사람처럼 얼굴색이 파랗게 질렸다.

“무엇 때문에 그러느냐?”

“신의 족제族弟입니다.”

배율을 써낸 사람은 정약선이었던 것이다. 얼마 전 회시에서 사정을 썼다고 하옥까지 되었기 때문에 또 구설수에 오른다면 끝장이란 생각이 들었던 것이다.

“그 사람 됨됨이와 문예文藝는 어떠한가?”

“평범하고 변변치 못한 선비입니다.”

대답하고 물러나오는 정약용의 얼굴빛이 파랬다. 밖에서 정약용은 채제공의 양자 채홍원蔡弘遠을 만났다. 같은 임오생으로 친한 사이였다.

"나는 이제 죽음만이 있을 뿐이네. 새로 성지聖旨를 입었는데 또 다시 어탑御榻(임금의 의자) 앞에서 이런 혐의를 범했으니 죽음만이 있을 뿐이네. 대저 고관考官이란 직책은 반드시 죽는 자리인가 보네."

그러자 채홍원이 정약용을 위로했다.

"전하께서 얼마 전에 '내가 뒤에 알았다. 회시에서 정약용은 1소를 맡았는데, 남인으로 뽑힌 사람은 모두 2소에서였다. 정약용의 사심이 아니었다'라고 말씀하셨네. 전하께서는 그렇게 혐의하시지 않을 것이네."

그러나 정약용은 안심할 수 없었다. 사정으로 국사를 그르치는 일에 대해서는 사정이 없는 정조였다. 채홍원은 며칠 뒤 정조를 만났는데 정조가 물었다.

"어제 정약선을 만나보았는데 그 행동거지는 단정하고 조심성 있었으며, 응대하는 것도 얌전하고 우아했다. 그의 문학文學은 어떠한가?"

"문예도 정묘精妙하옵니다."

"정약용에게 물었더니 평범하고 변변치 못한 선비라고 대답하던데 무슨 까닭이 있는가?"

채홍원은 정약용이 자신에게 한 말을 낱낱이 고했다. 정조는 크게 웃었다. 혐의가 완전히 풀린 것이었다.

그래서 그런지 그해(1795) 3월 10일, 정조는 정약용을 내원內苑 잔치에 초청했다. 내원 잔치에 초청되는 것은 큰 배려였다. 원래 내원 잔치는 왕실 가족들만의 연회였는데, 정조는 재위 16년(1792) 3월 21일, 이를 신하들에게도 개방했다. 그날 내원에 모인 신하들에게 정조는 모임의 성격을 설명했다.

"내가 규장각을 설치한 이래 이 직책에 있는 모든 자를 집안사람처럼 보았으니, 오늘의 모임에도 마땅히 집안사람의 준례를 적용하겠다. 각신 자제들의 참석도 허락한다."

규장각 각신들을 집안사람으로 여기겠다는 뜻이었으니 대단한 파격이었다. 이날 후원 연못에서 낚시를 하는데, 한 마리 잡힐 때마다 기旗를 들고 음악을 울렸다. 기분이 좋아진 정조는 자신이 기구起句와 결구結句를 지을 테니 다른 신하들은 중간 두 구를 지어서 시를 완성하라고 말했다. 정조의 기구는 "내원에선 어조魚藻시를 노래하고 / 앞 연못엔 뛰어난 인재들 모여 있네."라는 것이었다. '어조'란 『시경詩經』「소아小雅」편의 시구인데 천자가 제후들에게 잔치를 베풀고, 제후들은 천자의 훌륭함을 기린다는 내용의 시였다. 자신을 황제에, 신하들을 제후에 비유한 것이었다. 정조의 결구는 "온 자리에 화기가 혼후渾厚하니 / 너희 무리를 집안사람처럼 보련다."라는 것이었다. 내원잔치는 활도 쏘면서 저녁까지 이어졌다.

이후 정조는 매년 봄 좋은 날을 잡아 잔치를 베풀었는데, 재위 19년에 드디어 정약용도 불렀다. 이날의 잔치에는 규장각의 여러 각신과 친척들 54명이 참석했다. 영의정 홍낙성洪樂性은 참석 대상이 아니었으나 나이가 많다는 이유로 특별히 참석시켰다.

정조는 기분이 좋았다.

"올해야말로 천 년에 한 번 있을까 말까 한 경사스러운 해다. 그러니 이런 기쁜 경사를 빛내고 기념하는 일을 내 어찌 그만둘 수 있겠는가. 매년 이 잔치에 초청된 각신의 자질子姪은 아들과 아우, 조카로

한정했으나 올해에는 재종再從과 삼종三從까지 확대했는데, 이는 많은 사람들과 즐거움을 나누려는 뜻이다.”

지난달에 치렀던 회갑연의 감흥이 채 가시지 않은 상태였다.

정조는 영화당映花堂 아래에서 말을 타면서 신하들에게도 말을 타고 따라오라고 명했다. 채제공 이하 10여 인의 각신과 정약용을 비롯한 7여 인이 말을 타고 뒤를 따랐다. 백화가 만발한 정원을 지나 어수당魚水堂 앞에서 말을 내린 정조는 천향각天香閣에 설치된 어좌御座에 앉았다. 정조는 대신과 각신에게 술과 안주를 내리고 경치 좋은 곳을 선택해 쉬게 했다. 어느 정도 시간이 흐른 후 정조는 존덕정尊德亭의 서쪽 태청문太淸門 안의 막차幕次로 거둥해서 대신들에게 이날 모임의 의미에 대해서 설명했다.

정조의 파초도 먹의 농담과 흑백 대조에 의해 바위의 질감과 파초잎의 변화를 세련되게 표현하였다. 틀에 얽매이지 않는 남종화의 특징을 잘 드러낸 그림으로, 조선시대 왕의 작품 가운데 대표작이라 할 수 있다. 보물 제743호다.

“예로부터 내원의 놀이에는 척리戚里(왕의 외척)가 아니고서는 참여할 수 없었으니 외신을 참여시킨 것은 특별한 은전이라 하겠다. 나는 춘저春邸(세손) 때부터 어진 신하를 내 편으로 하고 척리를 배척해야 한다는 의리를 깊게 새기고 있었다. 그래서 즉위 초에 맨 먼저 내각을 세웠던 것이니, 이는 문치文治 위주로 장식하려 함이 아니라 이들을 가까이 두어 아침저녁으로 나를 계발하고 좋은 말을 듣기 위해서였다. 그래서 좋은 작위로 예우하고 대접했는데, 심지어 꽃구경과 낚시질까지도 각신들과 함께하고 그들의 아들·조카·형제까지 연회에 참석하도록 허락했던 것이다. 예법을 간소화해서 은혜로 접하고 한데 어울려 기쁘게 즐기는 것을 매년 정례화하고 있으니, 이런 대우와 사랑은 예로부터 인신人臣으로서는 얻기 힘든 것이라고 하겠다."

정조는 이어서 척신戚臣(왕비의 친척)들의 대두를 경계하는 뜻의 유시를 하면서 "이에 특별히 경들을 불러 나의 속마음을 펼쳐 보여주게 되었으니, 이 자리에 참석한 여러 신하들은 각자 두려운 마음을 갖고 경계하여 오늘 내가 유시한 것을 잊지 말도록 하라."고 말을 맺었다.

채제공이 화답했다.

전하께서 임금의 자리에 계신 20년 동안 척리를 한 사람도 진출시키지 않았으니 보고 듣는 이들치고 그 누가 우러러보며 칭송하지 않겠습니까. 그리고 신들로 말하면 직접 성대한 이 기회를 만나 특별한 은혜를 입고 있으니, 어찌 감히 스스로 순결한 마음을 지니고 만분의 일이라도 성상의 기대에 어긋나지 않도록 노력하지 않을 수 있겠습니까.

『정조실록』(19년 3월 10일)

창덕궁 부용정 정조는 매년 봄 이곳에서 규장각 신하들을 불러 시작과 낚시를 하며 하루를 즐겼다.

정조는 척신정치의 폐해를 그 누구보다도 잘 알고 있었다. 특히 숙종 때와 영조 때 척신정치는 극성을 부렸다. 현종의 장인 김우명金佑明이 숙종 때 남인들을 몰아내기 위해 정사에 개입한 것을 비롯해서 인현왕후 민씨의 친정아버지 민유중閔維重·민정중閔鼎重 형제, 그리고 영조 때 혜경궁의 친정아버지인 홍봉한·홍인한 형제, 영조의 계비 정순왕후 김씨의 친정아버지인 김한구 등이 모두 척신들로서 정사에 개입해 물의를 일으킨 인물들이었다. 그리고 이들의 당파는 모두 노론이었다. 척신정치는 노론이 일당 독재를 유지하는 주요한 수단이었던 것이다. 정조는 재위 19년 동안 척신들을 등용하지 않는 것으로 척신정치의 음습한 유산을 끊으려고 한 것이다. 이는 또한 노론 벽파에게 정순왕후에게 기대는 척신정치에서 단절하라는 시사이기도 했다. 마치 자신이 죽은 당일 정순왕후와 노론 벽파의 척신정치가 되살아날 것임을 예견이라도 한 것처럼.

술이 몇 순배 돈 후 정조는 부용정芙蓉亭의 작은 누각으로 거둥해 태액지太液池에서 낚싯대를 드리웠고 여러 신하들도 못가에 둘러서서 낚시를 하게 했다. 붉은색 옷을 입은 신하들은 남쪽에서, 초록색 옷을 입은 신하들은 동쪽에서 낚싯대를 드리웠고, 성균관 유생들은 북쪽에서 낚시했다. 정조는 물고기 네 마리를 낚았는데 낚아 올릴 때마다 음악이 한 곡씩 연주되었고, 끝나면 다시 못 속에 놓아주었다. 정조는 배를 띄우고 신하들에게 시를 짓게 하면서 정해진 시간 안에 짓지 못하면 귀양 보내겠다고 농弄했다.

실제 몇 신하가 짓지 못하자 연못 한가운데 있는 조그만 섬에 귀양 보냈다가 곧 풀어주었다. 이날의 연회는 밤이 되어서야 끝났는데 정조는 어전御前에서 사용하는 홍사촉紅紗燭을 내려주어 밤길을 밝히게 했다.

정약용의 「부용정시연기芙蓉亭侍宴記」는 내연에 참여한 감동을 적고 있다.

> 임금과 신하의 관계는 하늘은 높고 땅은 낮은 것과 같다고 하겠으나 임금의 도가 너무 굳세기만 하고 마음씨가 미덥지 못하면 모든 서정庶政은 좀스러워지고 육기六氣(음陰·양陽·풍風·우雨·회晦·명明)가 어긋나게 되어 재이災異가 발생한다. 그러므로 하늘은 내려오고 땅은 올라가는 것을 태泰(『주역』의 편명)라고 하는데, 이렇게 군자의 도는 자라고 소인의 도가 소멸되면 음양이 조화되어 사특邪慝하고 부정한 기

운이 발붙일 틈이 없게 되는 것이다.

우리 성상께서는 평소에 뜻이 공손하고 검소하셔서 말 달리며 사냥하기를 좋아하지 않으시고, 여색이나 진귀한 물건도 가까이하지 않으신다. 환관과 궁첩에게도 사사로운 정을 주지 않으시면서 오직 신하들 중에 문학과 경술經術이 있는 자만을 좋아하여 그들과 함께 잔치를 베풀어 즐기신다. 비록 사죽금석絲竹金石(현악기·관악기·쇠로 만든 악기) 같은 온갖 악기를 벌려놓고 번갈아 연주하게 하면서 노닌 적은 없으나, 음식을 내려주고 온화한 낯빛으로 친한 이를 대하는 것이 마치 집안사람들이나 부자父子 사이와 같았으며, 엄하고 딱딱한 낯빛은 짓지 않았다. 그러므로 여러 신하들도 자신이 하고자 하는 말을 털어놓지 않는 바가 없어서, 민생의 질고와 여항閭巷의 감춰지고 답답한 사정을 모두 들을 수 있었으며, 경經을 말하고 시를 이야기하는 자들도 의구심이 없이 질정質正하고 변석辨釋하는 데 정성을 다할 수 있었다.

오호라! 이것이 어찌 이른바 군자의 도가 자라고 소인의 도가 소멸하는 것이 아니겠는가?

「부용정시연기」

정약용이 볼 때 정조 시대는 '군자의 도는 자라고 소인의 도는 소멸하는' 성인聖人의 시대였다. 정조는 그 봄 세심대洗心臺로 꽃구경을 가면서 정약용을 대동했다. 술이 몇 순배 돌자 정조는 어시를 내리고 답시를 짓게 했는데, 내시가 시를 옮겨 쓰는 무늬 색종이인 오색 채전彩箋 한 축軸을 가져왔다.

"제신들 가운데 누가 가장 속필速筆인가?"

"정약용보다 빠른 사람이 없습니다."

"정약용은 어막御幕 안에 들어와 시를 옮겨 쓰라."

정약용은 어막 안의 땅바닥에 종이를 깔고 붓을 들었다.

"장막 안의 땅이 고르지 못하니 내 책상 위에다 시축詩軸(시를 적는 두루마리)을 올려놓고 쓰는 것이 좋겠다."

그러나 정약용은 감히 임금의 책상에다 두루마리를 놓을 수가 없어서 머뭇거렸다.

"빨리 명대로 하라."

거듭 재촉하는 바람에 할 수 없이 책상에 두루마리를 놓고 시를 베껴 쓰기 시작했다. 정약용은 유명한 속필이었다. 정조는 정약용의 베끼는 모습을 바짝 다가가서 보더니 웃으며 말했다.

"과연 빨리 쓰는구나."

정조는 이제 정약용을 비롯한 남인들을 중용할 때가 되었다고 생각했다. 재위 19년(1795) 봄, 정조는 남인들을 중용해 조정의 균형을 이루려 한 것이다. 정조는 인정문에서 쩌렁쩌렁한 목소리로 백관들에게 하교했다.

"너희 조정에서 벼슬하는 백관은 모두 나의 고유를 들으라. 내가 오늘 소인을 물리치고 군자를 나오게 하여, 황천조종皇天祖宗의 보살핌을 이으려 하노라. 나는 오늘 선악을 분명히 구별하여 백성들의 뜻을 크게 안정시키려 하노라."

이해 봄 정조는 판중추부사 채제공을 좌의정으로 삼고, 이가환을 공조판서로 삼고, 정약용을 우부승지右副承旨로 삼았다. 권력남용의 혐의를 받던 정동준鄭東浚이 자살하자 정조는 그 여세를 몰아 남인 재사들을 대거 등용한 것이었다. 정약용이 「정헌 이가환 묘지명」에서 "이에 안팎의 분위기가 흡족하여 훌륭한 인재들이 모두 진출하는 것으로 생각할 정도였다."라고 서술하고 있는 것처럼 조정의 역학구도가 변하려 하고 있었다.

그러나 노론은 정국이 그렇게 흘러가도록 방관하지 않았다.

書且皆不平安信息　潮進展，好
跡盡深矣，此書氣光　莽蒼蒼也，真是
洋溢瀰漫瀰漫，鄉之果然壽日中方揚
自然淳淳而有發，且經一世而歲暮勝時之相
此生一是得作寫矣，心血首末蓮經一一生氣
萬山有欲沿，勝所時惟年瑟瑟之情安以
君之吳南是傳是類也，對聯康泰左
今上相知貴桐也，心有如琴書師雖識其
有理董琵此室之察，出來定羅琴指
來海夜收後以來矣，如存唯以緣之歌之錄
而其文黃山詩收湖呈小錄於日雖業上看

제5장

지방관으로

정치가 퇴폐하면 나라가 가난해지고 부세의 징수가 가혹해지는데,
그러면 인심이 떠나가고 천명이 가버리니,
그런 까닭으로 시급한 것은 정치에 있다.

노론의 대공세

노론에서 반격에 나선 때는 그해(정조 19년) 7월 4일이었다. 반격의 재료는 주문모 신부 사건이었다. 최인길·윤유일·지황이 포도청에서 장사杖死한 사건을 거론하고 나선 것이다. 이미 셋이 사망한 지 한 달 반이 지난 후였다. 대사헌 권유權裕가 공격수로 나섰다.

"달포 전에 포도대장이 세 사나이를 타살했는데, 듣건대 이들은 사학邪學의 무리라고 합니다. 비록 대신(채제공)이 연석筵席에서 전하께 보고한 뒤 포도대장을 지휘하여 그렇게 하였다고는 하나 아무도 모르는 한밤중에 서둘러 잡아 죽이면서 마치 단서가 탄로날까 두려워 입을 막고 자취를 엄폐하려는 것처럼 하였으니, 이것이 무슨 의도이며 이것이 무슨 법이란 말입니까. 그 포도대장을 체포해 엄히 치죄治罪하는 동시에 특별히 규찰을 더해 정화시켜야 할 것입니다."

이 상소는 포도대장을 겨냥했지만, 실제 과녁은 남인 영수 채제공이었다. 정조는 이런 사실을 잘 알고 있었다.

달포 전에 포도대장이 세 명의 사학도를 타살한 일과 관련해서 경이 한 말의 뜻을 보면 은연중에 대신을 핍박하고 있는데 경은 어찌하여 제대로 알지도 못하면서 이런 말을 하는가. 그때 대신이 연석에서 말한 내용은, 그들을 형조에 회부해서 법대로 처단하고 기시棄市(시신을 사람들에게 내보임)함으로써 다른 자들을 징계하고 뒷날을 경계토록 하자는 것이었는데 막판에 가서 미처 이송移送하지 못하였다. 이

것이 어찌 입을 막고 자취를 엄폐하려 한 것인가."

『정조실록』(19년 7월 4일)

남인들을 제거하려는 속뜻을 알아차린 정조의 거부로 사건의 확대는 좌절되었지만 이것으로 끝은 아니었다. 사흘 후인 7일에 행부사직行副司直 박장설朴長卨이 상소를 올려 재차 공세에 나섰던 것이다. 박장설의 상소는 이가환을 겨냥하고 있었다.

"신은 현재 전개되고 있는 일과 관련하여 나름대로 통분하고 개탄하는 점이 있습니다. 신은 나그네 신하[羈旅之臣]라고 할 수 있는데 전하께서 신들을 충의忠義는 하나도 없는 신하로 간주하시니, 가슴이 아플 따름입니다. 신은 달포 전에 일어난 포도청 사건과 관련해서 이미 몇 년 동안 마음속으로 혼자 걱정해온 사태기에 갑절이나 격발되는 점이 있습니다. 아, 저 이가환이란 자는 단지 하나의 비루하고 험악하고 음험하고 사특한 무리일 따름입니다. 약간 글재주가 있어 세상을 기만하며 이름을 훔치고 있으나, 사학을 앞장서서 주도해 우리 유가儒家의 도와 다르게 치달리고 있는 것이야말로 무엇보다도 용서하기 어려운 큰 죄라고 하겠습니다. 이가환은 어리석은 조카를 내보내 몇 권의 요서妖書를 사오게 한 뒤 부유한 사람들을 유혹하여 허다한 재화를 속임수로 획득하는 한편 스스로 교주敎主가 되어 그 요술을 확대 전파하면서 남의 자식을 해치고 남의 제사를 끊어버린 것이 이루 헤아릴 수 없이 많습니다."

이가환을 공격한 박장설의 칼끝은 정약전을 겨냥했다.

"이가환은 주시관主試官으로서 책문의 제목이 오행伍行이었을 때 해원解元(정약전)은 서양 사람의 설에 입각해서 오행을 바꿔 사행四行이라고 하였는데 그 해원은 바로 가환의 도제徒弟입니다."

정약전은 정약용보다 한 해 뒤인 정조 14년(1790) 과거에 급제했다. 왕자의 탄생을 축하하는 증광별시였는데, 이때의 과제가 바로 '오행'이었고, 정약전이 장원으로 뽑혔던 것이다. 정조는 정약전의 답안을 가져오게 해서 자세히 검토한 후 입을 열었다.

"(정약전의 답안에서) 상소한 자가 말한 부분을 자세히 살펴보니 애초에 비슷하게라도 의심스러운 곳이 없었다. 처음에 오행伍行에 대해서 말하고, 다음에 금金·목木 이행二行에 대해 말하고, 그다음에 수水·화火·토土 삼행三行에 대해서 말하고, 그다음에는 토土가 사행四行에 붙어 있음을 말하고 다시 오행으로서 결론을 맺었다."

정약전의 답안은 오행설에서 벗어난 것이 아니라는 해석이었다. 정조는 유학을 빗댄 정치공세에 화를 냈다. '기려지신'이라는 표현도 정조를 화나게 했다. 기려지신이란 외국에서 귀화해 벼슬하는 신하라는 뜻이지만, '기려羈旅'에는 나그네라는 뜻도 있었다.

그도 또한 나라 안의 벼슬아치요, 유구琉球나 일본에서 어제오늘 귀화한 무리들이 아닌데, 나그네(기려)라는 표현을 어떻게 감히 마음속으로 생각해서 입으로 발설하고 붓으로 찍어 소장에 올릴 수가 있단 말인가. 사람대접을 해주며 책망할 자격도 없지만 전적으로 '다스리지 않는 것으로 다스린다[不治治之]'는 조항으로만 돌릴 수는 없는 일이다.

『정조실록』(19년 7월 7일)

정조는 박장설이 정약전을 거론했지만 실제 과녁은 정약용이라는 사실을 알고 있었다. 정약전은 승문원 부정자로 있다가 규장각의 월과月課의 임무를 맡았는데, 먼저 급제한 정약용의 서열이 더 높았다. 그러자 정조는 "형이 아우를 뒤따르니 편하지 못하겠다."라면서 월과를 면하게 해주었다. 그래서 정약전은 친구들과 한가롭게 어울려 다닐 뿐이었는데, 이런 정약전을 겨냥한 것은 정약용을 공격하려는 의도였다. 이는 정조 주변의 남인들을 모두 제거하려는 상소였다. 화가 난 정조는 박장설을 북쪽 끝 두만강으로 유배 보냈다가, 다음은 남쪽 끝 동래로 가게 하고, 다시 제주도로 갔다가 압록강으로 가게 했다. 나라의 네 변방을 두루 돌아다녀 '나그네(기려)'란 말에 맞게 하려는 뜻이었다. 그러나 박장설의 귀양으로도 문제는 끝나지 않았다. 노론 벽파에서 사생결단을 하고 달려들었기 때문이다.

노론 벽파의 공세는 남인 영수 이가환과 정약용에게 집중되었다. 이가환에게 공세가 집중되었던 데는 이유가 있었다. 이잠의 종손이기 때문이다. 노론 벽파는 정조가 이가환을 중용하려 할 때마다 이잠의 종손이란 이유로 강하게 반대했다. 정조가 재위 16년(1792) 9월 이가환을 성균관 대사성으로 임명했을 때도 그랬다. 천재학자 이가환은 성균관 대사성의 적임자였다. 다음 일화가 이를 말해준다.

> 한번은 번옹(채제공)과 함께 앉아 있는데 화성에서 찾아온 선비가 하소연하기를 "얼마 전에 제가 시험 답안으로 제출한 시에서 우연히 '지이之而(뺨의 털)'라는 두 글자를 사용했는데 유수留守가 낙방시키고는 그 답안지를 과거장에서 돌려보게 하면서 '궁벽한 글이나 괴팍한

문자는 임금에게 상주할 수 없다'고 말해서 부끄럽고 분했습니다. 저는 신광하申光河 승지의 글에서 분명히 그 문구를 보았지만 그 글자의 출처를 몰라서 따지지 못했습니다."라고 하니 번옹이 크게 탄식하며 "왕형공王荊公(송나라 왕안석)의 시에 '번뜩이는 고래가 파도에 맞서니 풍랑에 비늘과 털(지느러미)이 일어난다[呆鯨抗波濤 風作鱗之而]'는 게 있는데, 자네는 왜 이걸 가지고 답변하지 못했는가."라고 하자 공(이가환)이 말하기를 "왕형공이 지은 것은 본래 경전에서 나온 것입니다. 『주례周禮』 「고공기考工記」의 '재인위순거장梓人爲筍虡章'에 '무릇 움켜잡아 죽이고 씹어 먹는 맹수는 반드시 그 발톱을 감추고 눈알이 튀어나오며 비늘과 지느러미가 일어선다. …… 정현鄭玄은 지이를 협갈頰頰이라 했는데, 가공언賈公彦(당나라 학자)은 협갈은 두려운 모양이라' 했다. 「고공기」가 어찌 궁벽한 글이겠는가. (유수가) 옛 경서에 어둡고도 부끄럽게 여기지 않고, 시속의 이야기나 하며 웃고 있다는 것이 이런 것을 두고 하는 말이다. 그대는 왜 「고공기」를 들어서 이야기하지 않았는가."라고 했다. 공이 한창 읊어댈 때 빠른 바람이 지나가듯, 폭포수가 흐르듯 하니 빙 둘러앉아 있는 사람들이 상쾌하게 여겼다.

「정헌 이가환 묘지명」

서양 과학기술은 물론 고대 경전에도 통달한 이가환이야말로 학생들을 가르치는 성균관 대사성으로 적격이었다. 그러나 정조가 재위 16년 이가환을 성균관 대사성에 임명했을 때 노론에게 이 희대의 천재는 노론으로부터 세자(경종)를 보호해야 한다는 상소를 올린 흉역 이잠의 종손일 뿐이었다.

사헌부 지평 김희순이 상소를 올리고, 사간원 정언 한상신·이명연도 상소를 올려 반대했다. 심지어 이때 『정조실록』 사관이 "이가환은 흉인凶人 이잠의 종손으로, 사람됨이 음흉하고 난폭하였으나 문명이 있었으며 채제공과 더불어 당을 위해 몸을 바쳤다."라고 부기할 정도로 이가환에 대한 노론의 저주는 뼛속 깊은 것이었다. 성균관의 태학생들은 이가환이 대사성으로 주관하는 시험을 집단으로 거부했다. 이에 이가환이 사의를 표하자 정조는 말렸다.

"그자들이 시험에 들어오지 않는 것이 무슨 상관이 있느냐. 더욱 엄히 신칙해서 공정하게 행하라."

이가환은 정조의 명대로 공정하게 시험을 주관했으나 이런 상태에서 대사성 직책을 제대로 수행할 수 없었다. 그래서 결국 정조는 이가환을 개성유수로 옮길 수밖에 없었다. 정조는 그날 좌의정 채제공에게 고통을 토로했다.

"개성유수 이가환의 일 때문에 이틀 밤을 자지 못했으나 이는 도리어 한 번의 웃음거리도 못 된다. 선대왕의 평탕平蕩의 사업을 계승하는 것이 곧 나의 고심이다."

승지 심환지는 평소에는 노론 벽파의 당익黨益을 앞세우지 않는 듯한 처신으로 정조의 신임을 얻다가 결정적인 순간에는 당익에 앞장서는 인물이었다. 그는 "이가환은 이잠의 종손從孫으로서 그가 비록 문학을 잘해서 일컬을 만하다고 해도 그 허물을 가릴 수는 없습니다."라면서 대사성 기용에 반대하는 자세를 분명히 했다. 정조는 심환지에게 이렇게 반박했다.

"이가환의 종조에 대해서는 나도 그 이름을 익히 듣고 있으나, 종조는 종조이고 종손은 종손이다. 재능을 헤아려 임무를 맡겼는데 이가환이 문사文士가 아니라는 말인가."

그러면서 정조는 "경 또한 과구중인科臼中人(절구 속의 평범한 사람)이 되어 구습舊習을 면하지 못하고 이렇게 뭇사람들을 따라 하고 있으니 해괴하기 그지없다."라고 비판했다. 이때 정조가 심환지의 본질을 제대로 간파했다면, 그래서 그 자신이 와병 중일 때 그에게 내의원 제조의 임무를 맡기지 않았다면 역사는 달라졌을 수도 있었다. 그러나 정조로서는 그나마 심환지를 통해서 노론과 대화하는 것이 나은 선택이라고 여겼다. 그래서 노론이 사생결단으로 반대하는 이가환은 지방으로 쫓겨날 수밖에 없었다. 그러나 정약용은 이에 대해 "명목상 밖으로 쫓아낸 것이지만 실제로는 2품으로 승진시켰으니 임금의 돌보아주시고 아껴주심을 차단할 수 없었음이 그러했다."라면서 형식상으로는 지방으로 쫓아낸 것이지만 내용으로는 3품 대사성에서 2품 개경유수로 승진시켰다고 해석했다.

지방으로 간 이가환은 종조부 이잠 문제에 대해 정면대응했다. 정조 17년 1월의 상소에서 이잠을 옹호하고 나선 것이다.

> 신이 지금 세상과 아무런 원망이나 미움을 살 일이 없건만, 전후로 신을 논핵하는 자들이 한사코 신을 미워하는 이유는 대개 신의 종조부 때문입니다. 신의 종조부 신臣 이잠이 당시 보호에 관한 상소를 올린 것은 피를 뿌리고 충심을 토로해서 나라를 위해 충성을 바치고 몸을 던져 뜻을 이루고자 한 것입니다.
>
> 『정조실록』(17년 1월 24일)

'보호에 관한 상소'란 세자(경종)를 보호해야 한다는 상소를 올렸다는 뜻이다. 이잠이 세자를 보호해야 한다는 상소를 올린 것이 역적일 수는 없었다. 노론이 세자를 제거하려 한다는 사실은 이미 상식이었다. 저군儲君으로 불리는 세자는 국왕과 마찬가지 존재였다. 이런 세자를 제거하려는 노론이 문제면 문제지, 세자를 보호해야 한다고 주장한 이잠이 문제는 아니었다. 더구나 세자는 이후 경종으로 즉위했다. 그러나 이 무렵 노론에게는 어떠한 논리도 필요 없었다. 당익의 관점에서 모든 것을 바라보았던 것이다. 이잠을 옹호한 이가환의 상소가 알려지자 노론은 발칵 뒤집혔다. 다음 날 우의정 김이소가 상차(간결한 상소문)를 올려 이가환을 공격하고 나섰다.

"이가환의 상소는 감히 흉악한 이잠의 일을 장황하게 늘어놓았는데 패악스럽고 무엄하기가 끝이 없었습니다. 참으로 사람의 마음이 불측하기가 이 지경에 이를 줄은 미처 헤아리지 못했습니다."

판중추부사 김종수도 공격에 가세했다.

"이가환이 아무리 흉악한 창자를 물려받았다 할지라도 또한 선왕조의 한 신하인데, 하늘을 이고 땅을 밟고서 어떻게 감히 '나라를 위해 목숨을 바쳤다'는 등의 말을 글로 써서 전하의 앞에 올린단 말입니까."

정조는 이가환을 옹호했다.

"이가환의 상소는 무단히 원통함을 하소연한 일과는 다르다. 바로 지난번에 특지로 벼슬이 제수되자 여기저기서 밀어닥치는 공격을 견디지 못해 한참이 지난 뒤에 소장을 올려 변명한 것이니, 오히려 딱하고 안타깝다고 말할 일인데 어찌 꼭 경의 말처럼 할 필요가 있겠는가."

정조의 무마로 사태는 수그러들었다. 그러나 노론 벽파는 이가환을 반드시 죽이려고 마음먹었다. 이 무렵이면 노론과 다른 당론 자체가 역심으로 몰리는 일당독재가 거의 자리를 잡고 있었다. 정약용은 나중 「이가환 묘지명」에서 "계축년(정조 17년)의 상소는 올리고 싶어서 올린 게 아니라 마지못해서 올렸던 것인데, 마침내 이 때문에 죽임을 당했다."라고 써서 이가환의 비극은 이 상소에서 비롯된 것이라고 보았다.

이가환의 대사성 임명이 계속 파문을 낳자 정조도 한발 물러나지 않을 수 없었다. 게다가 천주교를 빗댄 공세이기에 이가환과 정약용이 불리할 수밖에 없었다. 그래서 정조는 이가환과 정약용의 천주교 혐의를 근본적으로 씻을 기회가 필요하다고 판단했다. 정조가 재위 19년(1795) 7월 25일 이가환을 충주목사(정3품), 정약용을 금정찰방金井察訪(종6품)으로 좌천시킨 것은 이런 이유 때문이었다. 같은 날 『정조실록』은 "이때 호서湖西(충청도) 지방 대부분이 점점 사학邪學에 물들어가고 있었는데 충주가 가장 심했으므로 특별히 가환을 그곳의 수령으로 삼고, 또 정약용을 금정찰방으로 삼은 뒤 각각 속죄하는 실효를 거두도록 한 것이었다."라고 쓰고 있는데, 이는 정조가 두 사람에게 천주교를 억압하는 임무를 맡긴 것을 뜻한다. 이가환은 2품계가 떨어졌지만 정약용은 무려 7품계가 떨어진 것이다. 우부승지에서 찰방으로 떨어진 정약용의 처지는 궁색한 것이었다.

정조는 정약용이 천주교 서적을 본 것을 꾸짖었다.

"정약용이 만약 눈으로 성인의 글이 아닌 것은 보지 않고 귀로도

경經을 어지럽히는 말을 듣지 않았다면 죄 없는 그의 형이 어찌 소장疏章에 올랐겠는가?"

'죄 없는 그의 형'이라는 표현은 박장설의 과녁이 정약용이라는 사실을 알고 있다는 뜻이었다.

"전 승지 정약용을 금정찰방으로 제수하니 무슨 면목으로 조정에 나와 사은을 하겠는가. 즉각 출발해서 목숨이나 살아 한강을 넘어올 방법을 도모케 하라."

정조는 더 이상 천주교 문제로 남인들이 공격받는 상황을 재연하지 않기로 결심했다. 정조가 다음 날(7월 26일) 이승훈을 예산으로 유배 보낸 것은 이 때문이다.

연전에 서양책을 구입해온 이승훈이 의식적으로 그렇게 했건 무의식적으로 했건 따질 것 없이 그가 털끝 하나도 다치지 않으면서 집에서 편안히 있게 해서야 되겠는가. 이는 형정刑政에 관계되는 일이다. 승훈의 아비가 책을 불사른 것과 그 뒤 승훈이 자기 죄를 반성하는 글을 지은 증거가 있기는 하지만, 마음을 고쳐먹은 것은 고쳐먹은 것이고 그런 짓을 저지른 것은 저지른 것이다.

『정조실록』(19년 7월 26일)

정조는 같은 유시에서 천주교에 대한 노론의 공세에 담긴 자기모순도 지적했다.

그런데 고故 충문공忠文公(이이명)의 문집에도 서양인 소림대蘇霖戴와

서신을 주고받으며 그들의 법을 구해본 것이 있다. 그 속에 "상제上帝와 대면한 가운데 자신의 온전한 성품을 회복하려 하는 점에서는 애당초 우리 유학과 다를 것이 없는 것 같다. 그러니 청정淸淨을 주장하는 도교나 적멸寂滅을 주장하는 불교와 같은 차원에서 논할 수는 없다. 그러나 이익만을 꾀하는 삶이나 보응報應에 관한 주장을 거꾸로 취하고 있으니 이것을 가지고 천하를 바꾼다면 곤란한 것이다."라 하였으니, 고 정승의 말이 그 이면까지 상세히 변론했다고 할 만하다.

『정조실록』(19년 7월 26일)

노론 영수 이이명이 천주교와 유교가 비슷한 점이 있다고 말했으니 지금 노론 벽파에서 천주교를 무조건 사교라고 비판하는 것은 옳지 못하다는 뜻이다. 비판할 것은 비판하고 받아들일 것은 받아들이는 것이 옳다는 뜻이었다.

그러면서 정조는 이가환·정약용·이승훈 모두 좌천하거나 처벌해 공세를 차단하려 한 것이다. 그러나 정조가 손놓고 있었던 것은 아니다. 이가환·정약용 등을 지방으로 쫓아낸 정조는 그 직후 유생들을 대상으로 강서講書와 제술製述 시험을 치렀다. 정조는 진산현감 이기양李基讓을 불러올려 시험을 보라고 명했다. 이기양은 영조 50년(1774) 진사가 된 후 음직을 전전하던 남인이었다. 정조는 강서에서 수석한 진사 민영유閔令儒와 제술에서 수석한 진사 이기양李基讓을 특별히 등용했다. 그리고 그해 10월 이기양을 홍문관 부수찬에 임명했다. 정약용이 그렇게 어렵게 들어갔던 홍문관에 이기양을 임명한 명분은 그가 선조宣祖 때의 명신 이덕형李德馨의 후손이라는 것이었다. 정약용이 쓴 「복암茯菴 이기양 묘지명」에 따르면 이때 정조가 채제공에게 한 말이 기록되어 있다.

"경은 이제 늙었소. 경을 대신할 만한 사람이 없었는데 이기양을 얻고 나니 나는 걱정이 없다."

그때 이기양의 나이 쉰둘이었다. 이기양의 등용은 이가환과 정약용을 내쫓아 승리감에 도취되어 있는 노론의 배후를 친 것이었다. 충주의 이가환이 금정의 정약용에게 보낸 편지도 이를 말해준다.

"이기양이 성은을 입게 된 것은 착한 선비들에게는 다행스런 일이나, 두 갈퀴의 창槍이 앞으로 삼지창三枝槍이 되겠네."

노론 벽파의 주요한 공세가 이가환과 정약용 둘이었는데, 이제 이기양을 포함해 셋이 되었다는 뜻이다. 그러나 이기양 한 명의 등용이 판세를 바꿀 수는 없었다. 오히려 좌천된 이가환과 정약용은 시급히 자신이 천주교도가 아니라는 사실을 객관적으로 입증해야 했다.

성호 이익 추모 학술대회

금정은 충청도 홍주洪州에 소속된 역원驛院인데, 천주교가 성행하는 내포內浦에 속한 지역답게 역속驛屬 대부분이 천주교를 믿고 있었다. 또한 기호 남인들도 적지 않게 살고 있는 지역이었다. 정약용은 신종수申宗洙 · 채홍규蔡弘逵 · 윤취협尹就協 같은 선비를 만나고, 방산方山 마을에 숨어 사는 이도명李道溟이라는 노인을 찾기도 했다.

정약용은 또한 부여현감 한원례韓元禮의 초청으로 부여를 방문했다. 조룡대釣龍臺가 보고 싶었기 때문이었다. 그가 부여 조룡대에 관심을 가진 것은 서울에서 화가 최북崔北의 그림 「조룡대」를 보았기 때문이다. 정약용이 무슨 그림이냐고 묻자 이런 대답이 돌아왔다.

옛날 소정방이 백제를 칠 때 백마강에 이르니 신령스러운 용이 나타나 안개와 바람을 일으키므로 군사가 건널 수 없었다. 이에 소정방이 크게 노하여 백마를 미끼로 하여 용을 낚아 죽이니 안개가 걷히고 바람이 멎었는데 이것이 그것을 그린 그림이다.

「조룡대기釣龍臺記」

부여에 도착해 고란사 밑에서 배를 타고 조룡대에 오른 정약용은 크게 실망한다.

아! 우리나라 사람들은 어찌 이리 황당함을 좋아하는가! 조룡대는 백마강의 남쪽에 있는데, 소정방이 여기에 올랐다면 이미 군사들이 강을 건넌 후였을 것이니 어찌 눈을 부릅뜨고 용을 낚아 죽였겠는가? 또 조룡대는 백제성(사비성) 북쪽에 있으니 소정방이 이 대에 올랐다면 성은 이미 함락된 후였을 것이다. 당나라 군선이 바다로 와서 백제성 남쪽에 상륙했을 터인데 무엇 때문에 강을 수십 리나 거슬러 올라가 이 조룡대 남쪽에 이르렀겠는가?

「조룡대기」

백제는 우리 역사이고 소정방은 당나라 침략자였다. 소정방을 건너지 못하게 하는 용이라면 백제의 수호신이었다. 그런데 이 나라는 오히려 그런 수호용을 죽였다는 침략자 소정방을 더 높이고 있는 것이었다. 그야말로 역사관의 전도顚倒였고, 사대주의의 극치였다. 그래서 조룡대를 보고 실망한 정약용은 「부여회고扶餘懷古」라는 시를 지어 계백장군을 노래했다.

강안을 가로막은 철옹성만 보았기에	惟看鐵甕橫江岸
구름 같은 배들 바다 건널 것 안 믿었네	不信雲帆渡海波
술잔 잡아 계백장군에게 제사 올리려네	欲把殘杯酹階伯
안개에 가린 황폐한 사당 등나무만 얽혀 있네	荒祠烟雨暗藤蘿

부여 여행을 할 수 있을 정도로 금정에서 한가로운 시간을 가질 수 있었던 정약용은 오랜만에 얻은 이 시간을 유용하게 사용할 기회를 찾았다. 그때 떠오른 생각이 성호 이익의 문집을 정리하자는 것이었다. 마침 부근 예산의 감사坎舍(은거처)에 이익의 종손자 목재木齋 이삼환李森煥이 살고 있었다. '찬란하게 빛나시는 성호 선생님[郁郁星湖子]'이라고 성호의 호에다 '자子'자를 붙일 정도로 사숙했던 정약용은 이삼환에게 편지를 보냈다.

연전에 선생님이 서울에 오셨을 때 너무 바빠서 가슴속에 쌓여 있는 의심을 토로해서 대군자大君子의 넓고 깊은 지식을 이끌어내지 못한 것이 늘 한스러웠습니다. 그런데 이번에 부임하여 머무른 곳이 마침 이곳이어서 선생님이 계신 곳과 거리가 몇십 리에 지나지 않아서 댁

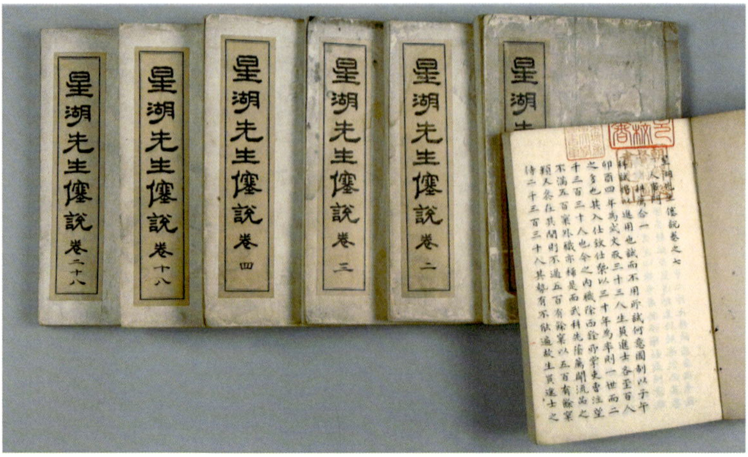

『성호집』 성호 이익의 문집으로 그의 학문과 사상을 엿볼 수 있는 자료다.

에 찾아가서 부지런히 가르침을 받을 수 있게 되었으니, 평소에 품었던 아름다운 회포를 풀 수 있을지 위로됩니다.

「목재 이삼환 선생님께 올립니다[上木齋書]」

정약용은 자신과 이가환이 받은 공격에 대해서도 언급했다.

근래에 제게 일어났던 일은 이미 대강 그 줄거리를 들으셨을 것으로 생각됩니다. 눈에 보이는 모든 창들이 모두 소릉少陵 이가환에게 집중되어 세태의 변천을 바로잡고 나쁜 유행을 막을 수 있는 분을 끝내 저와 같이 거꾸러뜨렸으니 매우 통탄스럽습니다.

그러나 정약용은 이를 길게 한탄하기보다 성호를 기리는 강학회를 열자고 제안했다.

아아, 우리 성호선생님[星湖夫子]은 하늘이 내신 영걸스러운 인재로서 도道가 망하고 교화가 해이해진 뒤에 나셔서 회재晦齋(이언적)와 퇴계退溪(이황)를 사숙하여 심성의 학문과 경제經濟의 사업을 경위經緯로 삼아 수백여 편의 저서를 써서 후학들에게 아름다운 은혜를 베풀었습니다. 어떻습니까? 성호의 문집을 간행하는 일에 대해 더러 이가환 형과 상의하시는지요?

정약용의 편지는 '가까운 절간에서 회합해' 성호의 사상과 문집을 정리하는 강학회를 열자는 것이었다. 정서하기 위한 종이를 비롯한 모든 경비 또한 자신이 대겠다는 이야기도 덧붙였다. 종조부의 문집을 정리하자는데 이삼환이 거절할 이유가 없었다. 그래서 정해진 '가까운 절간'이 온양의 석암사石岩寺였다. 석암산에 있어서 석암사라고 부르지만 원래 봉곡사鳳谷寺였다. 정약용은 「서암강학기西巖講學記」에서 "봉곡사는 온양의 서쪽에 있는데 남쪽은 광덕산이요, 서쪽은 천방산千方山이다. 산이 높은 데다 첩첩이 쌓인 봉우리에 우거진 숲, 깊은 골짜기가 그윽하고 오묘해서 구경할 만했다."라고 적고 있는데, 정약용이 눈 덮인 봉곡사에 도착한 것은 1795년(정조 19년) 음력 10월 26일이었다.

이튿날 예순 살에 접어든 이삼환이 도착하고 내포 지역의 남인 학자들이 차례차례 모여들었다. 이명환李鳴煥(이삼환의 아우)·이재위李載威(이삼환의 조카)·이광교李廣敎·권기權夔·강이오姜履伍·강이인姜履寅·강이중姜履中(강이인의 재종동생)·이유석李儒錫·심로沈潞·오국진鳴國鎭 등으로서 모두 열세 명이었다.

충남 아산의 봉곡사 입구 천주교 신자라는 공격을 받아 금정찰방으로 좌천된 정약용은 이삼환 등 충청도의 남인 학자들을 봉곡사로 불러 이익의 사상과 문집을 정리하는 강학회를 열었다.

강학회는 11월 5일까지 열흘 동안 계속되었는데, 참석자들은 새벽마다 개울물로 나가서 얼음물로 얼굴을 씻고 양치질을 했다. 저녁때에는 산등성이를 산책하면서 주변 경치를 감상했다. 정약용은 윤진사에게 보내는 편지에서, "때마침 첫눈이 내려 서남쪽 봉우리들이 우뚝 솟아 빼어나게 높고 엄숙해 석양을 우러러 바라보니 마음이 황홀해서 북계北溪를 달려 올라갔습니다."[18]라고 회고했다.

낮에는 성호의 유고를 정리하고 밤에는 학문에 대해 강론했는데, 이삼환이 좌장으로서 질문하면 다른 선비들이 답하고, 다른 선비가 모르는 것을 물으면 이삼환이 설명하는 형식이었다. 성호의 많은 저서 중 『가례질서家禮疾書』를 표준으로 삼아 이삼환이 교정을 보고

18 「북계 윤취협 진사에게 보낸 편지[與北溪尹進士就協]」

다른 선비들이 이를 베꼈다. 정약용은 이때의 일에 대해 이렇게 기록했다.

> 오늘날 여기 모였던 선생의 문하가 이 절문을 나가 한번 흩어져 각자 집으로 돌아가서는 막연히 서로 잊어버리는 지경에 이르고 …… 혹은 선가禪家나 도가道家의 교리를 가지고 참된 길이라고 가르침으로써 여기 동요되어 스스로 게을러지거나 현혹되어 성호의 학문을 돌아보지 않는다면, 식견과 취향이 거칠어질 뿐만 아니라 도리어 진취에 방해가 될 것이다. 마침내는 본원本源이 혼탁하여 점차 밝음을 잃고 끝내는 유용한 학문이 성취되지 못하여 요순의 경지에 들어가기 어렵게 될 것이니 어찌 주자朱子의 무리가 될 수 있겠으며, 또한 성호의 후학이 될 수 있겠는가. 책을 베끼는 여가에 이와 같이 서로 경계하고, 마침내 그 뜻을 말하고 그 일을 읊어서 각기 아래와 같이 시를 짓는다.
>
> 「봉곡사시 서문[鳳谷寺述志詩序]」

정약용이 굳이 주자를 강조한 것은 천주교 신자라는 혐의로 사실상 유배 온 데 대한 자기 방어였다.

이때 모인 선비들은 시를 지었다.

> 비 내리는 옛 절에 밤은 깊은데
> 산 구름 첩첩하고 땅 또한 궁벽하네
> 술잔 기울이며 열흘 동안 모여서

기름 부어가며 새벽까지 불 밝혔네

– 이삼환

선비들이 절에 모여서

성호의 남긴 글 교정했네

천질은 사람마다 있는 것

밤마다 지새워 유학을 담론했네

좋은 인연으로 금정에 와서

좋은 가르침 목재(이삼환)께 들었네

절의 부처는 풍경소리 남겨주고

산신은 흰구름 남겨왔네

– 이광교

도의 타락하니 세월의 흉흉함을 한탄하다가

저녁나절 벗을 맞아 노경에 기뻐하네

교서하는 보람은 벗과 잠 못 자는 일이나

책궤를 지고 이 고생 달게 여기네

아직도 명적冥謫을 편안히 여겨

헛되이 몸단장하려 드네

힘썼음이여! 여러 친구들

교정으로 조석을 보냈네

– 정약용

천진암 주어사 강학회(1779) 이래 16년 만의 성대한 강학회였다. 마지막으로 이삼환이 강학회의 의의를 정리했다.

성호께서 80년 동안 도학을 강론하신 저서가 집에 가득하다. 천인天人·성명性命의 분변과 정도正道를 붙들고 사교邪教를 물리친 말씀과 극기복례하여 인仁을 행하는 가르침은 땅을 지고 바다를 담은 경지였다. 또 육경과 사서 등의 서적에 모두 질서疾書를 저술해서 고금의 성현들의 은미한 말씀과 심오한 뜻을 다시 찬란하게 밝혀 털끝만큼도 유감이 없게 했으니, 더할 수 없이 위대하다.
그러나 그 편질이 너무 많아 아직 탈고를 못했는데 그 당시 선생의 문하에서 수학한 분들은 이미 모두 세상을 떠났고, 후학들은 학문이 얕아서 끝내 그 책임을 감당할 수 있는 자가 없었다. 그런데 나의 친구 다산茶山이 마침 은대銀臺(승정원의 별칭)로부터 금정의 역승驛丞 직임을 맡아 개연히 이 서적의 수정을 자신의 임무로 삼고, 나에게 편지를 보내왔다.
이 모임은 금정에 있었던 다산의 발상으로 이루어졌고, 봉곡사로 모이게 된 것도 다산의 뜻이었다. 유교 집회가 불교 사원에서 이루어진 것도 다산이 아니고서는 이루어질 수 없는 일이다.

「봉곡사교서기鳳谷寺校書記」

강학회는 오랫동안 벼르던 보람 있는 일이었고 성대하게 마쳤다. 그러나 무언가 허전한 마음이 사라지지 않았다. 심지어 여막살이 때도 정조의 명으로 바쁘던 정약용이 역부驛夫와 다를 바 없는 찰방 생활을 무료하게 여긴 것은 당연했다. 「자소自笑」라는 시에는 이런 심경이 잘 드러나 있다.

외로운 몸 혼자서 바닷가 찾았는데
비방 소리 명성 따라 온 세상에 가득 찼네
비를 만나 다락 위에 높다랗게 누워보니
종일토록 역부처럼 한가하구나

이런 한가함은 고문이었다. 바쁜 와중에서 얻은 한가함은 달콤함이지만 지금은 아니었다. 이런 와중에 자신을 헐뜯는 인물까지 나타났다. 정약용은 진사 윤취협에게 보내는 편지에서 자신을 비방하는 인물에 대해 불편한 심기를 토로했다.

"좌명左明(윤기환)이란 자가 누구인지 모르지만 그가 심히 헐뜯는다 하니 그 낯짝을 한번 보고 그 통달함을 달리 대우하고 싶습니다. 듣건대 그가 석문石門에 오기로 약속되어 있다 하니 그에게 잠시 금정역을 지나게 해도 무방합니다."

정약용은 술에 자신을 실어보기도 했다. 이때 지은 「취행가」에는 "긴긴날 하루 종일 한 동이 술에 / 두 사람 마주 앉아 미친 듯 취해 있네 / 마시면 취하고 취하면 더욱 마셔."라고 술로 세월을 보내던 심정이 그대로 드러나 있다.

선배 이익운李益運(1748~1817)은 금정에서 벗어날 수 있는 방안을 제시했다. 관찰사에게 부탁해 좋은 내용의 장계를 조정으로 보내게 하라는 권고였다. 그러나 정약용은 단호히 거절했다.

무슨 면목으로 꼬리를 흔들어 아첨하면서 가련한 태도를 지어서 그가 하고자 하지 않는 일을 강요하겠습니까? 비록 저들이 가엾게 여겨 허락하더라도 홀로 마음속에 부끄럽지 않겠습니까? 또 관찰사 또한 세력이 미약한데 감히 이러한 시국時局에 거스르는 일을 하겠습니까? 살아서 돌아가는 시기의 빠르고 늦음은 오직 지혜로우신 임금님의 밝은 처분에 따를 뿐이니, 삼가서 지나치게 스스로 걱정하거나 혹 하늘의 운우조화雲雨造化를 도우려 하지 마십시오.

「계수 이익운에게 답합니다[答李季受]」

정약용은 그런 방법을 통해 금정을 벗어나고 싶지는 않았다. 그리고 흔들리던 마음도 이황의 『퇴계집』을 구해 읽으면서 가라앉았다.

을묘년(1795) 겨울에 나는 금정에 있었다. 마침 이웃 사람을 통해 『퇴계집』 반부半部를 얻었다. 매일 새벽에 일어나 세수를 마친 뒤 「어떤 사람에게 보낸 편지」 한 편을 읽고 나서야 아전들의 참알을 받았다. 낮에 이르러 그 의미를 부연해서 설명한 뜻을 한 조목씩 수록해 스스로 깨우치고 살폈다. 그리고 돌아와서 「도산사숙록陶山私淑錄」이라고 이름지었다.

「도산사숙록」

「도산사숙록」이라고 지은 것은 성호뿐만 아니라 도산(퇴계)도 스승으로 삼겠다는 뜻이었다. 정약용은 이익운에게 보낸 편지에서 퇴계의 글을 보면서 마음의 병증이 나았다고 말하고 있다.

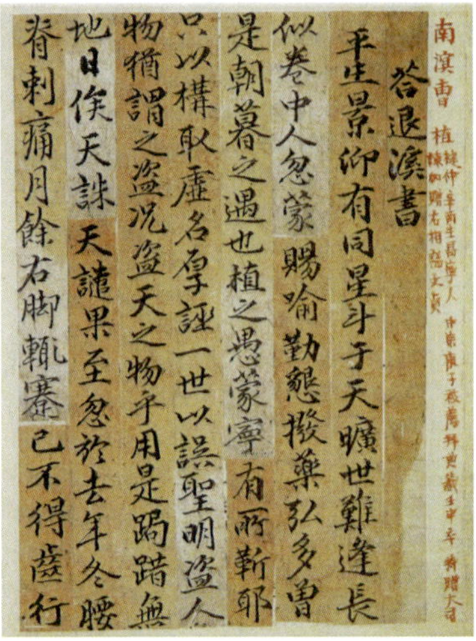
答退溪書
平生景仰有同星斗于天曠世難逢長
似卷中人忽蒙賜喻勤懇撥藥弘多曾
是朝暮之遇也植之愚蒙寧有所蘄耶
只以構取虛名厚誣一世以誤聖明盜人
物猶謂之盜況盜天之物乎用是跼蹐無
地日俟天誅 天譴果至忽於去年冬腰
脊刺痛月餘右脚輒塞已不得齒行

『답퇴계서』 금정찰방 시절 방황하던 정약용은 퇴계 이황의 저서를 접한 후 마음의 안정을 찾아 "무릎을 치며 감격하여 눈물이 났다."라고 할 정도로 감동을 받았다.

> 저는 요즘 퇴계 선생의 유집遺集을 얻어 마음을 가라앉히고 깊은 실마리를 찾아봅니다. 그 깊은 의미와 넓은 범위는 진실로 뒤에 배우는 저 같은 부류가 감히 엿보거나 헤아릴 수 있는 것이 아닌데, 이상하게도 정신과 기운이 모두 편해지고 생각이 고요하게 가라앉아 피와 살과 힘줄과 맥박이 모두 잘 복종하듯 안정되어 종전의 조급하고 사납던 기운이 점점 내려가니, 퇴계 선생의 이 오래된 책이 참으로 이 사람의 병증에는 맞는 약이 아닌가 싶습니다.

「계수 이익운에게 답합니다」

정약용이 250여 년 전의 인물인 이황에게 감동한 구절은 남명南溟 조식曹植에게 보낸 편지였다. 명종 8년(1553) 조식은 전생서典牲署 주부注簿를 제수 받았으나 거절했다. 그러자 이황은 명종 같은 훌륭한 임금이 부르는데 나가지 않는 조식의 처신을 이해할 수 없다는 편지를 보냈다.[19] 이에 대해 조식은 자신을 아끼는 것이 아니라 "단지 헛

19 『퇴계선생문집』 권10, 「조식 선생에게 보냅니다[與曹楗仲]」

된 이름을 얻음으로써 한 세상을 크게 속여 성상聖上에게까지 잘못 알려지게 된 것입니다."[20] 라고 자신의 행위를 변명했다. 이황은 "학자가 이름을 훔쳐서 세상을 속인다."라는 조식의 말은 옳지만 "이 말로 누구나 다 꾸짖으려 한다면 선한 의도마저 꺾을 위험이 있다."라고 경계했다. 바로 이 구절이 정약용을 크게 감동시켰다. 정약용은 「도산사숙록」에서 "나도 모르게 기뻐서 뛰고 감탄하여 무릎을 치며 감격하여 눈물이 났다."라고까지 말하고 있다.

정약용은 무조건 벼슬을 거부하는 것이 아니라 때가 되면 나가서 도를 펼치는 것이 진정한 사대부의 자세라고 믿고 있었다. '선한 의도'를 펼치는 것이 참선비의 길이라고 생각한 것인데, 이 '선한 의도'는 훗날 정약용이 유배지에서 『주역』의 세계를 이해하는 핵심고리가 된다.

이존창을 체포하다

금정 시절 정약용은 천주교를 확실하게 버렸다. 아니, 그 이전 진산사건 때 이미 천주교를 버렸다. 노론에서도 그 사실을 알고 있었다. 다만 그를 제거하기 위한 정치적 목적으로 계속 천주교 신자라고 공격할 뿐이었다. 이삼환에게 보낸 편지에서 정약용은 자신이

20 『남명집』, 「퇴계에게 답합니다[答退溪書]」

유학자임을 분명히 밝히고 있다.

> 참으로 위대한 학자로서 의연히 유교의 중책을 걸머지고 주위의 시비나 자신의 이해를 돌아보지 않고 용감하게 곧바로 나아가 흥기시킬 방법을 다하지 않는다면, 어찌 시든 무리를 고무시켜 이 위기를 극복할 수 있는 공훈을 세울 수 있겠습니까.
>
> 「목재 이삼환 선생님께 올립니다」

'유교의 중책'을 거론하는 정약용이 부모의 제사를 금지하는 천주교와 함께할 수 있는 공약수는 없었다. 정약용은 금정에서 천주교를 없애기 위해 많은 노력을 기울였다. 금정의 유지들을 불러 천주교에 대한 조정의 금령禁令을 여러 차례 설명해주었는데, 그 자신도 한때 천주교도였던 정약용의 설득은 그가 「자찬 묘지명」에서 "사림士林들이 듣고는 사태를 바꿀 만큼의 효과가 있었다고들 했다."라고 회고할 정도로 효과가 있었다.

정약용은 말로만 천주교를 버린 것이 아니었다. 그는 금정찰방 시절, 한 중요한 천주교도를 체포한다. 이존창李存昌이었다. 충청도 예산 출신의 이존창은 권일신의 권유를 받고 입교했는데, 진산사건으로 양반들이 많이 떨어져 나간 상황에서도 신앙을 지켰다. 그는 이벽이 신부의 역할을 맡던 가성직假聖職 시대 역시 신부가 되어 교세를 확장시켜 '내포의 사도'란 별칭으로 불렸다. 양반 출신은 아니었지만 이존창은 홍낙안과 이기경이 여러 차례 사형시키라고 요구할 정도로 천주교의 핵심인물이었다. 정조 15년(1791) 진산사건의 여파로 이존창도 체포되어 충청도 관찰사 박종악朴宗岳에게 심한 고문을 받았는데, 박종악은 이 사실을 정조에게 보고했다.

"이존창을 감영에 잡아다 엄하게 매를 쳤으나 죽기를 각오하고 자복하지 않았습니다. 그래서 여러 날을 가두어두고 여러 가지로 효유했더니, 정신이 번쩍 들면서 크게 깨달아 사학을 배척해 요술이라고까지 하는 등 허물을 뉘우치고 정도正道로 돌아올 뜻을 갖게 되었습니다. 우선 그대로 가두어두고 계속 훈계하다가 완전히 돌아온 것을 확인하면 적절하게 처리할 생각입니다."

박종악의 보고를 받은 정조는 이렇게 말했다.

> 감화시키기 어려운 최필공崔必恭 같은 자도 이미 정도로 돌아왔지만 기호 지방에서 감화시키기 어려운 자로 말하면 바로 이존창이었다. 그런데 이제 존창이 크게 깨달아 죄를 후회하고 사학을 배척하여 요술이라고까지 하였으니, 그가 깨달았음을 가히 알 수 있다. 그러나 물든 것은 오래된 반면 선으로 돌아온 지는 얼마 되지 않으니 그가 진실로 정도로 돌아왔는지의 여부는 그가 공을 세워 속죄하는지 여부로 결정할 문제다.
>
> 지방관에게 명해서 그 근처 고을 사람들의 의혹이 풀어질 때까지 힐문해서 사실인지 따져보고, 그 외에 겉으로 드러난 모습도 참고해서, 터럭만큼의 찌꺼기도 속에 남아 있거나 밖으로 드러난 것이 없게 된 뒤에야 영구히 석방해서 그로 하여금 평민이 되도록 해주어야 할 것이다.

『정조실록』(15년 12월 2일)

'기호 지방에서 감화시키기 어려운 자로 말하면 바로 이존창'이라는 말은 그가 기호 지방 천주교계의 중심인물임을 뜻하는 것이다. 이런 인물을 정약용이 체포했다는 것은 그가 천주교와 완전히 절연했다는 더할 나위 없는 증거였다. 이존창 체포 직후인 정조 19년(1795) 정약용은 용양위龍驤衛 부사직副司直(종5품)이 되어 서울로 올라왔다. 같은 날 정조는 남인 이정운李鼎運을 충청도 관찰사로 임명했다. 그런데 이정운이 충청감사로 부임하기 전에 전 감사 유강柳烱이 정약용이 이존창 체포에 공을 세웠다고 보고했다.

정조는 무릎을 쳤다. 정약용을 중용할 수 있는 명분이 생겼기 때문이다. 정조는 경연에서 정약용과 친한 승지 이익운에게 특별히 당부했다. 이익운은 이정운의 동생이었다.

"정약용이 계책을 써서 도적을 잡았는데, 그 일은 자취를 없애버릴 수 없는 일이다. 그가 어떤 계략을 썼는지도 마땅히 드러나야 한다. 경의 형이 충청도에 도착하거든 곧바로 그 사실을 정확히 기록해 보고하도록 하라. 내가 마땅히 포장襃奬을 더해 발탁해서 쓰려고 한다. 장계狀啓는 정약용과 상의하고 초안은 경의 형에게 가지고 가게 하라."

정약용과 상의해서 초안을 작성하라는 말은 이를 명분으로 정약용을 중용하겠다는 뜻이었다. 이익운은 기쁜 마음으로 정약용을 찾아가 정조의 말을 전했다. 그러나 정약용의 태도는 냉담했다.

"은혜로 염려해주심은 참으로 망극한 일이지만 도적을 잡았다고 포상받는 것은 천하의 큰 수치요. 내가 장계의 초안을 잡을 수 없는 것은 물론 만약 장계가 올라갔다는 소식을 들으면 나는 그대의 형님과도 절교할 것이요. 내일 경연석상에서 이 사실을 주달奏達해주시오."

정약용의 진심이 '도적을 잡았다고 포상받는 것은 천하의 큰 수치'라는 데 있는지, 아니면 한때 천주교도였던 자신이 천주교도를 잡은 것에 대한 가책에 있는지 알 수 없지만, 이 일을 출세의 계기로 삼지 않겠다는 의지는 확고했다. 이익운은 형 이정운에게 정약용을 타일러 달라고 부탁했다. 그래서 오사伍沙 이정운은 정약용에게 편지를 보내 타일렀다. 동생의 친구이기도 하지만 유능한 남인 재사가 썩는 것에 대한 안타까움이었다. 그러나 정약용의 태도는 완강했다. 그는 이정운에게 편지를 보냈다.

어제저녁에 아우 이익운을 만나 엎드려서 임금님께서 경연에서 내리신 명령을 듣고, 오늘 또 보내주신 가르침을 받들어 임금님의 뜻을 알게 되자 감격스러워 흐르는 눈물을 감당하지 못하겠습니다. 장계의 초본을 쓰는 것에 대해 어찌 찬성하지 않겠습니까마는, 다만 엎드려 생각건대, 사대부가 출세하여 행동함에 있어서는 오직 사유四維(예 · 의 · 염 · 치)를 중요시해야 합니다. 참으로 여기에 하나라도 소홀한 점이 있다면, 비록 주공周公의 재능과 미덕이 있더라도 거의 보잘것없는 것입니다.

「오사 이정운에게 답합니다[答五沙]」

사대부가 이존창을 잡은 것을 출세의 계기로 삼기에는 구차하다는 논리였다.

이존창은 곧 살려고 도망다니던 하나의 어리석은 백성에 지나지 않는 자입니다. 설령 이 어리석은 백성이 비와 바람을 부르며 둔갑술로 몸을 숨기는 사람이어서 오영伍營의 병졸을 풀어서도 붙잡을 수 없는 것을 저의 책략에 힘입어 하루아침에 붙잡았다고 하더라도 공로로 삼을 것이 없을 터인데, 더구나 저처럼 이름을 바꾸고 자취를 숨기어 이웃 고을에 피해 있던 자를 잡은 것이겠습니까? 그자가 숨은 곳을 알아내서 문득 한 장교와 한 병졸을 데리고 가서 마치 항아리 속의 자라 잡듯이 붙잡은 것에 지나지 않습니다. 더구나 그 조사 염탐할 방책에는 애초에 참여하지도 않았던 내가 지금 이것을 가지고 장황하게 진술하여 세상의 눈귀를 속여 진출하는 자료로 삼는다는 것은 또한 잘못되고 군색스러운 일이 아니겠습니까? 차라리 벼슬길이 막히고 뜻을 이루지 못한 채 일생을 마치더라도 이러한 일은 하고 싶지가 않은 것입니다.

「오사 이정운에게 답합니다」

정약용의 말은 의례적인 사양이 아니었다.

진실로 집사執事(이정운)께서 나의 지극한 심정을 생각하지 않으시고 감영에 도착해서 임금님께 한 마디 말이라도 저에게 공로가 돌아가게 하는 내용을 아뢴다면 저는 곧 상소를 올려 집사께서 사정私情에 끌려 임금을 속인 잘못을 들어 탄핵할 것이니, 그렇게 된다면 앞으로 무슨 광경이 벌어지겠습니까? 만일 혹시 임금님께서 마음을 돌리지 않으시고 명령으로 이렇게 강요하신다면 약용은 먼 지방으로 귀양살이를 가는 한이 있어도 감히 도적을 체포했다는 공로로는 어떤 내용도 종이 위에 적을 수가 없습니다. 모름지기 헤아려 살펴 주십시오. 위로는 임금님의 명령을 어기고 아래로는 대감님의 뜻까지 저버리니 죄송스럽고 두려운 마음을 견디지 못하겠습니다.

「오사 이정운에게 답합니다」

정약용이 이처럼 강하게 거부하는 바람에 그를 이존창 체포의 공으로 중용하려던 정조의 계획은 무산되는 듯했다. 그러나 그의 후임으로 금정찰방이 된 김이영金履永의 보고가 새로운 전기를 마련했다.

"정약용이 금정에 있을 때 성심으로 백성들을 깨우치고 거두어주었으며, 또한 청렴하고 근신하였습니다."

뜻밖에 이에 호응해 정약용을 응원하고 나선 인물이 노론 벽파 심환지였다.

"정약용이 금정에 있을 때 일깨워 교화시킨 바가 많으니, 청컨대 다시 거두어 쓰소서."

노론의 영수급 인물이 정약용의 서용을 주장하자 정조는 힘을 얻었다.

"근래에 연신筵臣의 말을 들으니 내포 일대에 외보外補되었던 찰방이 성심으로 교화시키고 거두어주어 괄목할 만한 효험이 있었다 하니 특별히 중화척中和尺을 내리노라."

중화척이란 2월 초하루 중화절에 신하들에게 내려준 자를 뜻하는데, 이는 정약용의 근신기간이 끝났다는 공개적인 의사표시였다.

그러나 정약용이 문신직을 받은 것은 그로부터 8개월 후인 정조

20년(1796) 10월 규영부奎瀛府의 교서에 임명된 것이었다. 그제야 비로소 일 년 반 만에 정약용은 정조를 알현할 수 있었다. 이별했던 감회를 표시한 정조는 지금 편찬하고 있는 책 이름에 대해서 의논했다. 사마천司馬遷의 『사기史記』와 반고班固의 『한서漢書』에서 중요한 부분만을 간추려 편찬하는 책이었다. 『사기』에서 「항우본기項羽本記」와 소상국蕭相國 등의 「세가世家」, 그리고 백이伯夷 · 관중管仲 등의 「열전」을 뽑았고, 『한서』에서는 흉노匈奴 · 곽광霍光 등의 이야기를 실었는데, 두 책의 내용이 뒤섞이다 보니 제목을 짓기가 곤란했던 것이다.

"세상에서 '반마班馬(반고와 사마천)'라고 칭하고 있는데, 이 말은 반고가 사마천보다 위에 있으니 별로 적절한 말이 아니니다. 그렇다고 '마반馬班'이라고 한다면 낯선 말이 될 텐데 경의 생각은 어떠한가?"

"세상에서 '사한史漢(사기와 한서의 약칭)'이라고 칭하는 것도 옳지 못합니다."

"그렇다. 『한서』도 또한 역사기록[史記]이니 『사기영선史記英選』이라고 하는 것은 어떻겠는가?"

『한서』 또한 역사의 기록이니 '사기'라고 할 수 있지 않느냐는 것이었다. 『한서』도 '사기'이고, 『사기』도 '사기'이니 두 책에서 뽑아낸 것을 『사기영선』이라고 할 수 있지 않겠느냐는 뜻이었다.

"매우 좋습니다."

정약용이 동조하자 책 제목은 『사기영선』으로 결정되었다. 정조는 이런 문제를 상의할 수 있는 인물이 조정에 다시 들어온 것이 기뻤다. 오랜만에 만난 정약용에게 정조는 일감을 잔뜩 주었다. 화성에 내려가 여러 궁실宮室의 상량문上梁文을 써서 올리라는 것과 『어람

오경御覽伍經』 100편과 『팔자백선八子百選』 등 여러 책의 제목을 써서 올리라는 것이었다. 제목을 써서 올리자 정조는 칭찬했다.

"필체가 더욱 훌륭하게 변했구나."

정조는 정약용이 그간의 시련을 이겨내고 더욱 성숙해졌음을 알아차렸다. 정조는 이제 정약용을 다시 중용할 때가 왔다고 판단했다. 그러나 아직 그의 등용에 의구심을 가진 세력이 남아 있었다. 그래서 정조는 정약용에게 여러 관직을 전전하게 했다. 그해 12월 초하루에는 정약용을 병조참지兵曹參知로 임명했다가 3일에는 우부승지로 옮겼다가 다음 날 다시 좌부승지로 옮겼다가 다시 부호군副護軍을 삼았다. 반대파에서 시비 걸 기회를 주지 않고 이 관직 저 관직을 돌린 것이었다. 종4품의 무관직인 부호군은 실직實職이 아니라 녹봉을 주기 위해 이름만 걸어둔 허직虛職이었으므로 시비 걸 내용이 없었다. 그렇게 정조 재위 20년째 해도 지나갔다.

당초 서학에 물든 자취는 아이의 장난과 같았는데

정조가 재위 21년(1797) 3월 비궁閟宮(현륭원)으로 불렀을 때 정약용은 집에서 한가하게 쉬고 있었다.

"오랫동안 내가 베풀어주는 음식을 맛보지 못했을 것이기에 특별히 부른 것이다."

잠시 후 음식이 나오자 정조는 가까이 나와서 먹게 했다. 음식이

나가자 정조가 물었다.

"우芋(토란)의 별명이 있느냐?"

"준치蹲鴟(웅크린 올빼미)입니다."

올빼미가 웅크리고 앉아 있는 모습이 토란과 비슷하기 때문에 생긴 별명이었다.

"속명은 무엇인가?"

"토란[土蓮]입니다."

정조가 다시 물었다.

"두시杜詩(두보의 시)에 '뒤뜰에서 우율芋栗(토란과 밤)을 주우니 아주 가난하지는 않네[園收芋栗未全貧]'라고 했는데, 왜 토란과 밤을 한꺼번에 일컬었는가?"

"두시의 구절은 우율芋栗이 아니라 서율芧栗인데, 서芧는 도토리로서 『장자』에서 '원숭이 기르는 영감이 도토리를 준다[狙公賦芧]'라고 한 것이 바로 이것입니다."

"과연 그렇구나."

정조는 정약용에게 이문원摛文院에 들어가라고 명했다. 이문원에는 두시杜詩를 교정하는 이서구李書九 · 김조순金祖淳 등의 두시 조와 육시陸詩(육유의 시)를 교정하는 이의준李義駿 · 이만수李晩秀 · 남공철南公轍 등의 육시 조가 있었다. 정조는 두 조를 서로 경쟁시키는 장난을 치기도 했다.

"먼저 끝내는 조에는 상을 주고, 나중에 끝내는 조에게는 벌을 주리라."

교정을 먼저 끝낸 조는 두시 조였다. 정조가 상벌을 내리려 하자

이의준 등 육시 조에서 항의했다.

"육시가 두시에 비해 두 배나 많으니 신 등은 원통합니다."

"그러나 이미 명을 내렸으니 지키지 않을 수 있겠는가?"

이긴 두시 조에 정조가 환약丸藥을 상으로 내렸고, 진 육시 조에는 술을 벌로 내렸다. 정조는 육시 조에 이렇게 말했다.

"비록 벌주罰酒이지만 환약보다 낫지 않은가?"

또 두시 조에는 이렇게 말했다.

"비록 약을 상으로 받았지만 벌보다야 낫지 않은가?"

둘이 다 이겼다는 뜻이었다. 정약용이 「자찬 묘지명」에서 이를 두고 "아! 성대한 일이로다."라고 감탄한 대로 아름다운 군신 사이였다.

그해 정조는 정약용을 성균관 절제節製(반제)의 대독관對讀官으로 임명했다. 절제의 시험관이 되니 8년 전까지만 해도 성균관 유생으로서 절제를 치렀던 생각이 나 감개가 무량했다. 감상에 젖어 있는 정약용 앞에 사알司謁(임금의 명을 전달하는 정6품관)이 붉은 분盆과 붉은 붓을 가져다 놓았다. 붉은 붓은 제학提學의 붓이기에 정약용은 깜짝 놀랐다.

"임금님의 분부십니다."

정조가 어탑 위에서 말했다.

"끝내 붉은 붓을 잡게 될 것이니, 오늘은 시험 삼아 먼저 잡아보아라."

그러나 정약용은 감히 제학이 잡는 붓을 잡을 수가 없었다. 정조는 정약용에게 답안을 채점하라고 명했지만 채점은 대독관의 역할이 아니라 주문主文의 역할이어서 극구 사양했다. 그러나 거듭 내린 하교 때문에 정약용은 할 수 없이 세 장을 뽑았다. 채점이 끝난 후 정약용이 뽑은 것이 1, 2, 3등을 차지하고 주문과 다른 시험관이 뽑은 것이 4, 5등을 차지했다.

이는 정약용의 학문 수준을 다시 확인한 것이었다. 이런 과정을 거쳐 정조가 정약용을 동부승지로 임명한 것은 재위 21년 6월 22일이었다. 작년 12월에 임명되었던 하루이틀짜리 부승지와는 달랐다. 이는 정조의 승부수였다. 이존창을 체포한 것은 천주교 문제에 대한 혐의를 씻는 물증이었다. 서울에서도 한직에 있으면서 반 년 이상 근신의 세월도 보냈으니 이제 다시 중용할 때가 되었다고 판단한 것이었다.

그러나 정약용은 달랐다. 아직 때가 아니라고 생각했다. 아무리 자신이 이존창을 체포했다 하더라도 노론 벽파에서는 자신을 위장 귀순자로 보고 있다는 사실을 잘 알고 있었다. 그러나 정약용은 노론 벽파보다 만천하에 천주교 관계에 대한 진실을 공개할 필요가 있다고 여겼다. 그 고백은 정조와 하늘에 고하는 것이자 무엇보다 자신의 양심에 고백하는 것이었다. 그래서 정약용은 의관을 정제하고 마음을 가다듬었다. 이렇게 해서 작성된 것이 눈물로 천주교 관계의 전말을 고백한 그 유명한 「동부승지를 사양하는 상소문[辨謗辭同副承旨疏]」이었다.

엎드려 생각건대, 신이 나라의 두터운 은혜를 입은 것이 하늘처럼 끝이 없으니, 신이 어떻게 모두 다 진술할 수 있겠습니까? 엄격한 스승과 같이 가르쳐 그 기질을 변화시키고, 자애로운 아버지같이 기르시어 그 성명性命을 보전시켜주셨습니다.

신이 돌아보건대, 누가 이런 성은을 받았겠습니까. 신은 본래 초야에 묻힌 한미한 사람으로 부형의 음덕蔭德이나 사우師友의 도움도 없었는데, 다만 우리 전하께서 양육해주시는 공에 힘입어 어린 몸이 장성하게 되고 천한 신분이 귀하게 되었습니다.

「동부승지를 사양하는 상소문」

그랬다. 정약용에게 정조는 스승이자 아버지였으며, 인생의 은인이었다. 부친이 겨우 음직으로 지방관을 역임한 그는 부형의 음덕을 입을 수 없었고, 실세失勢한 남인 가문의 후예로서 뚜렷한 스승이나 친구도 없었다. 그가 가진 것은 오직 자신의 재능이었고, 이를 알아주는 정조의 눈이었다.

염구冉求는 공자가 총애하는 제자입니다. 그런데도 한 번 죄를 짓자 공자께서 '나의 무리가 아니니, 너희들은 북을 쳐 그를 공격함이 옳다'고 하셨으니, 대개 성인의 문하에는 도술道術에 정진할 때 매우 엄격해 사적인 사랑으로 용서할 수 없었던 것입니다.

염구의 일화는 『논어』 「선진先進」편에 나오는 말로서 노나라의 계부 계씨季氏가 주공周公보다 부유한데도 염구가 계씨의 관료가 되어 가혹하게 세금을 걷어 그를 더 부유하게 만들어주자 공자가 '북을 쳐 염구를 공격함이 옳다'고 했다는 고사다.

지금 신의 죄는 염구와 특별히 다르지 않은데도 우리 전하께서는 이미 한 번 용서해주셨고, 다시 한 번 가르쳐주시어 끝내 버리지 않으시고 다시 거두어주셨습니다. 오랑캐가 된 것을 아시고는 화하華夏(사람)가 되게 할 것을 생각하시고, 금수가 된 것을 아시고는 사람이 되게 할 것을 생각하셨으며, 죽게 된 것을 아시고는 살게 하실 것을 생각하시어 돌봐주고 구원해주시느라 거듭 성력聲力을 소비하여 비호하시며 회개하기를 바라시니, 우리 부모가 아니면 누가 이와 같이 하겠습니까.

신은 마땅히 간을 쪼개어 피를 내고 죽어 지하에 가서, 이 은혜를 온 세상에 밝히고 이 마음을 만대萬代에 드러내야 하는데도 불결함을 뒤집어쓰고 구차스럽게 생명이나 부지하면서 두려워서 몸 둘 곳을 모르고 조마조마한 마음으로 살고 있으니, 그러고도 다시 무슨 말씀을 드리겠습니까?

정약용은 뒤이어 자신이 오랑캐가 되고 금수가 되고 죽게 되었던 이유, 즉 천주교 신앙에 대해 솔직하게 털어놓고 있다.

신이 이른바 양학洋學에 대해서 일찍이 그 책을 보았습니다. 그러나 그 책을 보았다는 것만으로 어찌 바로 죄가 되겠습니까? 말을 박절迫切하게 하지 않으려 해서 '책을 보았다'고 하는 것이지, 참으로 책만 보는 데서 그쳤다면 어찌 바로 죄가 되겠습니까?

정약용은 솔직하게 털어놓았다.

대개 일찍이 마음속으로 기뻐해서 사모했으며, 그 내용을 가지고 다른 사람에게 자랑한 적이 있었습니다. 본원本源의 심술에 기름이 스며들고 물이 젖어들며 뿌리가 튼튼히 박히고 가지가 얼기설기 뻗어 나가는 것 같아서 스스로 깨닫지 못했습니다. 대개 한번 이처럼 되면 이것은 맹자 문하의 묵자墨子요, 정자程子 문하의 불교 선파禪派입니다. 큰 바탕[大質]이 훼손되고 본령本領이 그릇되었으니, 그 스며든 것의 깊고 얕음과 개과천선의 더디고 빠른 것은 논할 것이 없습니다. 비록 그렇더라도 증자曾子가 말하기를 "나는 정도正道를 얻고 죽으면 그만이다."라고 했는데, 신 역시 정도를 얻어 죽고자 하오니 한마디 말로써 자신을 밝히지 않을 수 있겠습니까?

정약용은 정도正道(유학)로 돌아와 죽기 위해 자신의 과거를 솔직하게 토로한다는 것이었다. 그러면서 자신이 천주교 서적을 보게 된 이유에 대해 밝히고 있다.

신이 천주교 책을 본 것은 대개 약관弱冠 초기였는데, 이 무렵 일종의 풍조가 있어 천문天文의 역상가曆象家와 농정農政의 수리기水利器와 측량의 추험법推驗法을 능히 말하는 자가 있으면, 세속에서 이를 가리켜 해박하다고 했는데, 신은 그때 어렸으므로 그윽이 혼자서 이것을 사모했습니다.

그러나 그 서적의 진수는 끝내 얻지 못하고 도리어 사생설死生說에 얽히고 극벌지계克伐之誡(천주교의 칠극)에 귀를 기울이고, 비뚤어지고 장황한 말에 현혹되어 유문儒門(유학)의 별파別派로 인식하고, 문원文垣

(홍문관)의 기이한 감상鑑賞으로 보아 남들과 담론할 때도 꺼린 바가 없었고, 남들이 배격하는 것을 보면 보는 것이 좁아서 그런가 보다 의심했으니, 그 본의를 따져보면 대체로 이문異聞을 넓히고자 한 것이었습니다.

정약용은 자신이 천주교를 받아들인 두 가지 요인을 밝히고 있다. 하나는 천문·농경·측량 등에 대한 서양 과학기술의 일종으로 받아들였다는 것이고, 다른 하나는 사생설에 얽히기는 했지만 서학을 천주교라는 새로운 교리체계를 가진 종교가 아니라 유학의 한 별파로 생각해 받아들였다는 것이다. 즉 보유론補儒論의 견지에서 서학을 받아들였다는 것이다.

정약용은 성균관에 들어온 후에는 과거공부에 몰두했으며, 벼슬을 시작한 후에는 다른 것에 마음 쓸 여유가 없었다면서, '허명虛名만 사모하다가 실제로 화를 입는다는 것이 신을 두고 이르는 말'이라고 자신의 처지를 토로하고 있다. 그러나 뭐니 뭐니 해도 정약용이 천주교와 절연한 근본원인은 제사 문제였다.

그 책 속에 윤상倫常을 상하게 하고 천리天理를 거슬리게 하는 말은 진실로 이루 다 헤아릴 수 없이 많고 또한 감히 전하의 귀를 더럽힐 수 없으나, 제사를 폐하는 말에 이르러서는 신이 옛날 그 책에서 또한 본 적이 없습니다. 갈백葛伯이 다시 태어났으니 시달豺獺(승냥이와 수달)이 놀랄 것입니다.

갈백은 하夏나라 때의 제후인데 성품이 포악해서 제사를 지내지 않다가 결국 탕湯에게 멸망당한 인물이고, 시달은 고기를 잡아놓고 부모에게 제사지내는 짐승이다. 인간으로서 제사를 지내지 않는 것은 제사를 지내는 수달 같은 짐승조차 놀랄 일이라는 뜻이다.

정약용은 진산사건 이래 천주교를 확실히 버렸음을 분명하게 밝히고 있다.

신해지변(진산사건)이 불행히 가까운 데서 나왔으나, 신은 이 일이 있은 이래로 분개하고 가슴이 아파 마음속에 맹세해서 원수같이 미워하고 흉역같이 성토하였는데, 양심이 이미 회복되자 이치가 자명해졌으므로, 전일에 흠모한 것을 돌이켜 생각하니 하나도 허황하고 괴이하고 망령되지 않은 것이 없었습니다. 거기에 이른바 사생설은 석가가 만든 공포령恐怖令이고, 이른바 극벌지계는 도가道家의 욕화慾火를 없애라는 말입니다.

천주교가 유교의 별파가 아니라 불교나 도교의 한 종류라는 말이었다.

신이 마땅히 위벌威罰을 받아야 할 일은 8~9년 전에 있었는데 다행히 전하의 비호에 힘입어 유사有司의 형장刑章에서 피할 수 있었습니다. 죄가 있는데도 처벌받지 않아 무거운 짐을 등에 진 것 같았는데 재작년 7월에 성지聖旨를 받아 금정찰방으로 보직되었지만 오히려 늦은 것이었습니다. 어찌 그리 가볍게 하셨습니까.

또한 신의 형이 남의 비방을 받은 것은 대책문對策文 때문인데, 앞서 이미 10행의 윤음으로 밝게 판결하시었고, 또 신을 책하는 교서에 특별히 "너의 형은 죄가 없다."라고 하셨으니 이것은 전하의 한 말씀으로써 신의 형제를 살리신 것입니다. 신과 신의 형은 손을 마주 잡고 울부짖으며 보답할 바를 알지 못했습니다.

정약용은 자신이 금정에서 한 일을 구체적으로 설명했다. 승진의 빌미로 삼는 것은 단호하게 거부했지만 사양 상소에서 언급하는 것은 혐의될 것이 없다고 판단한 것이다.

신이 부임한 지방(금정)은 곧 사설邪說(천주교)이 그르친 지방으로서 어리석은 백성이 현혹되어 진실로 돌이킬 줄 모르는 무리가 많았습니다. 그러므로 신은 관찰사에게 나아가 의논해서 수색하고 체포할 방법을 강구해 그 숨은 자를 적발하고 화복의 의리를 일깨워주어 그들이 의심하고 겁내는 것을 달래어 깨닫게 하고, 척사斥邪하는 계를 만들어서 그들에게 제사를 권하고, 사교를 믿는 여자를 잡아다가 혼인하게 하고, 다시 한 고을의 착한 선비를 구해서 서로 묻고 토론해 성현의 글을 강론하게 했습니다. 이윽고 생각건대 신이 한 일이 자못 진보가 있었으니, 스스로 다행스럽고 기쁘게 여깁니다. 이것이 누구의 은혜겠습니까.

한때 천주교 신자였던 정약용이 금정에서 행한 방법들은 효과가 있었다. 매로 다스리는 강압책이 아니라 말로 타이르는 온건책에다 성현의 글이라는 이론과 척사계라는 조직으로 대응한 것이 효과를 보았던 것이다. 그러나 정약용은 자신에게 제수된 벼슬을 거부했다.

> 병조에 특별히 제수하심과 승정원에 다시 들어가게 된 것은 이것이 비록 우리 전하의 지극한 은혜와 큰 조예에서 나온 것이기는 하나, 신에게는 진실로 좋은 소식이 아닌 듯 싶습니다. 신이 엎드려 생각건대 천도天道는 가득 찬 것을 싫어하고 인정人情은 굽히는 것을 애석하게 여깁니다.
>
> 지금 신이 오래도록 침체되고 막혀 있으면 사람들은 "아무개는 실상 사교에 빠지지 않았는데, 벼슬길이 이토록 막히니 또한 가엾다."라고 할 것이니 이것은 신에게 복이자 경사이며 사는 길입니다.
>
> 그러나 지금 신이 전처럼 양양하게 날개를 펴고 다닌다면 사람들은 "아무개는 예전에 사교에 빠졌었는데 저와 같이 좋은 벼슬을 하니 가증스럽다."라고 할 것이니 이것은 신에게 화禍이자 재앙이며 죽는 길입니다.
>
> 지금 신이 조정의 반열에 얼굴을 한번 내밀게 된다면 공경대부公卿大夫들이 서로 손가락질하며 "저기 오는 저 사람이 누구인가, 저 사람은 사교에 빠졌던 사람이 아닌가?"라고 말할 것입니다. 한번 마주칠 때마다 그런 생각이 문득 떠오를 것이니, 신이 무슨 면목으로 얼굴을 내밀 수가 있겠습니까? 이것은 차라리 산속에 모습을 숨김으로써 세상 사람들로 하여금 잊게 하여 알지 못하게 하는 것만 같지 못한 것입니다. 그러므로 고관 미작美爵은 신이 바라는 바가 아니며, 많은 재물과 후한 녹봉도 신이 바라는 바가 아니고, 오직 이 한 가닥

> 목숨이 끊어지기 전에 천하에 일찍이 없었던 이 추악한 명목을 씻는 것이 바로 신의 지극한 간절한 소원입니다.

정약용에게 사교도라는 비난은 참으로 뼈아픈 것이었다. '남들이 배격하는 것을 보면 보는 것이 좁아서 그런가 보다 의심'했던 서학이 실제로 제사를 폐하고 부모의 신주를 불태운 사실을 알고 나서는 천주교에 빠졌던 것이 진실로 부끄러웠던 것이다.

> 신의 경우는 당초에 (서학에) 물든 자취는 아이의 장난과 같았는데 지식이 자라자 문득 적수敵讎(원수)로 여기고, 분명히 알게 되어서는 더욱 엄하게 배척하였고, 이미 늦게나마 깨우치고서는 더욱더 심하게 미워했었으니, 얼굴과 심장을 헤치고 보아도 진실로 가린 것이 없고, 구곡간장을 더듬어보아도 진실로 남은 찌꺼기가 없는데, 위로는 군부君父에게 의심받고 아래로는 당세에 견책을 당하였으니, 입신立身을 한번 잘못함으로써 만사가 와해되었습니다. 산들 무엇하며 죽은들 장차 어디로 가겠습니까?

정약용은 자신의 목적이 벼슬이 아님을 강조하는 것으로 기나긴 상소문의 끝을 맺는다.

> 지금의 계획은 오로지 경전經典에 깊이 빠져 만년의 보답을 도모하고, 영도榮途(벼슬길)에서 종적을 멀리하여 자정自靖하는 의리를 본받을 뿐이지 뻔뻔스런 얼굴로 머리를 쳐들고 승정원에 출입하는 것은

거듭 맑은 조정의 염치를 손상시키고 더욱 일세一世의 공의公議를 불러일으키는 것이니 신은 감히 나올 수 없습니다. 신은 하늘을 바라보고 성상을 우러러보며 격절하고 간독한 기원을 감당할 수 없습니다.

정약용의 「동부승지를 사양하는 상소문」은 일종의 양심선언이었다. 그 자신이 이미 천주교를 버린 이상 굳이 이를 이유로 동부승지를 사양할 필요는 없었지만 완벽주의자 정약용은 자신에게 남아 있는 천주교의 자취를 완전히 씻고 싶었던 것이다.

이 상소에 대한 정조의 비답批答은 따뜻했다.

"상소를 자세히 살펴보니, 착한 마음의 싹이 봄에 솟아나는 새싹처럼 무궁하다. 종이에 가득히 자신에 대해 열거한 말은 듣는 이를 감동시킬 만하다. 너는 사양치 말고 직책을 수행하라."

그러나 정약용은 끝내 받아들이지 않았다.

이 상소는 누가 보더라도 정약용이 천주교를 버렸다는 확실한 고백이었지만 홍낙안과 이기경 등은 오히려 이 상소가 정약용이 천주교 신자라는 물증이라며 호도했다. 정약용의 상소는 국청에서 고문 끝에 나온 자백이 아니었다. 스스로 자신의 양심에 비춘 용기 있는 고백이었다. 처음에 나쁘게 여기지 않았지만 나중에 부모 제사를 폐지하는 것을 보고 버리게 되었다는 자기 사상의 여정에 대한 고백이었다. 그러나 소용없었다. 아무리 과거지사라고 해도, 지금은 그렇지 않다고 해도, 예전에 그런 생각을 가지고 있었기 때문에 지금 제거되는 것이 마땅하다는 마녀사냥이 판을 쳤다. 홍낙안·이기경뿐만 아니라 정약용을 제거하고 싶었던 노론 벽파는 상소문의 '일찍이 마음속으로 기뻐해서 사모했다'는 몇 발언만을 따로 떼어내 천주교 신자인 것으로 몰았다. 노론 벽파가 집단으로 떠들자 이는 마치 중론이 되어갔다. 그래서 정조도 한발 물러섰다.

"구설 때문에 두려우니 물러가서 조용히 기다리는 것이 좋겠다."

형식으로는 정약용의 사직 상소가 받아들여진 것이지만 내용적으로는 그의 자기 고백이 더욱 역효과를 가져온 것이었다. 그러나 이때의 자백이 나중 그의 목숨을 건지는 데 한 가닥 보탬이 되니 운명이란 알 수 없는 것이었다. 정약용은 자의반 타의반으로 다시 휴가를 떠나지 않을 수 없었다. 그러나 이번 휴가는 그리 길지 않았다. 정조가 그를 지방관으로 임명했기 때문이다.

곡산부사에 임용하다

최근 정조가 노론 벽파의 영수 심환지에게 보낸 편지가 공개되었는데 여기에 정조 21년(1797) 6월조의 내용이 나온다.

> 이조참의의 인사人事는 지나치게 편파적이라고 말할 수 있다. 허울뿐인 말단 벼슬조차 소론과 남인에 의망하지 않았으니 어찌 말이 되겠는가? 정丁을 서西로 보내지 않은 것은 선을 권장하는 뜻이 전혀 아니다.
>
> 『정조실록』(21년 6월 27일)

이 구절에 대해 정조 어찰을 연구했던 학자들은 정丁은 정약용으로 해석했지만 서西를 서반西班(무관)으로 해석했다. 그러나 서西는 무관을 뜻하는 것이 아니라 황해도를 뜻하는 것이다. 정약용의 연보인 『사암선생연보』(정조 21년, 윤6월 2일)에는 "임금께서 구설이 잠잠해질 때를 기다려 곡산谷山으로써 보금자리를 삼으셨다."라면서 "어필로 첨서해 낙점했다[御筆添書落點]."라고 기록하고 있다. 조선의 관리 임용법인 삼망三望은 인사 담당 부서에서 후보자 세 명을 적어 올리면 국왕이 그 이름 위에 점을 찍어 임명하는 것으로서 이것이 낙점落點이다. 정약용이 사직상소를 내고 집에서 쉬고 있을 때 곡산부사가 공석이었는데, 이조에서 올린 삼망에는 정약용의 이름이 없었다. 그래서 정조는 삼망 옆에 자신이 직접 정약용의 이름을 쓰고 그 위에 점을 찍었다. 이를 첨서낙점添書落點이라고 한다. 심환지가 속한 노론에서 올린 후보자 명단에 정약용이 없자 정조가 직접 이름을 써서 임명했다는 뜻이다. 이례적인 특지였다.

곡산부사를 제수받고 나니 3년 전 암행어사로서 겪었던 참혹한 농촌 정경이 눈에 떠나지 않았다. 그간 여러 차례 '자신이 목민관이 된다면'이라는 상상을 해봤던 터였다. 그러나 목민관은 정약용 같은 문과급제자들을 꺼리는 자리였다. 정약용은 오히려 그 점이 더욱 마음에 들었다. 누구나 선망하는 청요직淸要職이 아니라 문과 출신들이 가기 싫어하는 지방관이라면 굳이 거절할 필요가 없다고 판단했던 것이다. 그가 대궐로 나아가 사폐辭陛(멀리 가는 신하가 임금에게 하직인사하는 것)하자 정조가 당부했다.

"지난번 상소는 문장을 잘 구사했을 뿐만 아니라 심사心事도 빛나고 밝으니 참으로 우연한 일이 아니다. 바로 승진시켜 쓰려고 했었는데 의론이 들끓으니 왜 그러는지 모를 일이다. 한두 해쯤 늦어진다고 해로울 것은 없으니 떠나거라. 장차 부르리니 너무 슬퍼할 필요는 없다. 먼젓번 부사는 치적이 없었으니 잘하도록 하라."

정조가 그를 곡산부사에 임용한 데는 남다른 뜻이 있었다. 금정찰방으로 좌천시켰던 이유가 그 지역이 천주교가 성행하던 지역이기 때문이었던 것처럼 곡산 역시 문제 지역이었던 것이다. 더구나 곡산의 문제는 금정과는 질이 달랐다. 소요 지역이었던 것이다.

정약용이 부임인사를 하러 다닐 때 대신大臣 김이소金履素를 비롯한 모든 여러 벼슬아치들이 이구동성으로 말했다.

"이계심李啓心을 비롯해 주동자 몇 놈을 죽여야 하오."

이계심은 곡산백성으로서 소요사태의 주도자였는데, 채제공마저도 기강을 엄하게 잡지 않을 수 없다고 권고했다.

곡산 소요사태는 세금과 관련된 것이었다. 포군砲軍으로 선발되었지만 실제로 복무하지 않는 백성은 그 대가로 포布를 내야 했는데, 군포의 일종으로서 포보포砲保布라고 했다. 곡산에서 포보포를 납부해야 하는 백성은 40명이었는데, 1인당 다섯 냥씩 모두 200냥이었다. 그런데 전임 부사의 무능과 아전들의 농간이 개재되어 다섯 배에 가까운 900냥을 거두었다. 원성이 하늘을 찌르는 것은 당연했다. 세금을 못 내면 가두고 때렸으므로 일가친척이나 이웃들에게 빌리거나 하나뿐인 소라도 팔아서 세금을 내야 했다. 문제는 다른 세금도 마찬가지라는 점이었다.

억울한 백성들이 울부짖자, 이계심은 울부짖지만 말고 관아에 가서 호소하자고 주장했다. 삽시간에 천여 명이 모여 이계심을 필두로 곡산 관아에 몰려들었다. 이계심은 부과된 세금이 억울하다고 하소연했다. 그러나 부사와 아전들은 이계심의 말이 공손하지 못하다고 트집 잡았다.

"저놈을 잡아다 매우 쳐라."

이계심을 체포하려 하자 관아 안에 가득 찬 백성들이 모두 앞으로 나섰다. 천여 명이 한꺼번에 몰려들어 이계심을 보호하면서 각자 무릎을 걷어붙이고 울부짖었다.

"나를 대신 고문해주시오."

울부짖는 소리가 관아에 가득 찼다.

"무조건 매우 쳐라."

아전과 관노들이 곤장으로 백성들을 마구 치자 백성들은 흩어졌고, 그사이 이계심도 어디론가 종적을 감추었다. 이럴 때 지방관은 모든 책임을 백성들에게 떠넘기기 일쑤였다. 전가의 보도는 백성들이 반란을 일으켰다는 것이었다. 그러면 원인은 사라지고 현상만 남아 주동자들은 사형에 처해지고 가담한 백성들은 끌려가서 치도곤(볼기를 치는 데 쓰던 곤장)을 당하고 재산을 빼앗기기 일쑤였다. 곡산부사가 민란이 일어났다고 보고하자 감사는 오영伍營에 영을 내려 체포하라고 지시했다. 오영에서 군사를 내어 체포하려 했으나 백성들이 자진해서 숨겨주는 이계심을 잡을 수 없었다.

서울에서는 이 사건에 관해 흉흉한 소문들이 나돌았다. 그중 서울 사대부들을 가장 분노케 한 것은 "곡산 백성들이 들것에다 부사를 담아 객사客舍 앞에 버렸다."라는 것이었다. 이 소문에 분노한 사대부들은 당파를 가릴 것 없이 강경하게 대응해야 한다고 주문했다.

이런 상황에서 정약용이 황해도로 떠난 때는 정조 21년(1797) 윤6월 초이튿날이었다. 정약용의 행차가 곡산 땅에 들어섰을 때 누군가 뛰어나와 행차를 가로막았다.

"누구냐?"

"제가 바로 이계심입니다."

이계심의 손에는 호소문이 들려 있었다. 정약용은 당장 체포하려고 하는 아전과 군졸들을 제지하며 호소문을 가져오게 했다. 백성들을 병들게 하는 열두 가지 조항에 관해 자세히 기록하고 있었다.

"뒤따라오너라."

정약용이 이계심에게 뒤따르라고 명하자 아전이 다시 반대했다.

"이계심은 오영에서 체포령이 내린 죄인입니다. 법에 따라 붉은 포승줄로 결박하고 칼[枷]을 씌워서 뒤따르게 함이 마땅한 줄 아옵니다."

"내 말대로 하라."

관아에 도착한 정약용은 곧바로 이계심을 불렀다. 이미 각오한 바지만 이계심이라고 두렵지 않을 수 없었다. 이유야 있지만 백성을 선동해 소요를 일으킨 것은 맞아 죽어도 하소연할 데가 없는 죄였다. 다른 사람들이나 연루되지 않으면 다행일 것이었다. 그러나 신임 부사의 처분은 뜻밖이었다.

"한 고을에 모름지기 너 같은 사람이 있어서 형벌이나 죽음을 두려워하지 않고 만백성을 위해 그들의 어려움을 대신 호소했구나. 천금은 얻을 수 있을지언정 너 같은 사람은 얻기가 어렵다. 오늘 너를 무죄로 석방하겠다."

조정 대신들이 때려죽이라고 주문한 이계심에게 사형 이외의 판결이 있을 수 없었다. 그러나 정약용은 지난 소요사태를 불문에 붙이고 무죄 석방한 것이다. 관아 근처에서 웅성거리던 백성들 사이에서 만세소리가 울려 퍼졌다. 이것이 정약용이 곡산부사로 부임해 행한 첫 정사였다.

곡산 백성들은 귀를 의심했다. 이계심이 사형당할 것은 물론 관련자들 여럿이 물고物故 나리라고 예상했던 터에 주모자까지 무죄 석방이라니 놀라지 않을 수 없었다. 그러나 오랫동안 당해왔던 곡산백성들은 쉽게 믿지 않았다. 무엇인가 꿍꿍이속이 있다고 생각했다.

며칠 뒤에 이웃 수안군遂安郡에서 살인사건이 발생하자 수안 수령이 같이 조사하자고 청했다. 살인사건이 나면 그 지역의 지방관이 현장에 나가 사인을 조사한 후 1차 검안서를 작성하고, 반드시 이웃 지방관에게 2차 검안을 요청해야 했다. 감영에서는 이 1, 2차 검안서를 대조해 의혹이 있을 경우 삼검관三檢官을 보내 3차 조사를 했다.

때마침 정약용은 이질을 앓고 있어서 수안군에 가지 못하고 감영에 임시로 보고했다. 그런데 다음 날 이방吏房이 24냥을 가지고 왔다.

"웬 돈인가?"

"고마고雇馬庫의 하기전下記錢에서 보내온 것입니다."

고마고란 역마 이외의 말을 징발해 관리하던 곳이고, 하기전이란 지출액을 뜻한다. 즉 고마고에서 자신에게 지출된 돈이라는 뜻이었다.

"그 돈이 왜 내게로 왔는가?"

"이웃 고을 수령과 함께 사건을 조사한다는 문서가 감영에 보고되면 관례로 이렇게 지출됩니다."

"문밖에 한 발짝도 나가지 않고 백성들의 돈을 받는 것은 잘못된 일이다. 한 달에 세 번씩 심문을 한다면 1년에 900냥이나 될 것이니 지나치게 세금을 거두어들이는 것이 된다."

정약용은 이 관례를 없애버렸다. 곡산백성들은 '이계심 사건'을 백성들의 자리에서 처리한 데 이어 고마고의 하기전의 폐단을 없애버리자 정약용에게 대한 신뢰가 생기기 시작했다. 하기전은 물론 백성들에게 강제로 걷은 것이었기 때문이다. 이런 돈을 '가하전加下錢'이라고 하는데, 곡산에서 백성들에게 더 걷는 돈은 고마고의 가하전뿐이 아니었다. 보민고補民庫의 가하전도 가난한 백성들의 등골을 휘게 했다. 영조가 재위 29년(1753) 보민고를 설치한 이유는 가난한 백성들을 구제하기 위해서였다. 영농 자금이 부족해 농사를 지을 수 없거나 갑자기 상을 당해 장례비가 없는 백성들, 그리고 가뭄·홍수 때의 이재민들을 진휼하기 위한 기금이었는데, 어느덧 백성들의 고통거리로 전락했다. 곡산 보민고의 가하전은 매년 천 꿰미가 넘었는데, 이는 감영에서 꿀에 부과하는 세금 때문이었다. 따라서 이는 곡산 관아만의 문제가 아니라 곡산을 관할하는 황해도 해주감영까지 개재된 문제였다.

황해감영은 봄·가을에 공문을 보내 백밀白蜜(가공한 꿀) 3두斗와 황밀黃蜜(벌통에서 막 떠낸 꿀) 1섬을 징수해갔다. 이 과정에서 감영의 아전들이 중간에 개재되어 농간을 부렸다. 감영 아전들은 백밀 6두, 황밀 2섬을 걷었다. 그러면서 문서에는 감영의 공문대로 백밀 3두,

황밀 1섬이라고 적었다. 뿐만 아니라 봄·가을 이외에도 자신들이 필요할 때 마음대로 공문을 띄워 더 걷어갔다. 이 모든 비용을 보민고에서 거두어들였으니 보민고는 백성들에게 혜택이 아니라 수탈로 변했다.

정약용은 직속 상급기관인 감영이 개재된 문제지만 바로잡기로 결심했다.

"감영에서 하나를 바치라는데 수령이 둘을 바치고, 감영에서 황밀을 구하는데 수령이 백밀을 바치는 것은 아첨이다. 꿀의 숫자와 종류를 공문대로만 납부하라."

그러자 감영 아전들을 상대해야 하는 곡산 아전들이 이구동성으로 말렸다.

"감영 아전들은 승냥이나 이리와 같은 자들이므로 반드시 말썽이 날 것입니다. 말썽이 나면 돈이 필요하게 될 것인데, 그러면 백성들에게 거두어야 할 것이니 그전대로 바치는 것만 못할 것입니다."

그러나 정약용은 물러나지 않았다.

"일단 가 보아라."

아전들이 감영에 도착해 꿀을 바치니 감영 아전들이 받지 않았다. 감영의 비장裨將은 이 사실을 감사에게 보고했다. 감사는 한참을 고민한 후 결론을 내렸다.

"그 사람은 고을 백성들을 등에 지고 있고, 나는 내 입만 가지고 있으니 다툴 수 없는 일이다."

감사가 한발 물러선 것이었다. 감사는 정약용이 '고을 백성들을 등에 지고 있고'라고 말했으나 실제로는 '임금을 등에 지고 있고'라

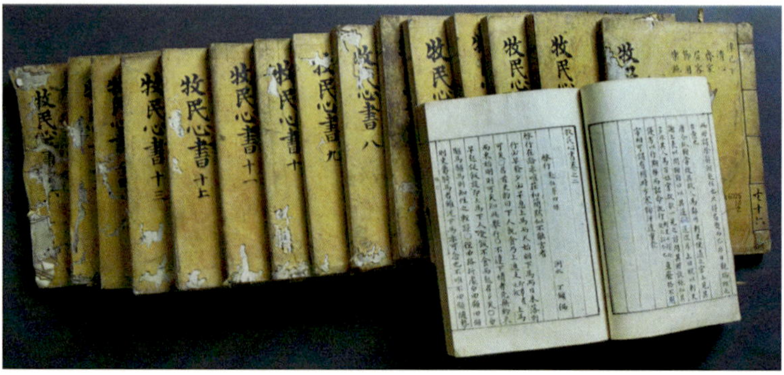

『목민심서』 정약용이 강진 유배 시절 완성한 저서로, 지방관리들의 폐해를 제거하고 지방행정을 쇄신하기 위해 쓰였으며 조선 후기 사회경제의 실상을 파악할 수 있는 중요한 자료다. 곡산군수로서 직접 백성을 다스린 경험이 녹아 있다.

고 생각했을 것이다. 다른 관아의 수령이 같은 행동을 했으면 감사가 쉽게 물러났을 리는 만무했다. 국왕의 시종지신이기 때문에 조정에까지 알려질 것을 우려해 물러난 것이다. 그러자 거꾸로 곡산 보민고의 여윳돈이 해마다 천 냥 이상 증가해 백성들을 구제하고 다른 일에도 쓸 수 있었다.

그중 하나가 관아 청사인 정당政堂 개축 문제였다. 곡산부의 관아 청사가 퇴색하고 허물어지자 아전들이 다시 짓자고 청했는데 정약용은 거절했다. 그러고는 몰래 정당의 설계도를 작성했다. 이미 화성의 설계도를 작성한 경험이 있으므로 작은 정당의 설계도를 그리는 것은 그리 어렵지 않았다. 정약용은 건축에 소요되는 재목을 종류와 크기별로 산출하고, 나무의 종류도 소나무와 홰나무 등으로 세밀하게 분류해놓았다.

설계가 끝나자 정약용은 아전과 장교를 불렀다.

"오늘 안으로 이 재목들을 베어오너라."

하루 안에 베어오게 한 것은 중간에 아전들의 농간이 개재되는 것을 방지하기 위해서였다. 하루 안에 베려면 백성들을 시킬 시간적 여유가 없었던 것이다. 다 베었다고 보고하자 곧바로 다른 명령을 내렸다. 유형거와 삼륜거를 만들라는 것이었다. 화성 축조 때 정약용이 설계해 많은 효과를 보았던 유형거는 일종의 썰매였으며, 삼륜거 역시 새로운 운반 수단이었다. 때마침 비가 온 뒤에 날씨가 갑자기 추워져 개울과 땅이 모두 언 상태여서 산에다 베어놓은 목재들을 손쉽게 읍내로 운반할 수 있었다.

목재 준비를 마친 정약용은 아전과 장교, 그리고 관아에 소속된 노비들에게 일렀다.

"너희들은 이 집이 누구의 집인 줄 아느냐. 나는 내년에 어느 곳에 가 있을지 알지 못하니 이 집의 주인이 아니다. 백성들이 간혹 뜰에 들어오기는 하지만 비 올 때 쉴 수 없는 곳이며, 혹 깊은 산골짜기에 사는 자도 종신토록 성에 들어오지 못할 것이니 또한 이 집의 주인이 아니다. 결국 이 집의 주인은 너희들이 아닌가?"

정약용이 이런 훈계를 한 이유는 관아 건축에 백성들을 동원하지 않기 위해서였다. 아전과 장교들은 이런 일이 있으면 으레 백성들을 동원했는데 이를 막고, 아전·장교·노비 등이 직접 짓게 하기 위해서였다.

목민관 정약용이 가장 힘쓴 것은 가난하고 힘없는 백성들이 이중의 차별을 받지 않게 하는 것이었다. 정약용이 가좌책자家坐冊子를 다시 만들고, 이에 따라 세밀한 종횡표縱橫表를 만든 이유도 이 때문이었다.

가좌책자란 고을 백성들의 집과 가족관계, 생활수준 등을 기록한 책자로서 모든 지방관은 작성의 의무가 있었다. 세금을 부과하는 기준이 되기 때문이다. 그러나 가좌책자가 엉터리인 경우가 많아 백성들은 많은 고통을 겪었다. 부호들이 그 작성을 맡은 아전들에게 뇌물을 주어 장부상 가난한 것으로 둔갑시키면, 그 몫은 고스란히 빈자들의 몫으로 돌아왔던 것이다.

이런 폐단을 잘 알고 있던 정약용은 새로 가좌책자를 만들기로 결정했다. 그는 향관鄕官과 이교吏校 중에서 노련한 열 사람을 뽑아 임무를 맡겼다. 곡산관아에 사는 모든 백성들의 집과 신분, 양역良役의 부과와 면제 여부, 그리고 논밭의 소유량과 우마牛馬 숫자 등을 자세히 조사하게 했다. 그리고 이들이 각 고을로 파견 나갈 때는 관에서 여비를 주어 일체 민폐를 끼치지 못하게 했다.

이를 토대로 작성한 것이 종횡표였다. 다산의 「호적의戶籍議」에 가로세로로 선을 그어 호적의 표준으로 만든 종횡표가 그것이다. 종횡표는 양역 부과의 기준이기 때문에 백성들에게는 생사여탈의 문서나 마찬가지였다. 양역은 마을 단위로 부과되고, 마을에서는 이를 각 호수로 나누어 부과했는데 그 과정 하나하나에 모두 부정이 개재되었다. 부유한 마을에서 아전에게 뇌물을 바치고 그 호수戶數를 줄이면 그만큼 가난한 마을에 더 많이 부과되었다. 마을에서는 부유한 호戶에서 양역을 분배하는 향임鄕任에게 뇌물을 바치면 그만큼 가난한 호에 더 많이 부과되었다. 군역 또한 마찬가지여서 부유한 백성이 군역대상자를 추천하는 갑족甲族에게 뇌물을 바치면 그만큼 가난한 백성에게 더 많이 부과되었던 것이다.

그러나 정약용의 종횡표에는 모든 마을의 호수와 백성들의 생활 정도가 손바닥처럼 드러나므로 더 이상 이런 부정은 통하지 않았다. 가난한 백성이 뽑히면 정약용은 당장 담당 아전을 불렀다.

"아무개는 다른 군郡에서 이사 왔으며 홀아비인 데다 병신인데 어떻게 군포軍布를 낸다는 말이냐?"

이 소식을 들은 향임이나 갑족은 깜짝 놀랄 수밖에 없었다. 이런 일이 몇 번 반복되자 향임이나 갑족은 형편이 나은 백성들을 추천하지 않을 수 없었다. 가난한 백성들이 환호했음은 물론이었다.

뿐만 아니라 군포는 백성들이 직접 관아의 뜰에 가져와 납부하게 했다. 군포 납부 과정에서 아전들의 농간이 개재되는 것을 막기 위해서였다. 아전들은 군포의 길이가 짧다고 퇴짜 놓는 방법으로 긴 군포를 가져오게 해서 그 차액을 착복했다. 그래서 정약용은 자신이 직접 보는 앞에서 군포를 받게 했다.

이때 정약용은 군포의 길이를 재는 낙인척烙印尺이 이상한 것을 느꼈다. 그 길이가 불분명했던 것이다. 그러나 곡산에서는 정확한 기준이 되는 자를 구할 수가 없었다.

"곡산 관내에 『국조오례의國朝伍禮儀』가 하나도 없느냐?"

"향교에 한 질이 있습니다."

『국조오례의』에는 포목을 재는 자의 그림이 실려 있었다. 비교해 보니 2촌寸이나 차이가 났다. 낙인척이 2촌 더 길었다. 정약용은 『국조오례의』대로 새로 자를 제작해 군포를 받아들였다. 백성들은 아전들의 농간에서 벗어난 것은 물론 2촌 짧은 자에 맞추어 납부했으니 이중의 혜택을 본 셈이었다.

때로는 중앙정부와 마찰이 일기도 했다. 정조 22년(1798) 겨울 환곡 수취가 거의 끝났을 때의 일이다. 재신財臣 정민시鄭民始의 주도로 곡산의 좁쌀과 콩을 돈으로 바꾸어 바치라는 명령이 감영을 통해 내려왔다. 그런데 이해는 대풍년이어서 쌀값이 15말 1곡斛에 200푼 정도에 지나지 않는데 조정과 감영에서는 420푼으로 계산해 바치라는 것이었다.

정약용은 고민했다. 지방관은 부득이한 경우 상급관청의 지시를 따를 수 없는 이유를 적은 방보防報를 올릴 수 있었다. 그러나 이는 조정 내 노론 대신들의 표적이 되기를 자청하는 셈이었다. 지방으로 내려오는 바람에 노론의 표적에서 일시 벗어나 있는 정약용이었다. 어쩌면 좁쌀을 돈으로 바꾸라는 명이 내려진 것도 정약용을 겨냥한 것인지 몰랐다. 명에 따르면 백성들이 원망하고 명을 따르지 않으면 조정 대신들의 표적이 되는 상황이었다.

고민하던 정약용은 백성들의 편에 서는 것이 목민관의 자세라고 생각했다. 방보를 하기로 결심한 것이다. 정약용은 감영의 지시에 따를 수 없는 이유를 조목조목 적었다. '관서의 좁쌀을 돈으로 바꾸지 못하는 사정에 대한 장계[關西小米不得作錢事狀]'는 이렇게 작성된 것이다.

> 첫째는 민가民家가 지극히 쇠잔하다는 것이고, 둘째는 현재 시가時價가 너무 헐값이라는 것이고, 셋째는 바쳐야 하는 돈의 액수가 너무 많다는 것입니다. 본부本府(곡산)에서 환곡을 받은 집은 역驛과 진鎭을 제외하고 3,540호가 되지만 사방의 길이 교차하는 지점인지라 아침에 모였다가 저녁에 흩어지는 무리들과 통나무집이나 토굴 속에 살며

화전火田으로 생계를 꾸리는 백성들이 대부분으로서 한 푼의 돈도 마련할 수 없으니 이것이 이른바 민가가 지극히 쇠잔하다는 것입니다.

백성들이 가난하기 때문에 좁쌀을 돈으로 바꿀 수 없다는 것이었다.

올해 목화는 흉작이지만 기장·피·콩·팥 등은 풍작이어서 좁쌀 한 섬 값이 2냥 7전에 불과하고, 콩 한 섬 값이 1냥 1전에 불과한데, 그나마 이것도 되나 말로 소매할 때 이야기입니다. 지금 만약 4,700섬의 곡식을 한 고을에 내다 판다면 비록 절반 값으로 팔더라도 사갈 사람이 없을 것입니다.

정약용은 곡산 백성들이 도저히 4,700섬의 수량을 소화할 수 없는 상황을 자세히 나열한 후 바치는 돈의 액수가 너무 많다고 기술했다.

좁쌀은 모조耗條(이자)를 통틀어 대략 3,935섬이고, 콩은 모조를 통틀어 860섬입니다. 지난해 관찰사가 보낸 공문 중 호조戶曹에서 정한 금액은 좁쌀이 1섬에 4냥, 콩은 1섬에 2냥 5전이니 모두 합하면 1만 7,755냥이 됩니다. 이를 집집마다 배당하면 가구당 5냥 1푼을 내야 하는데, 본부에서는 올해 쌀이나 콩이 산더미같이 쌓여 있더라도 곡식을 내다 팔 형편이 못되니 5냥 1푼의 돈은 다른 방법으로 마련해야 할 것입니다. 이것이 이른바 돈의 액수가 너무 많다는 것입니다. 민가에서 한두 푼만 거두어들여도 사람들이 물 끓듯이 떠들어대는

데 하물며 5냥 1푼의 돈을 갑자기 기한 내로 바치라고 하는 것은 오죽하겠습니까? 사리에도 맞지 않을뿐더러 백성들이 짐을 꾸려 집을 비우고 도망갈 것입니다. 거북 등에서 어떻게 털을 뽑을 것이며, 토끼 머리에서 어떻게 풀을 뽑을 것입니까.

정약용이 보기에는 거북 등에서 털을 뽑을 수 없고, 토끼 머리에서 풀을 뽑을 수 없지만 조정의 벼슬아치들은 거북을 두드리고 토끼를 족치면 없는 털과 풀도 나올 수 있다고 생각하고 있었다. 관찰사는 정약용의 장계를 비변사로 이첩했고, 비변사에서는 당상관 이상이 모이는 비당備堂에서 이 문제를 논의했다. 노론이 다수인 비당이 정약용에게 우호적일 리가 없었다. 정민시는 이런 분위기에 힘입어 정조에게 경연석상에서 정약용을 처벌해야 한다고 주청했다.

"나라가 나라인 것은 기강 때문입니다. 저희들이 주청하여 전하께서 허락하셨고 감사가 발표한 일을 수령守令이 성깔을 내고 따르지 않는다면 어찌 나라가 되겠습니까. 근일에 기강이 해이하게 된 것은 시종신侍從臣(임금을 모시는 신하)으로 수령이 된 자들이 조정의 명에 대해서 방보를 일삼기 때문입니다. 이런 일이 그치지 않는다면 앞으로는 명령도 통하지 않을 것이며 법과 기강은 날로 문란해질 것입니다. 바라건대, 곡산부사를 우선 파직하시고 거두어 둔 조와 콩은 전부 돈으로 환전해 바치게 하십시오."

정조는 정약용의 방보에는 그럴 만한 사정이 있을 것이라고 생각했다.

"곡산부사의 장계를 가져오라."

정조는 장계를 꼼꼼히 읽었다. 그리고 결론을 내렸다.

“옛적에 나라의 살림을 맡은 신하는 팔도의 시가를 두루 알아서 흉년이 들어 굶주리는 지방에는 곡식을 꾸어주고 나중에 돈으로 거두어들였으니 백성과 국가가 모두 넉넉하게 되었다. 그런데 경은 크게 풍년이 든 지역에도 제대로 지키기 어려운 일을 시키면서 도리어 수령에게 죄를 주려고 하니 잘못된 일이 아니겠는가.”

정조는 사태의 핵심을 정확하게 파악한 것이었다. 풍년이 든 지역에도 지키지 못할 명을 내린다면 흉년이 든 지역에 대해서는 말할 필요도 없다는 말이었다. 정조는 시종신들이 조정의 명령을 가볍게 여기고 있다는 비난에 대해서도 언급했다.

“시종신 출신의 수령을 귀하게 여기는 것은 그들이 전심專心으로 숨겨진 일을 살피면서 상사를 두려워하지 않고 오직 백성들을 이롭게 하기 위해서 아는 것을 말하지 않음이 없기 때문이다. 만약 쇠잔한 음관蔭官이나 냉정한 무관武官처럼 상부의 명령만을 집행한다면 무엇 때문에 시종신을 지방관으로 삼겠는가?”

정조는 정민시를 꾸짖었다.

“경의 말은 매우 이치에 어긋나다. 당연히 추고推考해야겠지만 중신重臣이 수령 한 명을 논핵했다고 추고를 받는 것도 사체事體가 아닐 것이기에 처분하지 않고 경이 아뢴 것을 불문에 붙이겠다. 곡산부에 있는 좁쌀·콩을 돈으로 바꾸어 바치라는 명령을 즉시 철회하라.”

정조가 정약용의 손을 들어준 것이었다. 이로써 좁쌀을 돈으로 바꾸어 바치는 문제는 해결되었다.

끝없는 사건들

정조가 손을 들어줬다고 정약용의 고민이 모두 해결된 것은 아니었다. 면포를 올려 바치는 일이 또 남아 있었다. 그해 곡산부의 목화 작황이 흉작이어서 규정대로 걷으면 백성들에게 큰 고통이 될 것이었다. 정약용은 곡산 관아의 여러 기금 중 시간적 여유가 있는 것을 조사했다.

청나라 사신 접대를 위한 칙수전勅需錢과 관원들에게 녹봉을 지급하기 위한 관봉전官俸錢이 조금 여유가 있었다. 다산은 우선 이 기금 2천여 냥을 풀어 목화 작황이 나은 평안도 지방에서 면포를 사들여 서울로 납부했다. 그리고 그 값을 백성들에게 징수해서 갚았으나 백성들에게 걷은 것은 모두 해야 겨우 200냥에 불과했다. 백성들은 송아지 한 마리씩 얻은 셈이라고 좋아했다.

이렇게 면포까지 무사히 납부했으나 칙수전에 손을 댔으니 청나라 사신들이 왔을 때 접대가 문제였다. 사신 접대에 문제가 생기면 이는 정조라도 보호할 수 없었다. 이런 와중인 정조 23년(1799) 초 평안도 일대에 괴상한 질병이 돌았는데, 이 병에 걸린 노인들은 대부분 죽었다. 며칠이 못 가 온 고을이 울음소리로 가득 찼고, 정약용도 이 병에 걸렸다. 그러나 정약용은 자신의 몸을 돌볼 겨를이 없었다. 병 걸린 백성들이 먼저였기 때문이다. 그는 급한 대로 곡식을 풀고, 백성들에게 서로 돕게 했다. 또 주인 없는 시신들의 장례도 치러주어야 했다.

정약용은 병의 원인을 곰곰이 생각했다. 진원지가 북쪽 의주라는 것은 청나라에서 왔다는 의심을 들게 했다. 여기에 생각이 미치자 급히 칙수감리勅需監吏 한성일韓聖一을 불렀다. 정약용은 요를 둘러쓰고 병을 치료하는 중이었다.

"만약 칙사의 행차가 있다면 가장 근심할 만한 일이 무엇인가?"

"포진鋪陳(돗자리)입니다."

"왜 그런가?"

"칙사 대접에는 반드시 용수석龍鬚席을 사용해야 하는데, 해서海西(황해도) 지방에서는 오직 배천白川의 강서사江西寺에서만 생산됩니다. 그러니 칙사가 한 번 올 때마다 온 도의 모든 군현들이 머리를 싸매고 달려들어 먼저 문지방에 들어선 자만이 살 수 있었습니다. 그런데 곡산에서 배천까지는 황해도의 여러 군현 중에서 가장 먼 300리나 되니 이것이 문제입니다."

칙수감리의 설명은 계속되었다.

"곡산은 매번 배천과 가까운 다른 군현에게 용수석을 빼앗길 수밖에 없었습니다. 그간 칙사 일행이 왔을 때 칙사 접대를 책임지는 어사御使 · 중사中使 · 원접사遠接使나 순영巡營 · 병영兵營 등이 본부本府(곡산부)에서 준비가 소홀했다고 논책한 것은 모두 이 때문이었습니다."

"너는 오늘 당장 강서사에 가서 용수석을 사오도록 하라."

한성일은 깜짝 놀라서 물었다.

"칙사가 온다는 명이 내려왔습니까?"

"그렇지 않다. 아무튼 빨리 가서 사오기나 하라."

부사의 명령이니 따르지 않을 도리가 없었다. 아전이 강서사에 가서 용수석을 사가지고 오다가 평산平山에 도착했을 때였다. 의주義州에서 파발마가 소식을 전했다.

"황제가 죽어 칙사가 왔다."

용수석을 사러 간 아전이 고을에 돌아와 전말을 말하자 온 마을이 깜짝 놀랐다. 부사가 신통력이 있다는 소문이 돌면서 소동이 일었다. 정약용은 소동을 가라앉히기 위해서 진상을 밝혔다.

"이상할 것이 없다. 돌림병이 북서쪽으로부터 왔으며 노인들이 다 죽는 것을 보고 알았다."

십전노인十全老人으로 불리던 청 고종高宗 건륭제乾隆帝의 그때 나이 여든아홉이었는데, 노인들이 죽는 것을 보고 건륭제가 죽은 것을 알아차렸다는 뜻이다. 이 때문에 청나라 사신을 맞이하는 일은 아무런 낭패가 없었다.

살인사건도 발생했다. 곡산백성 김오선金伍先은 영풍永豊 시장으로 소를 사러 갔으나 때가 돼도 돌아오지 않았다. 아버지를 찾으러 나선 아들이 문암동門巖洞 입구에서 발견한 것은 시신뿐이었다. 목·가슴·배의 칼자국은 타살임을 말해주고 있었다. 문암동은 김오선이 살던 이화동梨花洞에서 불과 10여 리 떨어진 가까운 곳인데, 처자식과 마을 사람들은 신고하지 않고 시체를 매장해버렸다. 관아에서 온 동네를 들쑤시며 민폐를 끼칠 것도 두려웠고, 그를 죽인 도적떼의 보복도 두려웠기 때문이다.

그러나 살인사건은 소문이 나지 않을 수 없어서 한참 시간이 흐른 후 관아에도 이 소식이 알려졌다. 정약용은 직접 조사에 나섰다.

"사건 현장을 직접 조사하는 검지법檢地法이 있으니 내가 살해현장을 직접 조사해야겠다."

문암동 살해현장을 조사한 정약용은 김오선이 살던 이화동으로 가서 마을 사람들을 두루 만나 이리저리 캐물었으나 단서를 찾을 수가 없었다. 정약용은 포기하지 않고 밤중까지 탐문을 계속했다. 드디어 단서가 잡혔다. 김오선이 영풍에서 소를 샀다는 사실을 아는 영풍촌 사람이 있다는 사실을 알게 되었던 것이다. 정약용은 토졸土卒 수십 명을 풀어 영풍촌을 급습해 그 인물을 체포했다. 그러나 그는 범인은 아니었다. 정약용은 그가 사건과 관련 있다는 사실을 알고 있었다. 추궁하자 자신이 아는 사실을 토로했다.

정약용은 그에게 노인령老人嶺 아래로 범인을 유인해오라고 지시했다. 이렇게 정약용은 범인 김대득金大得을 체포할 수 있었다. 정약용은 김대득에게 자백을 받은 후 관아 앞 시가지에서 곤장을 쳐 죽였다. 김대득이 맞아 죽었다는 소문에 도적의 무리들은 모두 흩어져 달아났고, 곡산부는 다시 안정을 되찾았다.

부임하던 해 겨울에는 황해 감사에게서 비밀공문이 왔다.

> 토산兎山현의 토포討捕 장교가 금천金川 시가지에서 도적 한 명을 결박해서 몇 리를 가는데 갑자기 백마를 탄 도적 대장이 나타나 길을 막고는 도적의 포박을 풀어주고 도리어 토포 장교를 결박해 앞세우고 끌고 갔다고 하오. 산을 돌고 물을 건너 깊숙한 산골에 이르자 공청公廳이 나왔는데, 당상堂上에는 도적의 여러 두령들이 앉아 있었다고 하오. 이들은 토포 장교를 끌고 나와 죄를 하나하나 성토한 다음 돌려보냈는데, 다음 날 새벽에 5, 60명의 도적 무리들이 관아를 공격

해서 토산兎山현감이 호각을 불며 군사를 모으고, 아전과 관노에게 접전하게 했더니 모두 흩어져 달아났다고 하오.

토산현감이 보고한 공문을 보고 작성한 비밀 공문의 내용은 도적 떼가 토포장교를 납치하고 관아를 습격한 대사건이 발생했다는 것이다.

곡산부사는 영장營將을 겸하게 되어 있소. 곧바로 교졸校卒 수십 명을 동원하고, 또 곡산부에서 관할하는 여러 읍에 명을 내려 군사를 동원하게 해서 도적 체포를 돕게 하시오. 도적의 소굴을 수색해서 없애 버리고 도적의 무리들을 섬멸하도록 하시오.

정약용이 감사의 비밀 공문을 아전과 장교들에게 보이자 두려워 벌벌 떨었다. 아전·장교들은 벌벌 떨면서 부서별로 사람을 뽑고 도적의 소굴을 공격할 계획을 짰다.

"그만두어라."

정약용이 말렸다. 대신 아전 한 명과 장교 한 명을 뽑았다. 그런데 그 둘은 옷도 제대로 가누지 못할 정도로 약골이었다.

"너희 둘이 도적의 소굴로 가라."

"제발 살려주십시오."

두 사람은 눈물을 흘리며 빌었다.

"너희들은 두려워 말고 떠나도록 하라. 도적 묶을 때 쓰는 붉은 포승줄은 가져가지 말고 의관도 차리지 말고 가서 도적 두령에게 내 뜻을 알아듣게 전하라."

선발된 두 사람은 물론 나머지 아전과 장교들도 이해하지 못했다.

"어떻게 하시려고 그러십니까?"

"조금 두고 보자."

아전과 장교는 사흘 뒤에 돌아왔다. 그들 뒤를 도적 10여 명이 따르고 있었다. 조사해보니 10여 명 모두 양민이었다. 정약용은 이계심처럼 모두 무죄로 삼아 집으로 돌려보냈다. 그리고 토산현의 토포장교를 붙잡아다가 형틀에 묶었다.

"저놈을 매우 쳐라."

모두들 놀라 말렸다.

"왜 이러십니까?"

"평온한 세상에는 이런 일이 없는 법이다. 그래서 나는 이미 무고임을 알고 있었다."

정약용이 부임 초 이계심을 풀어준 것은 부근에서는 유명한 사건이었다. 실제 도적이 아니라 양민이라면 정약용이 보낸 아전의 뒤를 따라 내려오지 않을 리 없었다. 목민관에 대한 지방민의 신뢰가 얼마나 중요한지를 보여주는 사례였다.

정약용은 곡산부사 시절, 상급 벼슬아치들의 기싸움을 중재하기도 했다. 정조 23년(1799) 조윤대曺允大가 황해감사로 임명되자 황주병사黃州兵使 정학경鄭學耕이 부임 인사를 하려 했다. 황해감사나 황주병사는 모두 종2품이지만 감사가 지휘권을 갖고 있으므로 관례에 따라 연명延命(병사가 신임 감사에게 인사하는 것)하려 했다. 그런데 감사 조윤대가 비장裨將에게 연명을 대신 받게 하면서 문제가 발생했다.

문신 조윤대는 병사 정학경의 기를 잡기 위해 비장에게 받게 시킨 것이었다.

황주병사가 자신보다 계급이 낮은 비장에게 연명할 리 없었다. 연명을 두고 감사와 병사가 싸우는 바람에 업무 인수에 차질이 생겼다. 감사는 이를 병사의 항명으로 규정짓고 파직을 요청하는 장계를 올리려 했다. 이 소식을 들은 정약용이 감사를 찾아갔다.

"대감께서 장계를 올려 병사를 파직시키려 한다는 소문이 사실입니까?"

"그렇소."

"원수元帥가 부원수副元帥보다 높다고 생각하십니까?"

"그렇소."

정약용은 조윤대를 달랬다.

"그렇지 않습니다. 감사는 배도裵度와 같고 병사兵使는 이소李愬와 같습니다. 이소가 무장을 갖추고 길 왼편에서 맞이하는데 배도는 비장에게 인사를 받게 한다면 이치에 맞겠습니까?"

배도는 당나라 문신이고 이도는 무장으로서 감사 조윤대와 병사 정학경의 경우와 같았다. 둘 다 회서淮西 평정에 공을 세웠는데, 이소가 상급자인 배도를 맞이할 때 동개(활통)만을 차고서 길옆에서 절을 했다는 일화가 전한다. 당나라가 그만큼 무장을 중시했음을 말해주는 고사이다. 감사 조윤대는 이소와 배도의 고사를 듣고 크게 깨달았다. 그래서 자신이 직접 연명을 받아 갈등이 해소되었다.

그 무렵 곡산에는 10여 명의 유배객이 있었다. 정약용은 당파를 떠나 유배객들에게 연민이 일었다. 아전에게 그 정상을 물은 것도 이 때문이다.

"찬자竄者(유배객)들은 어떻게 먹고사느냐?"

"곡산 고을 400호에서 돌아가며 먹여주도록 되어 있습니다."

"한 집씩 돌아가며 먹는다면 걸식이나 다름없지 않느냐?"

"원래 그렇게 해왔습니다."

세상인심이 유배객들에게 후할 리가 없어서 거지나 마찬가지였다. 돌아가며 이들을 먹여야 하는 마을 사람들도 고통스럽기는 마찬가지였다. 유배객들은 날마다 울부짖으며 차라리 죽기를 원했다.

정약용은 이 문제를 해결할 수 있는 방법을 모색했다. 그는 부내의 가용 자산을 조사했다. 화전세火田稅 100여 결이 여유가 있었다. 그는 화전세를 덜어서 겸제원兼濟院을 설립하고 기와집을 짓고 돗자리를 깔아 귀양객들이 살게 하고 매끼 식사도 제공했다. 귀양객들은 걸식하지 않아도 되었고, 백성들도 이들을 먹일 필요가 없어 모두가 좋아했다. 정약용은 곧 닥쳐올 자신의 운명을 예견하기라도 한 것처럼 유배객들을 돌봤던 것이다.

그 유배객들의 운명이 머지않아 자신의 것이 될 줄을 예상했을까.

〈2권에서 계속〉

시대가 만든 운명
정약용과 그의 형제들 1

초판 1쇄 발행 2012년 10월 12일
초판 13쇄 발행 2016년 10월 12일

지은이 이덕일
펴낸이 김선식

부사장 김은영
콘텐츠사업본부장 임보윤
콘텐츠사업8팀장 전두현 **콘텐츠사업8팀** 김민경, 장종철, 임지원
마케팅2팀 이고은, 양지환, 지석배
미디어홍보본부장 정명찬
브랜드홍보팀 오수미, 서가을, 김은지, 이소영, 박장미, 박주현
채널홍보팀 김민정, 정세림, 고나연, 변승주, 홍수경
영상홍보팀 이수인, 염아라, 석찬미, 김혜원, 이지연
편집관리팀 조세현, 김호주, 백설희 **저작권팀** 성민경, 이슬, 윤제희
재무관리팀 하미선, 임혜정, 이슬기, 김주영, 오지수
인사총무팀 강미숙, 이정환, 김혜진, 황종원
제작관리팀 이소현, 김소영, 김진경, 이지우, 황인우
물류관리팀 김형기, 김선진, 주정훈, 양문현, 채원석, 박재연, 이준희, 이민운

펴낸곳 다산북스 **출판등록** 2005년 12월 23일 제313-2005-00277호
주소 경기도 파주시 회동길 490 **전화** 02-704-1724 **팩스** 02-703-2219
이메일 dasanbooks@dasanbooks.com **홈페이지** dasan.group **블로그** blog.naver.com/dasan_books
종이·인쇄·제본 북토리

ISBN 979-89-6370-036-6 (03900)
979-89-6370-035-9 (세트)